U0348921

华章经典 · 金融投资

投资者的未来

THE FUTURE FOR INVESTORS

Why the Tried and the True Triumph over the
Bold and the New

|典藏版|

[美] 杰里米 J. 西格尔 著　李月平 等译
JEREMY J. SIEGEL

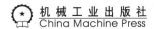

机械工业出版社
China Machine Press

图书在版编目（CIP）数据

投资者的未来（典藏版）/（美）杰里米 J. 西格尔（Jeremy J. Siegel）著；李月平等译 . —北京：机械工业出版社，2018.6（2025.1 重印）
（华章经典·金融投资）
书名原文：The Future for Investors: Why the Tried and the True Triumph over the Bold and the New

ISBN 978-7-111-59948-7

I. 投…　II. ①杰…　②李…　III. 投资–研究　IV. F830.59

中国版本图书馆 CIP 数据核字（2018）第 087301 号

北京市版权局著作权合同登记　图字：01-2006-2680 号。

投资者的未来（典藏版）

出版发行：机械工业出版社（北京市西城区百万庄大街 22 号　邮政编码：100037）

责任编辑：朱　妍		责任校对：李秋荣	
印　　刷：保定市中画美凯印刷有限公司		版　　次：2025 年 1 月第 1 版第 16 次印刷	
开　　本：170mm×230mm　1/16		印　　张：23	
书　　号：ISBN 978-7-111-59948-7		定　　价：80.00 元	

客服电话：（010）88361066　68326294

献给我的老师——保罗·萨缪尔森，
以及我的同事和良师益友——米尔顿·弗里德曼

价值投资理论的自我救赎

姚振山

《纽约时报》的专栏作家托马斯·弗里德曼在畅销书《世界是平的》中说：科技的汇集和传播加快了全球化的趋势，而地球越发变得平坦，我们必须以更快的速度前行。这个世界变得如此之小、如此之快，对于国家、公司、社会和个人意味着什么？未来会是怎样的一种变化？

作为证券市场的投资者，也许无须刻意研究世界的未来，但是一定会关注未来人口危机和老龄化浪潮冲击下的经济增长趋势；一定会关注未来全球经济强国的转变带来的新的投资区域和行业分布的变化；也一定会关注在全球化趋势越来越明显、国际政治经济架构发生不可预知的变化的时候，作为投资者，他们的未来是什么？

也许是巧合，《股市长线法宝》[⊖]一书的作者杰里米·西格尔，在他的《投资者的未来》这本书中试图通过自己的研究来回答这个问题。身为美国沃顿商学

⊖　本书主要介绍美国股市百年来价值的变化，分析大小盘股、价值成长股、概念股等各类股票的长期表现。中文版已由机械工业出版社出版。

院教授的西格尔是长期投资和价值投资坚定的拥趸，但他在对标准普尔500指数的历史运行趋势和投资收益率进行分析，对标准普尔原始成分股投资收益率以及紧跟成分股调整的标准普尔指数基金的投资收益率进行对比之后，对于价值分析中的一些经典论断以及一直习惯使用的投资方法提出了自己新的研究观点，而其中有些观点甚至否定了价值投资者一直坚持的投资方法。

苏格拉底曾经说过："没有经过验证的生活，是不值得过的。"约定俗成的观念和理论很容易让我们产生思维的惯性，当我们完全靠经验生活而忽略了周围的变化时，我们将会产生思考的惰性。生活如此，股票投资作为一项风险很大的投资活动，质疑和验证、批判和审视也是必不可少的。

要投资高增长率的公司吗？不一定，因为你会陷入增长率陷阱。增长最快的公司、行业或者国家不一定会给你带来最好的投资收益率，比如IBM和新泽西石油，比如航空和通信，比如巴西和中国。

要购买IPO公司的股票吗？不一定，从长期来看，它们的表现很糟糕。

股票的长期收益依赖于公司实际的利润增长率吗？答案是否定的，它依赖的是增长率与投资者预期的比较。你对美国西南航空公司的预期很低，但是它给你带来的长期回报远远高于你预期很高的通用电气或者IBM。

放弃股利而让公司用于再投资会带来更高的回报吗？答案依旧是否定的，股利的再投资策略将会是你熊市的保护伞和牛市中的收益加速器，而将股利交给公司却很有可能被浪费和损失掉。

科技股是获得暴利的优秀投资品种吗？依然是否定的答案，科技行业是生产力的创造者和价值的毁灭者。

在本书中，你可以看到很多类似这样的质疑和否定，而其中的一些观点为我们目前的市场实践提供了很好的借鉴。比如关于指数投资的问题，作者指出，在传统的概念里，指数化投资就是要紧跟指数成分股的调整和变化，投资者至少可以获得与指数涨幅相同的收益，可是他的研究却表明，从1957

年 3 月 1 日到 2003 年 12 月 31 日，投资原始成分股组合所能积累的资金比投资于一只标准普尔 500 指数基金多出 21%～26%。作者的分析结果是：新公司加入所带来的成分股调整只会带来整个市场价值的提高，而不会直接带来投资收益的提高，两者没有必然的联系。

也许这可以看作是标准普尔版的"赚了指数不赚钱"。

值得欣慰的是，作者在对传统价值投资理论进行反思的同时，并没有忘记把这种反思更多地运用于对未来投资的思考（也许他对于一些价值分析方法的纠偏就是为了让投资者能够在全球化趋势下更好地把握自己的投资行为）。作者预测富国的老龄化和发展中国家经济的高速增长这两股巨大的力量会影响到投资者的投资行为，而基于投资者"喜新厌旧"的"不良"内在倾向，作者提出了在未来投资者要构建投资组合的几个条件：股利（dividends）、国际化（international）、估价（valuation）。也许是英雄所见略同，弗里德曼强调在全球化趋势下，人的生存与发展都需要有国际视野，而西格尔教授眼中的投资也不例外。

应该说，这是一本把继承、否定与前瞻性结合得很好的著作，也是一本把投资理论和投资实践紧密结合的著作。本书的优势很明显，当大家都在为全球化趋势下的投资感到一些迷茫的时候，作者希望通过自己的努力告诉投资者未来会怎样，是雪中送炭吗？有点儿。

最后很想和大家一起来回顾一段证券市场的历史，回顾并不是为了重复记忆，而是想站在另一个角度来看《投资者的未来》这本书的作用。

> 1551 年，英国建立了全世界第一家股份公司——莫斯科夫（Muscovy）公司，向公众发行了面值 25 英镑、总值 6000 英镑的股票，股市奇迹般地由此诞生了。1792 年 5 月 17 日，24 位纽约证券拍卖商聚集在华尔街的一棵大梧桐树下，进行股票交易活动。这一天开创了纽约证券经纪人集中交易的先河，梧桐树下的交易也被认为是"大董事会"——

纽约证券交易所的起源，而从这一刻起，股票真正有了生命。

1884 年 7 月 3 日，查尔斯·道首次发布了他精心研究的"道琼斯指数"，而随后产生的道氏理论，开创了所有投资理论的先河。以后出现的如江恩的时间周期、马尔基尔的随机漫步以及艾略特的波浪理论，都出现了一批技术分析的狂热崇拜者。1934 年格雷厄姆著名的《证券分析》一书出版，投资理论泾渭分明地分成了技术分析派和基本分析派。当格雷厄姆的衣钵传人——巴菲特把这种理论继续发扬完善并且取得了骄人的业绩之后，基本分析似乎成了目前证券市场投资分析的主流思想。

但是就像垄断只会带来生产力的倒退一样，缺乏竞争的基本分析派并没有自觉主动地对于自己的价值投资理论进行持续深入的验证和完善，拥护者总是骄傲地挥动着价值投资的大旗，随时传经布道，我们今天听到的理论似乎和几年前听到的并没有太多的差别。以前基本分析派还会在其他分析流派的指责和质疑中不断完善自己，但是现在这种来自外部的压力越来越小，因此在无意识中大家都放弃了自我批判，放弃了对蝴蝶扇动翅膀带来的大气变化的细微观察与思考，然而世界在变化，地球已经从"圆"的变成"平"的了。

因此，换个角度来看这本著作，我倒觉得不能仅仅把它看作是作者对于自己投资实践的总结、对于投资者未来行为的大胆预测，更应该看作是价值分析拥趸者在占据主流投资分析地位后的一次主动的自我批判和自我救赎，是在总结历史、验证历史的基础上的一次深刻思考，是在通过自我否定而不是完全继承的方式去捍卫价值投资的荣誉，这是需要勇气和智慧的，而我相信身为沃顿商学院教授的作者拥有这样的素质。

证券市场永远是一个多解的方程式，而杰里米·西格尔的求解方法是不是未来最好的呢？

　　我的第一本书《股市长线法宝》(*Stocks for the Long Run*) 在 1994 年出版，当时美国正经历历史上持续时间最长，势头也最为强劲的股票牛市。我的研究显示，在长期，股票带来的回报超过固定收益资产，如果考虑到通货膨胀的因素，那么投资股票的风险还要更小一些。这些发现表明，股票应该是长期投资者投资组合中的基石。

　　这本书的畅销让我获得了许多向散户和职业投资者做讲演的机会。几乎在每次讲演之后我都会被问到两个问题："我应该长期持有哪些股票？"和"当婴儿潮出生的人们退休并将他们的投资组合变现时，我的投资组合会受到什么样的影响？"

　　我写这本《投资者的未来》就是为了解答上面的问题。

20 世纪 90 年代的大牛市

　　在《股市长线法宝》一书中，我建议投资者将其投资组合中的股票部分与拥有广泛市场基础的股票指数联系在一起，比如标准普尔 500 指数（S&P 500）或者威尔逊 5000 指数（Wilshire 5000）。许多投资者禁不住试图"控制"市场周期脉搏的诱惑，不过我相信简单、严格地将投资"指数化"就是最好的策略。我的确提到过一些有可能提高"指数化"投资收益的技巧，但是这些建议显然并不是我的《股市长线法宝》一书的中心议题。

对于 20 世纪 90 年代的投资者来说，"指数化"是很好的投资策略，然而在 20 世纪末，许多股票的价格却让我越发感到不安。保罗·萨缪尔森是我研究生阶段的老师，也是美国首位诺贝尔经济学奖得主，他在《股市长线法宝》一书的封面上留下的一段话时常萦绕在我的脑海：

> 杰里米·西格尔令人信服地论证了长期采用"购买—持有"策略进行投资的好处。读读这本书，你会从中受益。即使短期中市场的风浪让你的航船颠簸，你一样可以睡得很香，因为你深信自己的做法慎重且深谋远虑。如果你和我一样也是经济学的信徒，请想一想，假如有一天西格尔的读者被广泛地模仿，那么这种谨慎的哲学什么时候会自我毁灭？

在他写下这段话时的 1993 年，股票价格接近历史平均水平，市场"自我毁灭"的可能性很小。不过随着道琼斯工业指数突破 10 000 点、纳斯达克指数接近 5000 点，无论是相对于收益还是股利，股票价格都已经攀升到了一个前所未有的高度。我担心这么高的股价会带来很低的收益，这种担忧让我忍不住想劝说投资者卖出手头的股票，当价格回落时再重新进入市场。

不过在对市场进行深入研究之后，我发现过高的股价实际上只存在于一类股票——科技类股票之中；市场上其他股票的价格相对于其收益而言并没有什么不合理的地方。1999 年 4 月，我在《华尔街日报》上发表了一篇评论，题为《网络股票现在是否被高估了？这些股票是否曾经被高估》（*Are Internet Stocks Overpriced? Are They Ever!*）。这篇文章表明了我对网络股票价格的立场，同时也是我对市场估价的第一次公开警告。

在这篇文章发表之前，我曾邀请沃伦·巴菲特来沃顿商学院进行一次演讲。自从 1949 年巴菲特离开沃顿商学院以来，还从未出现在这里。演讲吸引了 1000 多名学生，他们排队等待了好几个小时，就是为了能有机会听一听巴菲特对于股票和经济的看法。

我将沃伦介绍给观众，并且详细描述了他在投资领域取得的卓越成就。在回答一个关于网络股票的问题时，沃伦建议大家去读一读我前几天发表在《华尔街日报》上的文章，这让我备感荣幸。

他的鼓励促使我进一步研究拥有史无前例价格的科技类股票。当时，科技类股票的风头正劲，几乎占到标准普尔 500 指数总市场价值的 1/3，不仅如此，甚至纳斯达克的股票交易量也在历史上第一次超过了纽约股票交易所的交易量。2000 年 3 月，我在《华尔街日报》上又发表了一篇文章，题为《大盘科技股是傻瓜的赌注》（*Big Cap Tech Stocks Are a Sucker's Bet*）。我在文中预言思科（Cisco）、美国在线（AOL）、太阳微系统公司（Sun Microsystems）、JDS Uniphase 和北电网络（Nortel）等股票无法将现行的高价格维持下去，并且在不久后将会出现严重的下滑。

如果投资者在泡沫时期避开了科技类股票，那么他们的投资组合即使在熊市期间也能支撑得住。事实上，标准普尔 500 指数中 422 只非科技类股票带来的累积收益足以击败 2000 年 3 月股票市场达到顶峰时指数中的那 500 只股票提供给投资者的回报。

个股的长期表现

我对个股长期收益的兴趣源于一位朋友的经历，他的父亲在 50 年前购买了美国电话电报公司（AT&T）的股票，并将分得的股利再投资到该股票中，同时选择持有该公司所有子公司的股份。结果，一笔数额并不大的初始投资最后却带来了丰厚的收益。

与之类似，沃伦·巴菲特的成功很大程度上也要归功于这种长期持有优秀股票的做法。巴菲特曾经声称他最青睐的持有期限是"永远"。我十分好奇地想知道，如果投资者购买一系列大盘股并在未来几十年内一直持有它们，那么他们的投资组合会有什么样的表现。

计算长期"购买—永远持有"投资组合的收益率看似是一项简单的任务，但事实并非如此。学者和专业人士能够得到的个股收益率数据都建立在这样一个假设基础之上——所有的派生股票和子公司股票都立即被出售，并将所得到的资金再投资到母公司中去。不过这一假设并不符合许多投资者的实际行为，比如上面提到的我那位朋友的父亲，他在大约 1950 年购买了美国电话电报公司的股票。

我研究了半个世纪前纽约股票交易所最大的 20 只股票提供给投资者的长期收益——假设投资者将股利再投资于同一家公司，并且持有所有的派生股票。重新计算这些"购买—持有"收益非常耗时，不过这一工作也极富成效。令我吃惊的是，这前 20 只股票的收益超过了"指数化"投资者所能获得的回报，而后者的投资组合中涉及了所有的新兴公司和产业。

在初步研究之后，我决定看一看 1957 年标准普尔 500 指数建立之初构成指数的那 500 家公司能够带来什么样的收益率。最后的结果仍然令我惊奇——原始公司的表现超过了后来者。

这样的结果坚定了我的信念——新股票确实被投资者过高估价了。被高估的股票许多来自高科技产业，而那些沉寂的行业中貌似不起眼的企业却往往能为投资者提供高额回报。很多人认为那些引领技术创新、推动经济增长的公司是投资者的最佳选择，我用"增长率陷阱"来形容这种错误的观念。

随着研究的深入，我越发认识到增长率陷阱的影响力并不仅仅局限于单只股票，而是波及整个部门甚至国家。快速发展的新兴公司、新兴产业甚至新兴国家提供给投资者的收益往往很糟糕。我得出了投资者收益的基本原理，指出增长率并不能单独决定收益的高低，只有当增长率超过投资者常常过于乐观的对股价的预期时高收益率才能实现。显然，增长率陷阱是投资者通向成功之路上最难逾越的一道障碍。

即将到来的老龄化

找出过去半个世纪表现最好的股票可以帮助我回答经常被问到的第一个问题，而要得到第二个问题的答案则需要考察人口的日益老龄化会导致什么样的经济后果。作为一个1945年出生的人，我一直清楚自己处于婴儿潮的风口浪尖，而婴儿潮不久之后就会转变成一次大规模的退休风潮。

哈瑞·登特（Harry Dent）1993年的畅销书《荣景可期》(*The Great Boom Ahead*)引发了人们的兴趣，投资者开始关注人口变化趋势对股票价格的影响。登特在这本书中对历史上股票的变化趋势做了全新的解析。他发现在过去半个世纪中股票价格与45～50岁年龄段的人口数量之间存在着相关关系——处于这个年龄段的人口拥有最强的消费能力。基于人口的变化趋势，登特预测股票牛市将持续到2010年，而在那之后市场就会崩盘，因为届时将有大量人口加入退休者的行列。

哈瑞·登特和我曾经多次被邀请到相同的会议上发言，不过我们很少同台。我之前从未根据人口的变化趋势来预期股票价格走势，而是更青睐于将收益率的历史数据作为预测未来收益的最好工具。

不过随着我对人口问题的日益关注，我越发认识到这一因素对于经济和投资者的重要性。尽管美国、欧洲和日本都在"变老"，但是世界上大部分国家和地区都还很"年轻"，而这些年轻的经济体正越来越让世人感觉到它们的存在。沃顿商学院的学生出色地帮我建立起一个将国际人口变化和生产力发展趋势结合在一起的模型，用来预测世界经济的走势。

预测的结果振奋人心，也和登特得出的结论大相径庭。如果发展中国家能够保持快速的经济增长，那么这种增长的正面效应足以抵消老龄化对发达国家经济的负面影响。

随着研究的深入，我越来越相信：由于信息革命使世界上数十亿的人能够获取大量的知识信息，所以这样的增长率将得以维持。过去只有在世界顶尖的研究中心里才能找到的信息，突然对于每一个连接到互联网上的人都变得唾手可得，这在人类历史上还是第一次。

知识的扩散意义深远。作为一名学者，我见证了美国之外学生数量的急剧增加，这些学生都极具天赋。事实上，如今在我们这里攻读博士学位的国际学生数量已经明显超过了美国学生。显然，在不久的将来，西方世界将丧失在知识界和科研领域的垄断地位。对于世界各地的投资者来说，信息在全球范围内的扩散具有极其重大的意义。

投资的新方法

这些研究影响了我对投资方法的认识。经常有人问我，过去几年中资本市场的泡沫以及随后的市场崩盘是否改变了我对股票的看法。答案是肯定的，不过和以前一样，我对投资者的未来仍然保持乐观。

与其说市场的非理性躁动是一次警告，倒不如说它给投资者提供了一个机会——人们可以借此比采用"购买—持有"策略的"指数化"证券组合做得更好。同时，世界经济的发展也为那些面向全球的公司带来了新的机遇和市场，摆在它们面前的是一个前所未有的广阔舞台。

我相信，要想在这些发展中获取最大的利益，投资者必须拓宽投资组合的范围，并且避开那些导致许多投资组合表现落后于市场的陷阱。我写作《投资者的未来》一书，就是为了给人们提供这样的向导。

| 目　录 |

| 第三部分 |

股东价值的源泉

| 第四部分 |

人口危机和未来全球经济强国的转变

| 第五部分 |

投资组合策略

第一部分

THE FUTURE FOR INVESTORS

揭开增长率陷阱的面纱

第 1 章

增长率陷阱

大众的投机心理是不可救药的。只要看起来有发展的机会，他们就愿意支付任何价格。他们会被任何标有"特许经营"的公司所吸引——电脑、电子、科学技术，或者是当时流行的任何东西。我们的读者是聪明的投资者，当然不会像他们这样愚蠢。

——本杰明·格雷厄姆（Benjamin Graham）
《聪明的投资者》（*The Intelligent Investor*），1973 年

投资者的未来是光明的。今天，我们的世界正处在一个发明、发现和经济增长大爆炸的边缘，某些人宣称，随着"婴儿潮"中出生的人们退休，社会保障制度将破产，个人养老金系统将被颠覆，金融市场也会发生紊乱，这些悲观的论调是错误的。

人口和经济的力量正在使世界经济的中心迅速向东方转移。不久之后，美国、欧洲和日本将不再处于中心舞台。到 21 世纪中叶，中国和印度的经济总量将超过发达国家。

那么，你应该怎样调整自己的投资组合，以便在世界市场上即将出现的巨大变动和机遇中处于有利位置？

要在迅速变化的环境中获取成功，投资者必须理解增长的另一面，尽管它与我们的直觉相反，我将其称为"增长率陷阱"。

增长率陷阱诱使投资者为那些促进创新并带动经济扩张的产业和公司付出过多的资金。人们对增长不懈的追求，购买热门股票、寻找激动人心的新技术、投资于快速发展的国家，注定了他们并不能得到丰厚的回报。事实上，历史表明那些业绩最好的投资往往出现在正在萎缩的产业和发展缓慢的国家。

世界变化越快，投资者就越应该重视以往的教训。能够对增长率陷阱保持警醒并且掌握本书中所揭示的成功投资原则的投资者，将会在世界经济发生前所未有的变化中获利。

1.1 科技的硕果

没有人能否认科技的重要性，科技的发展是世界历史进程中最重要的一股力量。早期在农业、冶金以及交通运输方面取得的技术进步促进了人口的增长和强大帝国的建立。在历史上，那些在诸如钢铁、战舰、火药、飞行器以及最近在核武器等方面拥有技术优势的力量赢得了许多决定性的胜利，使其能够称霸一方，或者能够阻止别人这么做。

科技的影响力远不局限于军事方面。科技使得经济体能够以更少的资源创造更多的产出：更少的织布工生产出更多的布匹，更少的机器制造出更多的铸件，更少的土地产出更多的食物。科技是工业革命的核心，它使世界走上了一条生产力持续发展的道路。

今天，生产力提高的证据随处可见。在发达国家，只有一小部分的劳动用于生产生活必需品。发展的生产力让我们能够达到更高的健康水准，更早退休，更加长寿，享受更多的闲暇时光。即使在地球上最贫困的地区，科技进步也已经降低了世界上饥饿人口和极度贫困人口的比例。

确实，从托马斯·爱迪生到比尔·盖茨，新技术的发明使得数以千计的发明者和企业家通过组建公司变得十分富有。爱迪生和盖茨建立的企业——通用电气和一个世纪之后的微软，现在在市场价值排名上位居世界前两位，两家公司的资本总和超过 5000 亿美元。

正是因为投资者看到像比尔·盖茨这样的创新者所拥有的巨大财富，他们确信自己应该追逐新兴的有创新能力的公司，而避开那些在他们眼里最终会被新技术颠覆的老企业。很多如汽车、无线电、电视机以及后来的电脑和手机领域的先锋公司不仅为经济增长做出了贡献，也使自己变得利润可观。结果，我们将投资策略转向这些战胜旧技术、开拓创新的新企业，并自然而然地坚信自己的财富也会随着它们的获利而增加。

1.2　增长率陷阱

意外的是，上述关于投资策略的判断被证明是错误的。事实上，我的研究表明事情的真相恰好相反：新兴的产业和公司不仅不能为投资者提供丰厚的回报，而且它们带来的投资收益往往还不如那些几十年前就已经建立的老企业。

增长似乎是一个圈套，它诱使我们将资产投放到我们看好其发展前景的地方，不过最具创新能力的公司很少会是最佳的投资选择。人们盲目地追求科技创新，将其作为击败市场的法宝，但是事实证明创新是一把双刃剑——刺激着经济增长，同时又不断地让投资者失望。

1.3　谁获利，谁受损

为什么会这样？为什么合理利用新技术所带来的巨大经济利益会导致巨额的投资损失？一个简单的原因是：出于对创新的热情，投资者为参与其中支付了过高的价格。增长被如此狂热地追求，它诱使投资者购买定价过高的股票，而这些股票背后的产业瞬息万变且面临过度竞争，这些产业中少数的大赢家无法补偿数量众多的失败者。

我不是在说从创造的过程中不能获取收益，事实上，许多人通过创新变得极为富有。如果不是这样，企业家将失去发展新技术的动力，投资者也不会为他们融资。

但是这些收益并没有流向单个投资者，而是流去了创新者和建立者那里。这其中包括为项目提供大笔资金的风险投资家、销售股票的投资银行家，当然，最终获得好处的是能够以较低价格购买到更好产品的消费者。而那些力图在世界经济强大发展过程中分一杯羹的单个投资者，则不可避免地会遭受损失。

1.4　历史上的最佳长期股票

为了说明增长率陷阱，假设我们可以进行时间旅行，这样一来我们将会处在一个有利的位置，能够从事后的角度来观察应该做出什么样的投资决定。让我们回到 1950 年，在老牌公司新泽西标准石油（现在的埃克森美孚）和新兴的 IBM 之间做出选择，购买其中一家公司的股票并且持有到现在。

在做出选择并购买股票后，你可以指示你选择的公司将你所有的现金股利再投资于该公司的股票，这样你就为自己的投资上了一把锁，钥匙在你手中。半个世纪后投资将被开启，股票销售所得可以用于你子孙的学业，还可以投放于你最中意的慈善机构，当然，如果你在做出选择的时候足够年轻的话，这些所得甚至可以作为你自己的退休金。

那么，你究竟应该选择购买哪家公司的股票呢？为什么？

1.4.1 20 世纪中叶的经济

如果回到 1950 年，你所关心的首要问题应该是：科技和能源，哪个经济部门会在 20 世纪的后半叶发展得更快？幸运的是，简单地回顾一下历史我们就可以得到答案——科技类公司取得了稳定快速的增长。

和今天一样，在 1950 年世界也正在经历着巨大的变化。在科技发展的引领下，美国的制造商们已经将重心从军用品转移到消费品上。在 1948 年美国家庭拥有 14.8 万台电视机，到 1950 年这个数字已经上升到 440 万台，两年之后更是达到了 5000 万台。作为一种新型媒体工具，电视机的渗透速度相当惊人，远远快于 20 世纪 80 年代的个人电脑和 90 年代的互联网。

创新能够改变我们的社会，1950 年就是一个证明。比百美（Papermate）推出了能够大量生产的防漏圆珠笔，Haloid（现在的施乐公司）生产出第一台复印机，而 Diner's Club 推出的第一种信用卡则使得科技已经大量渗透的金融行业迎来了一个巨大的发展机遇。与此同时，贝尔实验室作为世界上最庞大的公司美国电话电报公司的分支机构已经完善了晶体管的研制，这是通向电脑革命的标志性里程碑。

未来看上去是如此光明，"新经济"——这个在 20 世纪 90 年代被反复使用的词汇实际上早在此前 50 年就已经被用来形容当时的经济状况。为庆祝创刊 25 周年，《财富》杂志在 1955 年推出了一系列特别文章，歌颂大萧条以来美国新经济在生产力及收入方面取得的巨大增长。

1.4.2　IBM 还是新泽西标准石油

为了帮助你做出选择，让我告诉你其他一些信息。表 1-1 中比较了两家公司的关键性增长指标。每股收入、股利、利润、部门增长，在华尔街用以选择股票的每个增长指标上，IBM 都大大超过新泽西标准石油。在过去的 50 年里，前者的每股收入（这是华尔街最看重的股票选择指标）每年的增长速度超过后者 3%，随着信息技术的发展以及电脑在经济中变得日益重要，科技部门的市场份额从 3% 上升到接近 18%。

表 1-1　1950 ～ 2003 年年度增长率

增长指标	IBM（%）	新泽西标准石油（%）	占优者
每股收入	12.19	8.04	IBM
每股股利	9.19	7.11	IBM
每股利润	10.94	7.47	IBM
部门增长[①]	14.65	−14.22	IBM

① 部门增长表示科技和能源部门 1957 ～ 2003 年的市场份额变动。

相反，核能并没有像其支持者预料的那样占据统治地位，世界还是主要依靠石化燃料，但是石油产业的市场份额在这段时期仍然大幅缩水。在 1950 年，石油产业股票占全美股票总市值的 20%，到了 2000 年已经下降到不足 5%。

假如有一个未卜先知的精灵在 1950 年就把这些事情告诉了你，你会把你的钱投到哪里，IBM 还是新泽西标准石油？

如果你的回答是 IBM，很不幸，你已经成了增长率陷阱的牺牲品。

尽管两只股票的业绩都不错，但是 1950 ～ 2003 年，新泽西标准石油的投资者每年可以取得 14.42% 的年收益率，这比 IBM 提供的 13.83% 的年收益率要高。这点差别看起来似乎微不足道，不过当你在 53 年后开启投资时，你会发现你投资于新泽西标准石油的最初那 1000 美元已经累积到 126 万美元，而投向 IBM 的 1000 美元现在只价值 96.1 万美元，比前者少了 24%。

1.4.3 为什么新泽西标准石油能够打败 IBM：定价与增长的较量

为什么在每个增长指标都远远落后的情况下，新泽西标准石油能够打败 IBM，成为更好的投资选择？一个简单的原因是：定价，你为收益所支付的价格和你收到的股利。

投资者为 IBM 股票所支付的价格实在是太高了。这个电脑巨人在增长方面胜过新泽西标准石油，但新泽西标准石油却在定价上占据优势，而这恰恰是影响投资回报的决定性因素。

正如你在表 1-2 中看到的，在华尔街衡量定价的基本尺度性指标平均市盈率上，新泽西标准石油尚不到 IBM 的一半，而这家石油公司的平均股利率要比 IBM 高出 3 个百分点。

表 1-2　1950 ～ 2003 年平均价格指标

价格指标	IBM	新泽西标准石油	占优者
平均市盈率	26.76	12.97	新泽西标准石油
平均股利率	2.18%	5.19%	新泽西标准石油

定价如此重要的原因之一是它影响到股利的再投资。股利是决定投资者收益的关键因素。因为新泽西标准石油的股价较低，股利率却很高，所以那些购买了其股票又将收到的股利再投资于该公司股票的人可以以很快的速度累积股票——几乎可以累积到原有股票数量的 15 倍，而 IBM 的股东就没有这么幸运了，按照相同的方法他们只能累积到原有股票数量的 3 倍。

尽管新泽西标准石油的股票价格上升的速度较慢，每年落后于 IBM 近 3 个百分点，但是其更高的股利率却使它成为投资者更好的选择。你可以在表 1-3 中看到两家公司提供给投资者的总收益及其来源。

表 1-3　1950 ~ 2003 年 IBM 和新泽西标准石油的收益来源

收益指标	IBM（%）	新泽西标准石油（%）	占优者
股价上升	11.41	8.77	IBM
股利收益	2.18	5.19	新泽西标准石油
总收益率	13.83	14.42	新泽西标准石油

按照我在第 3 章中将会讲述的投资者收益基本原理，一只股票的长期收益并不依赖于该公司实际的利润增长率，而是取决于该增长率与投资者预期的比较。IBM 的业绩不错，不过还达不到投资者对它的预期，人们对该公司的前景十分看好，导致其股价保持在很高的水平。新泽西标准石油的投资者对公司利润增长的预期要温和许多，这使得其股票能够保持在较低的价位上，这样投资者可以通过股利的再投资积累更多的股票。事实证明，正是这些多出来的股票成就了新泽西标准石油投资者的胜利。

1.5　股票与长期收益

新泽西标准石油并不是"旧经济"中唯一提供给投资者较高长期收益的公司。

表 1-4 中按市值高低顺序列出了 1950 年交易量最大的 50 只美国股票。美国的股票交易市场当时在世界资本市场中居于主导地位，而这些股票几乎占据了那时美国股票市场上总交易量的一半。如果你要为未来 50 年购买 4 只最好的股票，你会怎样选择？正如我们之前假设的那样，把你所有的股利都再投资于该股票，不卖出一股，你的目标是在半个世纪后开启投资之盒时，

"巢里的蛋"要尽可能的大。

表 1-4　1950 年美国最大的 50 家公司

最大的 50 家美国公司，1950 年 12 月 31 日，按照市场价值排名			
排名	公司名称	排名	公司名称
1	美国电话电报公司	26	西屋电气
2	通用汽车	27	菲利普斯石油公司
3	杜邦公司	28	国际纸业公司
4	新泽西标准石油	29	太平洋联合铁路公司
5	美国联合碳化物公司	30	伯利恒钢铁公司
6	通用电气	31	大陆石油公司
7	加利福尼亚标准石油	32	F. W. 伍尔沃斯公司
8	西尔斯罗巴克公司	33	马利·沃德公司
9	得克萨斯公司	34	辛克莱尔石油
10	美国钢铁公司	35	国际收割机公司
11	海湾石油公司	36	太阳石油公司
12	印第安纳标准石油	37	联邦爱迪生公司
13	S.H.Kress	38	国家钢铁公司
14	肯尼科特（Kennecott）铜业公司	39	艾奇逊 – 托皮卡 – 圣菲铁路
15	Socony Vacuum Oil	40	统一爱迪生公司
16	伊士曼柯达公司	41	阿纳康达铜矿公司
17	宝洁公司	42	孟山都化学公司
18	克莱斯勒汽车	43	匹兹堡平板玻璃公司
19	IBM	44	美国烟草公司
20	彭尼百货	45	雷诺烟草公司
21	联合化学漂染公司	46	菲尔普斯道奇公司
22	美国联合水果公司	47	太平洋煤气电力公司
23	陶氏化学公司	48	得克萨斯湾硫黄公司
24	太平洋电话公司	49	国家乳品公司
25	可口可乐公司	50	明尼苏达矿业与制造公司

令人吃惊的是，尽管我们已经知晓 20 世纪的后半叶发生了什么，但是要找出为投资者提供最佳收益的公司仍然不是一件容易的事情。这份单子上列举的公司大部分属于"旧经济"部门，它们要么已经破产，要么处于正在衰

落的产业中。在 1950 年制造业企业占据了这 50 家公司市场价值的一半，而在 2003 年却连 10% 都不到。

你认为新泽西标准石油或者 IBM 属于最好的 4 只股票吗？还是你会选择通用电气——唯一一家从最初到现在都位列道琼斯工业指数的公司？通用电气将重心从制造业转移，推出了金融企业通用电气金融服务公司（GE Capital）和传媒巨人 NBC，这使得通用电气跟上了经济发展的步伐。

或者你会选择美国电话电报公司，这样你就可以同时拥有随后诞生的它的那些分支企业。在 1950 年，美国电话电报公司拥有全世界最高的市场价值。到了 2003 年，它及其子公司的市场价值总和仍然无可匹敌。

不过不管是美国电话电报公司、通用电气还是 IBM，它们都成为不了最好的 4 只股票之一。正如表 1-5 显示的那样，1950 ～ 2003 年，提供给投资者最丰厚回报的 4 家公司依次是国家乳品公司（后更名为卡夫食品公司）、雷诺烟草公司（R. J. Reynolds Tobacco）、新泽西标准石油和可口可乐公司。

表 1-5　1950 ～ 2003 年给投资者带来最佳收益的股票

1950 年以来业绩最好的公司			
收益率排名	1950 年时的公司名称 （现在的公司名称）	年收益率 （%）	1000 美元初始投资的 最终积累金额 / 美元
1	国家乳品公司（卡夫食品公司）	15.47	2 042 605
2	雷诺烟草公司	15.16	1 774 384
3	新泽西标准石油（埃克森美孚）	14.42	1 263 065
4	可口可乐公司	14.33	1 211 456
	表现最好的 4 家公司	14.90	6 291 510
	相同的 4000 美元投资	11.44	1 118 936

当投资之盒在 53 年后的 2003 年 12 月被开启时，一位在上述 4 只股票中各投入 1000 美元的投资者会拥有 630 万美元，是同样投入 4000 美元但按照股票市场指数构建投资组合的投资者的 6 倍——后者只能拥有 110 万美元。

这些投资收益最高的股票没有一只属于新兴增长产业部门，也并不位列科技革命的前沿。事实上，这 4 家公司生产的产品几乎和半个世纪前一模一样，它们的产品包括名牌食品（卡夫、纳贝斯克、Post、麦斯威尔）、香烟（骆驼牌、Salem、Winston）、石油（埃克森）和软饮料（可口可乐）。实际上，引以为自豪的可口可乐的传统配方自它 100 多年前诞生以来没有任何改变，倒是在 1985 年 4 月推出"新可乐"遭遇了失败，背离老配方而误入歧途。

这 4 家公司都致力于做它们最擅长的事情，集中力量为新的市场生产优质产品。它们都拓展了全球业务，如今在国际市场上它们每家公司的销售量都已经超过了美国本土。

1.6 投资者的未来

我分析的数据越多，就越发意识到自己观察到的并不是个别情况，而是揭示了一种深层次的代表性力量，这种力量存在于长时期中，覆盖的范围也很广。

我为这本书所做的最重要也是最耗费精力的一项研究是对标准普尔 500 指数整个历史的剖析。这个指数囊括了美国最大的公司，占据了全美股票市值总和的 80%。世界上没有任何其他指数像标准普尔 500 指数这样被如此之多的投资者复制，它的表现牵涉到上万亿美元投资金额的损益。

我的发现完全颠覆了投资者用来为投资组合选择股票的种种传统理念。

- 平均来看，从 1957 年标准普尔 500 指数诞生以来，陆续加入这个指数中的超过 900 家新公司，投资收益比不上最初就在该指数上的那 500 家原始公司。事实上，如果投资者将投资成败系于指数，不断用快速成长的新公司取代指数中增长缓慢的老公司，这反而会使回报降低。

- 长期投资者如果只投资于标准普尔指数最初的 500 家公司，并且不再购买任何被增加到这个指数上的股票，他们的境况反而会更好。通过采用这种"购买且不再销售"的投资策略，投资者能够击败过去半个世纪里几乎所有的共同基金和货币经理。

- 股利至关重要。股利的再投资是长期股票投资获利的关键因素。某些怀疑者声称，公司派发高额股利将导致增长机会的缺失，然而事实恰恰相反。投资于高股利率公司股票的投资组合比投资于标准普尔 500 指数的投资组合年回报收益率高出 3%，而正是那些低股利率的股票拖了市场的后腿——比平均年收益率低了 2%。

- 股票投资的回报并不依赖于公司利润增长，而只取决于实际的利润增长是否超过了投资者的预期，这个增长预期就体现在市盈率中。投资于标准普尔 500 指数中低市盈率公司的投资组合比投资指数中所有公司的投资组合年收益率高 3%，而投资于高市盈率公司要比投资于指数中所有公司的年收益率低 2%。如果将股利率作为衡量指标，所得到的结果也大体一样。

- 首次公开发行（IPO）的股票在长期中表现糟糕，即使你幸运地以发行价格拿到这些股票。1968 ～ 2001 年这段时期中，其中只有 4 年按发行价格购买的 IPO 投资组合的长期收益率能够击败一个类似的小型股票指数。那些在交易开始后购买首次公开发行股票的投资者获得的收益率甚至更糟。

- 增长率陷阱不仅存在于单个公司中，对于产业部门也同样适用。增长速度最快的金融产业，收益率低于标准普尔 500 指数的总体水平，而自 1957 年以来萎缩了将近 80% 的能源部门的投资收益率却超过了这个指数，占工业部门比例从 21% 下降到 5% 的铁路产业，也在过去半个世纪中击败了标准普尔 500 指数的收益率。

● 增长率陷阱同样也适用于国家。过去 10 年中增长速度最快的国家却为投资者带来了最低的回报。中国，20 世纪 90 年代最强劲的经济动力，以过高的投资价格和萎靡的股市让投资者感到失望。

1.7　即将到来的人口危机

上文中强调的观点同样适用于以后 50 年吗？

也许不会——如果美国、欧洲、日本所面临的老龄化危机意味着我们的前景暗淡的话，然而许多人认为事情确实会向那个方向发展。在婴儿潮中出生的 8000 万人口持有万亿美元计的股票和债券，在以后几十年中他们必须将这些金融资产出售，以满足他们退休后的生活需要。在欧洲和日本，人口老龄化的速度甚至超过了美国。

对于投资者和迫切需要将金融资产变现以购买商品和服务的退休者来说，金融市场上存在过多卖家是一场灾难。更糟的是，随着大量人口的退休，美国将面临劳动力短缺，这会导致商品供给不足，退休者也许将很难享受到舒适的退休生活。

一些受人尊敬的专家预言经济将会陷入萧条，这其中包括 *Running on Empty* 的作者彼得·彼得森（Peter Peterson）以及波士顿大学的经济学教授、《即将到来的一代的战争》（*The Coming Generational Wars*）的作者拉里·科特利科夫（Larry Kotlikoff）。他们警告说，人口的老龄化、偏低的储蓄率以及未来劳动力的短缺将会导致严重的经济衰退，毁掉数百万美国人的退休生活。

我也认同人口因素将影响我们的未来，不过在将我们所面临的现实情况纳入我的研究里之后，我强烈地反对彼得森、科特利科夫和其他人的悲观论调。我自己建立的关于人口和生产力发展趋势的模型令我确信，世界并非徘徊在危机的边缘，而是即将迎来稳定快速的经济增长。

信息技术和沟通方式的革命使得中国和印度这样的发展中国家得以迅速地促进自身的经济增长，它们将为发达国家的老龄化人口生产足够的商品和服务。我预测到 21 世纪中叶，中国和印度的产出总和将超过美国、欧洲和日本的总和。

发达国家面临的最关键的两个问题是：谁将为我们生产商品？谁将购买我们出售的资产？我已经为它们找到了这两个问题的答案：发展中国家的劳动力和投资者将会为我们生产商品并购买我们的资产。我把这种情况称为"全球解决方案"。

1.8　全球解决方案

"全球解决方案"对投资者意义深远。世界经济的重心将向东方移动。中国和印度以及其他新兴国家的投资者，将会最终拥有世界上大部分的资本。数十万亿美元的资产将会从美国、欧洲和日本的退休者手中转移到新兴国家的生产者和储蓄者那里。"全球解决方案"也意味着发达国家对发展中国家将会出现巨大且持续增长的贸易赤字。人口问题将不可避免地驱使我们用资产去换取外国商品。

那些能够理解并且利用全球市场拓展机遇的公司将会大获成功。随着资本市场全球化进程的加速，国际性公司将在人们的投资组合中变得越发重要。

然而，投资者必须对增长率陷阱保持警醒：正如快速发展的产业和公司一样，经济增长最快的国家并不一定会带来最丰厚的投资收益。如果人们片面地看重增长并付出过高的价格，那么得到的回报将令他们失望。将资金投向中国这个世界上增长速度最快的经济体的投资却有着不太好的收益表现，这恰恰印证了增长率陷阱吞噬投资收益的可怕力量。

1.9 投资的新方法

本书的内容是我上一本书《股市长线法宝》的自然延伸。上本书中的研究表明，在长期情况下股票的收益要高于固定收益资产，如果考虑到通货膨胀的话，股票投资的风险还要更低些。

我的最新研究揭示了投资什么样的股票会在长期中获利，同时指出投资者的一些诸如"国际性公司"和"本地公司"，"价值型股票"和"成长型股票"的观念已经过时了。随着经济的全球化，公司的总部设在哪里已经不那么重要了。公司可以把总部设在某个国家，在另外的国家生产，然后把产品卖到全世界。

另外，最佳的长期股票不一定要通过"价值"或"增长率"的概念来界定。最好的投资目标也许是快速成长的公司，不过前提是其定价相对于增长率必须要合理，同时它的管理层必须已经凭借高质量的产品在世界市场上建立并保持着良好的信誉。

1.10 本书的安排

本书分为五个部分。在前两个部分中你将了解什么是增长率陷阱，并且认识到在选择股票时应该追寻和避免的一些股票特性。在第三部分中你会知道为什么股利对于投资者来说是至关重要的。第四部分讲述了我对未来经济和金融市场的看法。第五部分会告诉你怎样构建投资组合以应付即将到来的变动。

世界正处在巨大变革的边缘，《投资者的未来》建立起一个连续的框架，使你能够理解世界市场，并教会你如何使得长期资本得到保护和升值。

第 2 章

创造性的毁灭还是创造被毁灭

资本主义经济引擎的动力来源于新的消费品、新的生产或运输方式、新的市场、新的产业组织形式……创造性的毁灭是资本主义的本质。这是资本主义的本质所在，也是每个资本家的所思所想。

——约瑟夫·熊彼特（Joseph Schumpeter）

《资本主义、社会主义与民主》(*Capitalism,*
Socialism and Democracy)，1942 年

2.1 "我应该购买和持有哪只股票？"

我在这本书中所做的研究得出这样一个结论：许多投资者做出的投资决策实际上是基于错误的观念——他们并不清楚是什么决定着股票收益。我的投资观念的改变则起源于我在一次演讲后被问到的一个问题。

"西格尔教授，"一个听众举起手，"你在《股市长线法宝》一书中令人信服地论证了股票是长期中最好的投资品种。你在该书的封面上就告诉投资者'购买—持有'原则，不过我仍然不太确定应该怎么做。我究竟应该购买和持有哪些股票？我是否应该选择购买 20 家大公司的股票，然后一直持有它们？"

"当然不是这样，"这个问题我之前已经听到过无数次了，"我在《股市长线法宝》一书中所指的收益和专家学者口中的收益是一样的，都来源于那些主要的普通股指数，比如标准普尔 500 指数或者威尔逊 5000 指数。这些指数不断地随着新公司的出现而更新，投资者可以通过指数共同基金使他们的回报和这些市场指标很好地契合。"

"新的公司对你的收益很重要。我们处在一个动态的经济中，新的公司和产业不断地出现，旧的经济实体或者破产或者被其他公司兼并，这种创造性的毁灭过程正是资本主义经济的本质。"

"让我给你举一个例子。金融部门现在是标准普尔 500 指数中最大的产业部门，然而在这个指数创立的 1957 年，甚至没有一家商业银行、经纪公司或者投资银行在纽约股票交易所进行交易。同样在 1957 年，现在指数中第二大的卫生保健部门只占当时指数总份额的 1%。当时的科技部门也多不了多少。"

"这三个在 1957 年占标准普尔指数的份额几乎微乎其微的部门——金融、卫生保健和科技，到了 2003 年已经占了标准普尔 500 指数市场价值的一多半。如果你从不更新你的投资组合的话，那么它将充斥着正在衰退的工业公司、矿产公司或者铁路企业。"

很多听众都赞同地点头，那个提问者看起来也对我的回答很满意。我确信大多数研究过股票市场历史收益的金融咨询师和学者都将认同我对这个问题的回答。

在我进行为本书所做的研究之前，我认为简单直接地复制指数的投资策略就是最好的积累财富的方法。完全仿照指数构建投资组合意味着当新公司进入市场并登上主要股票指数时，投资者可以因为它们的优异表现获得好处。

不过在过去两年中，我所做的广泛而深入的研究改变了我对这件事情的看法。在这一章和本书的其他部分所讲述的研究成果是我新的认识，尽管将投资组合指数化可以获得不错的回报，但还存在着更好的增加财富的方法。

2.2　创造性的毁灭

"创造性的毁灭"（creative destruction）是由伟大的经济学家约瑟夫·熊彼特提出的。他用这个词来描述新公司通过击败并取代旧公司带动经济发展的过程。熊彼特指出，创新科技促使新公司的崛起和组织结构的改变，新兴公司的财富不断增加，而同时旧的企业逐渐衰退。确实，我们的经济增长很大程度上源于科技、金融和卫生保健产业的扩张以及制造业的衰退，但是当论及金融市场上的回报时，熊彼特所谓"创造性的毁灭"理论还适用吗？

有些人对这个问题的回答是肯定的。理查德·福斯特（Richard Foster）和萨拉·卡普兰（Sarah Kaplan）在他们 2001 年的畅销书《创造性的毁灭：为什么持续经营的企业市场表现不尽如人意，如何成功地转变它们》（*Creative Destruction:Why Companies That Are Built to Last Underperform the Market, and How to Successfully Transform Them*）中写道："假设今天的标准普尔500指数仍然由1957年指数刚建立时就位列其中的那些公司组成，那么该指数的总体收益表现将落后于实际的情况——每年低大约20%。"[1]

如果他们的结论是正确的，那么获取好的投资收益的关键就在于要不断地用新兴公司来更新投资组合。按照他们的说法，是否采用这种做法所带来的差别是巨大的，考虑到复利的威力，在过去的半个世纪里，将1000美元固定地投入指数的原始公司里要比随着指数构成变化即时更新的投资收益少40%。

福斯特和卡普兰的研究结果深深地困扰着我。如果标准普尔500指数里最初的那些"旧"公司表现如此差劲，而新公司又都如此出色，那么既然投资于新旧公司的回报差异如此之大，投资者为什么不干脆购入新的、卖出旧的，这样不就可以击败市场指数吗？然而不可辩驳的事实是，大多数投资者（包括大多数职业投资家）都没能做到这一点。

2.3 回过头去寻找答案

我确信，检验"创造性的毁灭"理论是否适用于股票投资收益的最好方法是去分析标准普尔500指数中最初的那些股票的表现。这是一项充斥着数据的繁重工作，数据的搜集从我最初为《股市长线法宝》一书搜集金融资产回报数据就开始了，不仅要计算指数中基于500只股票的股票收益率，还要追溯复杂多变的公司历史——兼并或者从原公司分立出来。这项研究将为比较股票市场中"新""旧"公司的收益高低提供明确可靠的依据。[2]

研究结果改变了我关于最佳投资策略的看法，在深入探讨这一问题之前，我们先简单回顾一下世界上最著名的市场基准指标——标准普尔 500 指数的历史。

2.4 标准普尔 500 指数的历史

标准普尔公司于 1923 年第一个推出了股票价格指数，3 年之后又建立了包括 90 只股票的综合指数。[3] 随着经济的发展，90 只股票已经不足以代表整个市场，于是标准普尔在 1957 年 3 月 1 日把指数范围扩展到 500 只股票，并将其重新命名为标准普尔 500 指数。[4]

最初的指数包括 425 家工业公司、25 家铁路公司和 50 家公用事业公司。为了使指数更具代表性，能够囊括 500 家"经济主导产业中的主导公司"，[5] 在 1988 年标准普尔取消了对每个产业中进入指数的公司数量的严格限定。标准普尔 500 指数不断地更新，能够在市场价值、收入和流动性等方面达到其标准的新公司被添加到指数中，以取代相同数量的达不到标准的旧公司。

自 1957 年以来，被添加到指数中的新公司数量在 2003 年达到 917 家，平均每年 20 家。添加新公司最多的一年是 1976 年，共有 60 张新面孔登上指数，其中有 15 家银行和 10 家保险公司。在那之前，指数中唯一的金融类股票是消费者金融公司，其他的金融机构都被排除在外，因为它们大多数在场外市场交易，而在 1971 年纳斯达克（证券交易商全国自动报价协会指数）建立之前，场外交易的即时价格数据很难收集。

在科技泡沫达到顶峰的 2000 年，指数中添加了 49 家新公司，仅次于 1976 年。而在 2003 年股市跌到了谷底，只有 8 家新公司登上指数，是历史上最少的一次。[6]

在过去半个世纪中新兴公司不断取代旧面孔，这大大改变了指数的构成。表 2-1 列出了 1957 年和 2003 年指数中市场价值最高的 20 家公司。2003 年排在前 20 名的其中 5 家企业——微软、沃尔玛、英特尔、思科和戴尔,甚至在 1957 年都还不存在。1957 年的前 20 名里有 9 家石油生产商,而在 2003 年只有两家。2003 年的前 20 家公司里有 12 家来自信息技术、金融和卫生保健部门,在 1957 年则只有 IBM 能够位列其中。

表 2-1　1957 年 3 月和 2003 年 12 月标准普尔 500 指数市场价值最高的股票

原始标准普尔 500 指数:1957 年 3 月 1 日			
市场价值排名	公司名称	市场价值 /10 亿美元	部门
1	美国电话电报公司	11.2	电信
2	新泽西标准石油	10.9	能源
3	通用汽车	10.8	非必需消费品
4	杜邦公司	8.0	材料
5	通用电气	4.8	工业
6	海湾石油公司	3.5	能源
7	美国联合碳化物公司	3.2	材料
8	得克萨斯公司	3.2	能源
9	美国钢铁公司	3.2	材料
10	加利福尼亚标准石油	2.8	能源
11	IBM	2.7	信息技术
12	荷兰皇家石油公司	2.7	能源
13	Socony Mobil Oil	2.5	能源
14	壳牌石油	2.4	能源
15	西尔斯罗巴克公司	2.0	非必需消费品
16	印第安纳标准石油	1.9	能源
17	美国铝业公司	1.8	材料
18	伯利恒钢铁公司	1.7	材料
19	伊士曼柯达公司	1.6	非必需消费品
20	菲利普斯石油	1.6	能源

标准普尔 500 指数:2003 年 12 月 31 日			
市场价值排名	公司名称	市场价值 /10 亿美元	部门	进入标准普尔 500 指数的时间
1	通用电气	311.1	工业	原始
2	微软	297.8	信息技术	1994 年
3	埃克森美孚	271.0	能源	原始
4	辉瑞公司	269.6	卫生保健	原始

（续）

标准普尔 500 指数：2003 年 12 月 31 日				
市场价值排名	公司名称	市场价值 / 10 亿美元	部门	进入标准普尔 500 指数的时间
5	花旗集团	250.4	金融	1988 年
6	沃尔玛	229.6	日常消费品	1982 年
7	英特尔	210.3	信息技术	1976 年
8	美国国际集团	172.9	金融	1980 年
9	思科公司	167.7	信息技术	1993 年
10	IBM	159.4	信息技术	原始
11	强生公司	153.3	卫生保健	1973 年
12	宝洁公司	129.5	日常消费品	原始
13	可口可乐公司	124.4	日常消费品	原始
14	美洲银行	119.5	金融	1976 年
15	阿尔特里亚集团	110.5	日常消费品	原始
16	默克公司	102.8	卫生保健	原始
17	富国银行	99.6	金融	1987 年
18	Verizon Comm.	96.9	电信	原始
19	雪佛龙德士古公司	92.3	能源	原始
20	戴尔公司	87.0	信息技术	1996 年

2.5　标准普尔 500 指数原始公司组成的投资组合

　　为了计算标准普尔指数中最初 500 家公司的收益率，我构建了三个投资组合，每个投资组合一开始都按照市场价值权重持有 500 家公司的股票。随后，其中一些公司会与其他公司兼并或者分拆出去，我们假设投资者对公司的这些变动将做出不同的反应，于是他们也会以不同的方式来调整这三个投资组合。

　　第一个投资组合被称为"幸存者投资组合"。这个投资组合假设，当原始公司发生兼并或私有化时，投资者将这些公司的股票卖掉并将资金再投入指数的"幸存"公司中去。这个资产组合由 125 家公司构成，其中既有大获成功的菲利普·莫里斯公司、辉瑞公司、可口可乐、通用电气和 IBM，也包括遭受失败的伯利恒钢铁公司、全美航空和凯马特公司（Kmart）。

第二个投资组合叫作"直接派生投资组合"。该投资组合包括所有发生兼并的公司，不过像前一个组合一样，所有的分拆公司股票都被立即售出，并再投资于母公司。[7]

第三个投资组合是"完全派生投资组合"。这个投资组合是在"直接派生投资组合"的基础上假设投资者持有所有的分拆公司股票。这个投资组合不涉及任何股票出售，因此是绝对的"购买—持有"投资组合，或者说"购买—忘记"投资组合。到2003年年底，该投资组合拥有341家公司的股票。这三个投资组合的构成情况如图2-1中所示。

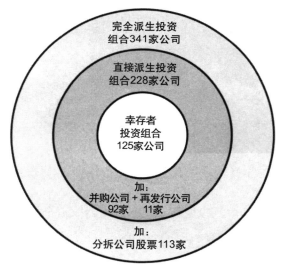

图 2-1　由标准普尔 500 指数原始公司组成的投资组合
1957 年 3 月 1 日至 2003 年 12 月 31 日

2.6　长期收益

我构建这三个投资组合的目的是要说明，无论你怎样定义由原始标准普尔 500 指数成分股组成投资组合的收益，都会得到相同的结论：

固定地投资标准普尔 500 指数的原始成分股比将投资组合随时按照指数成分的变化更新所得到的收益率更高，同时风险还更低。

从 1957 年 3 月 1 日到 2003 年 12 月 31 日，投资原始标准普尔 500 指数成分股组合所能积累的资金比投资于一只标准普尔 500 指数基金多出 21% ～ 26%。表 2-2 中显示了具体结果。

表 2-2　标准普尔 500 指数原始公司投资组合的表现

投资组合	1000 美元初始投资的积累金额 / 美元	年收益率（%）	风险（%）
幸存者投资组合	151 261	11.31	15.72
直接派生投资组合	153 799	11.35	15.93
完全派生投资组合	157 029	11.40	16.08
标准普尔 500 指数	**124 522**	**10.85**	**17.02**

应该强调的是，投资者只要在 1957 年购买这些原始标准普尔 500 指数公司的股票并持有至 2003 年年底，就能获得表 2-2 中的足以击败市场指数的收益，而且甚至不需要提前知道哪些公司会"幸存"，哪些公司不会。

让我们用另一种方式来表述上文得出的结论：

平均看来，标准普尔 500 指数中原始公司股票的表现要领先于在后来半个世纪里陆续登上该指数的近 1000 家新公司的股票。

我并不否认这些新公司通过"创造性的毁灭"刺激了经济增长，然而从总体看来，它们并不能让投资者满意。那些购买标准普尔 500 指数最初 500 家公司的股票并一直持有的人不仅战胜了世界上最著名的基准性股票指数，同时也击败了大多数的货币经理和积极管理的股票基金。

2.7　标准普尔 500 指数表现落后的原因

为什么会这样？这些新公司带动经济增长并使美国经济领先于世界，它们的股票在市场上的表现为什么反而会落后？

答案很简单。尽管新公司在利润、销售额甚至市场价值等方面都比老公司增长得更快，但是投资者为这些新公司的股票所支付的价格实在是太高了，以至于无法得到较高的收益。股价过高意味着股利收益偏低，于是通过股利再投资所能积累的股票数量也就偏少。

回忆一下我在第 1 章中举的新泽西标准石油和 IBM 的例子。IBM 是 20 世纪最具创新能力的公司之一，它的股票价格上升得很快，在每一个能想象到的增长指标上都击败了新泽西标准石油，然而 IBM 在为投资者提供收益方面却落后于这家石油公司。IBM 的股票价格一直保持在较高水平，购买该公司股票的人无法像新泽西标准石油的投资者那样通过股利再投资积累大量新股并从中获取高额收益。类似的情形也发生在过去半个世纪中登上标准普尔 500 指数的 917 家新公司身上。

指数中新股票的过高定价以及由此引发的低迷的投资业绩并不能归罪于标准普尔公司，人们也不应该责备那些负责为指数选择股票的委员会成员。事实上，标准普尔公司在 20 世纪 90 年代后期很明智地没有把部分网络和科技类股票添加到其指数中，尽管这些股票的市场价值已经远远超过了登上该指数所需达到的最低标准。

对新股票的过高定价在整个市场中十分普遍，这种现象昭示着增长率陷阱的存在。就像 20 世纪 90 年代的科技产业和此前 20 年的天然气开发公司，一旦某个市场部门变得炙手可热，标准普尔公司不可避免地要将该部门中的一些股票吸纳到指数中去。无论是标准普尔 500 指数还是其他市场指数，为了保持自身的代表性，它们必须吸收一些新公司，不管这些公司的股票价格是否被高估。

2.8 雅虎

标准普尔 500 指数的成功恰恰是造成其新增股票表现落后的原因之一。

据估计，有超过 1 万亿美元的资金投放于与该指数密切相关的基金中，这意味着当标准普尔公司将一只股票添加到指数中时，市场对该股票的需求会大规模自动增长，推动股价上升并使得"指数化"投资者所获得的收益率降低。[8]

雅虎（Yahoo!）就是一个完美的例证。1999 年 11 月 30 日，互联网繁荣接近顶峰之时，标准普尔公司宣布将在 12 月 8 日将雅虎吸收进指数。在那之前，1999 年 1 月登上指数的美国在线（AOL）是指数中唯一的网络股票。

人们意识到不久之后各指数基金就会大量买进这只股票，于是在消息发布的第二个交易日早晨，购买指令像洪水一般涌向市场，雅虎的股价几乎在交易刚开始时就上升了 9 美元，价格持续上涨，直到在 12 月 7 日以每股 174 美元收盘。短短 5 个交易日内，这只股票的价格上升了 68 美元，比消息公布前上浮 64%。到 12 月 7 日指数基金购买该股票期限的最后一天，雅虎发行在外的 1.32 亿份股票为公司带来的市场价值已经达到了 220 亿美元。

我认为在消息公布之前雅虎每股 106 美元的股价就已经被大大高估了。第 5 章中将会提到，我在 2000 年 3 月发表于《华尔街日报》的一篇文章中将雅虎列为最被高估的 9 只大盘股之一。那时雅虎的市场价值超过 900 亿美元，股票价格达到每股盈利的 500 倍，这样的市盈率是标准普尔 500 指数平均水平的 20 倍还多。

当时我在一个标准普尔 500 指数基金中持有头寸，因此对雅虎股价的飙升感到甚为忧虑。很明显，雅虎会拖指数基金未来收益的后腿。不幸的是，这样的事情将来还会发生。

接下来的事情证明我并不是在杞人忧天，雅虎的经历又在其他新登上标准普尔 500 指数的公司身上重演了。在 2000 年，从消息公布到正式登上指数，君王制药公司（King Pharmaceuticals）的股价上升了 21%，CIT 集团上升 22%，JDS Uniphase、医学免疫公司（Medimmune）、Power One 和宏道公司（Broadvision）的股价分别上升了 27%、31%、35% 和 50%。

这些价格上升意味着指数化投资产品的收益率将会随着时间的推移而下降，标准普尔公司对此有清醒的认识。2004 年 3 月，公司宣布将有步骤地降低指数中公司成分变动对股票价格的影响。[9] 然而，只要标准普尔 500 指数仍然作为基准指标在市场上大行其道，对指数中股票的高估似乎就不可避免。[10]

2.9 对市场价值和投资者收益的混淆

那么福斯特和卡普兰究竟错在哪里？他们错在把股票市场价值的变动当作了衡量投资者收益的标准。市场价值是一个公司发行在外的股票数量与每股价格的乘积。比如，在 2004 年微软的股票发行量为 110 亿股，当价格为每股 27 美元时，微软拥有的市场价值大约为 3000 亿美元。股票价格或发行在外的股票数量任一者发生变化都会导致公司市场价值的变动。

而投资者收益则是一个完全不同的概念，它等于每股价格的变化再加上股利——如果有股利的话。投资微软的收益会随着其股票价格和股利这两者中任一者的变化而变化。市场价值和投资者收益中唯一相同的因素就是股票价格。股利和股票发行量对投资者收益的影响是截然不同的。

混淆投资者收益和市场价值是许多投资者甚至专业人士都会犯的错误。二者在短期内的确有紧密的联系，在几天或几周之内，它们之间存在着近似完全相关的关系，不过随着时间的推移，二者的相关程度会大大减弱。对于长期投资者来说，股利才是收益的主要来源。

2.9.1 股利再投资的重要性

IBM 的股价上升幅度每年超过 11%，这个水准比新泽西标准石油高了近 3%，然而标准石油提供的投资者收益却能超过前者，这其中高股利率的作用至关重要。1950 ～ 2003 年，标准石油的股票价格大概上升了 120 倍，而

IBM 的股票价格则上升到原来的近 300 倍，不过 1950 年投资标准石油并将股利再用于购买该公司股票的投资者可以积累的股票数量为最初购买量的 15 倍，而 IBM 的投资者采用相同的积累方法只能拥有 3 倍数量的股票。

许多投资者和咨询师没有认识到股利再投资在长期的重要作用。当投资者应该着眼于长期收益时，他们的目光却过多地被短期价格上升所吸引，这是增长率陷阱的另一种表现。人们必须保持耐心，必须明白只有通过股利再投资积累股票数量才能增加他们的收益。长期投资者一定要记住，股利的再投资至关重要。

2.9.2　下降的市场价值和上升的投资者收益

还有一些理由可以说明市场价值和投资者收益之间并不存在联系。以美国电话电报公司为例，当标准普尔 500 指数在 1957 年建立时，它就已经是全世界最有价值的公司了。到 1983 年年底，该公司的市场价值已经接近 600 亿美元。在司法部命令美国电话电报公司剥离它的子公司（地区性公司）之后，持有该公司股票的投资者得到了 7 个单独公司的股票。[11]

这次结构重组使得美国电话电报公司的市场价值从 600 亿美元下降到 1984 年年底的 200 亿美元。然而如果考虑到子公司剥离，那么投资该公司的收益实际上是正的。尽管市场价值下跌了 66%，但持有子公司股票的投资者却在当年使自己的财富增值了 30%。

2.9.3　上升的市场价值和下降的投资收益

相反的事情也可能发生：市场价值上升而投资者收益下降。这样的情形经常出现在一家公司发行新股为一个新项目融资，或是和另一家公司合并时。

在科技泡沫达到顶峰的 2000 年，美国在线与时代华纳（Time Warner）合并，组成世界上最大的传媒公司。美国在线以 1∶1.5 的比例向时代华纳的股份持有者派发美国在线的股票。这次新股发行之后，每个美国在线股票持有者分得的"蛋糕"小了，不过"蛋糕"作为一个整体变大了，因为两家公司合并成了一家公司。

合并完成以后，美国在线的市场价值从1090亿美元上升到1920亿美元，跻身世界最大公司的行列。不幸的是，原时代华纳股票的投资者恰好在市场达到顶峰的时候收到了美国在线的股票，他们在接下来的几年里遭受了可怕的损失。2003年，也许是为了抹去这次交易带来的糟糕回忆，公司从名称里去掉了"美国在线"的字样。

标准普尔500指数中的原始公司和新增公司在市场价值和投资者收益方面也有很大区别。标准普尔500指数中所有公司的市场价值总和从1957年的1720亿美元上升到2003年12月31日的10.3万亿美元，每年增长9.13%，而标准普尔500指数中原始公司的市场价值总和只以每年6.44%的速率上升，到2003年年底只达到3.2万亿美元。

重要的是，尽管原始公司市场价值上升的速度比标准普尔500指数的总体速度慢很多，但是由它们组成的投资组合却能带给投资者更高的收益。标准普尔500指数的总体市场价值上升更快是拜新公司所赐，但是这些新公司并没有提高标准普尔500指数的总体收益率。这正是福斯特和卡普兰的研究出错的地方，而这也可以解释为什么一味地追求增长率在很多情况下是错误的投资策略。

2.10　投资者应该持有还是出售派生股票

那么投资者应该持有子公司股票还是应该将其销售并把资金投向别处？对标准普尔500指数历史数据的分析有助于我们做出选择。通过观察"完全派生投资组合"和"直接派生投资组合"在投资收益方面的差异，我们可以看出两种做法所导致的结果有什么不同。

如果只是从风险和收益的角度进行权衡，我们似乎很难做出抉择。有时子公司的表现比母公司好，有时又不是这样。比如，投资者如果持有美国电话电报公司各子公司的股票，那么他们的境况比选择不持有这些股票的人要好，因为这些子公司的年收益率比母公司高出 3%。与之类似，摩根士丹利（Morgan Stanley）和奥尔斯泰特公司（Allstate）的表现也要好过其母公司西尔斯罗巴克（Sears，Roebuck）；而相反的是，天然气生产商普莱克斯公司（Praxair）的收益率就不如它的母公司美国联合碳化物公司（Union Carbide）。

但是如果考虑到税收因素和交易费用，那么持有子公司股票是相当有利的。选择"完全派生投资组合"的投资者无须在公开市场上出售股票，唯一的股票购入也可以通过股利的重复投资来完成，在这种情况下交易费用被减少到最低限度。[12] 此外，除去少数的特例之外，在这个投资组合的持有过程中不会有资本利得实现，因为没有一只股票被卖出。[13]

投资者不应该将交易费用的节省看得无足轻重。由交易太过频繁所引起的交易费用上升和税费增加是对投资收益构成严重负面影响的几个因素之一。尽管在计算投资组合的收益时并不将这些费用考虑在内，但相对于指数共同基金，"完全派生投资组合"引起的交易费用无疑更少，仅这一点就足以使投资者更倾向于持有他们收到的所有派生股票。

2.11 投资者的教训

熊彼特的"创造性的毁灭"理论很好地刻画了资本主义经济的运行方式。新公司取代老公司，打破现状，推动变革，促进发展。然而这个过程却并不适用于资本市场。投资者因为为那些"创造性"公司的股票支付了过高的价格而一败涂地。

　　这些发现对投资者来说意味着什么？人们是否应该仿照标准普尔 500 指数构建投资组合然后永远持有下去？短期内的答案是否定的。正如我们在后面的章节中将会看到的，投资者甚至有机会使自己的收益超过由标准普尔 500 指数原始成分股票组成的投资组合。

　　本章的论述打破了一个错误的观念，更新投资组合中的资产成分并不是赢取高额收益的法宝。事实上，那些极为流行的指数会导致新增公司的过高估价，使得未来的投资收益降低。此外，"购买—持有"投资组合能够有效地减少税赋和交易费用，对于力图在长期中积累财富的投资者具有很强的吸引力。

　　下一章我们会谈一谈那些使得标准普尔 500 指数的原始股票组合表现领先于市场的公司。

第 3 章

历久弥坚

寻找旗舰企业

你会问的问题是：怎样判断一只股票是否有"吸引力"？大多数的分析家认为必须在传统上认为互相排斥的两种方法中做出选择："价值"和"增长"……我们认为这种想法很糊涂……增长本来就是价值的一部分，"价值投资"这样的说法是多余的。

——沃伦·巴菲特，伯克希尔—哈撒韦公司
（Berkshire Hathaway）年度报告，1992 年

第 2 章总结了由标准普尔 500 指数的原始公司组成的投资组合在长期中的收益情况。在本书的附录中你会找到这些公司的重组记录和每家公司的投资收益，此外还包括对"完全派生投资组合"中 20 只业绩最佳股票的详细记述，附录同时记载了 20 家最大公司的表现，这 20 家公司的市场价值在 1957 年几乎占据了指数总体市值的一半。

这些内容，包括本章中提到的那些表现最好的"幸存"公司，将使你对过去 50 年里美国公司发生的巨大变化有一个比较完整的了解，并将帮助你寻找下面这些问题的答案：哪些公司提供了最高的投资收益？它们来自哪些产业？最重要的是，是什么样的特性使得一只股票能够成为成功的长期投资？

3.1 旗舰企业：表现最好的股票

在《创造性的毁灭：为什么持续经营的企业市场表现不尽如人意，如何成功地转变它们》一书中，福斯特和卡普兰宣称："我们对美国公司诞生、发展和衰亡过程的长期研究清楚地显示：表现能够始终优于市场的所谓旗舰企业从未存在过，它只是一个幻象。"[1]

正好相反，根据我的研究结果，旗舰企业不仅存在，而且还为数不少。找到这些公司可以让你的投资组合变得与众不同。

第 2 章曾提到，如果你在 1957 年 2 月 28 日向一个标准普尔 500 指数基金投入 1000 美元，那么经过股利的重复投资，到 2003 年 12 月 31 日这 1000 美元可以积累到近 12.5 万美元；但是如果这 1000 美元是被投入表现最好的那一家指数原始公司中去，那么在相同条件下你几乎可以拥有 460 万美元。换句话说，在过去半个世纪里这家公司提供的年收益率比市场高了 9%，远远地把其他公司抛在了身后，它是谁？

它就是在 2003 年更名为阿尔特里亚集团（Altria Group）的菲利普·莫里斯（Philip Morris）公司。[2] 在标准普尔 500 指数建立前两年，该公司推出了万宝路——它后来成了世界上最畅销的香烟品牌并推动了公司股票价格的上升。

菲利普·莫里斯公司的杰出表现可以追溯到 1925 年，当人们刚刚开始统计和收集股票收益率时，它就已经成了股票市场上最好的投资选择。1925 ～ 2003 年年底，菲利普·莫里斯公司向投资者提供的复合年收益率高达 17%，比市场指数总体水平高出 7.3%。如果在 1925 年投资于该公司股票 1000 美元，通过股利再投资进行积累，那么如今的价值竟然已经超过 2.5 亿美元！

菲利普·莫里斯公司并不是只对它自己公司股票的持有者才如此地"慷慨"，正如附录中详细记述的那样，这家公司最终拥有了其他 9 家标准普尔 500 指数的原始公司。许多投资于知名度较低公司的人正是因为这样的交易而得到了菲利普·莫里斯公司的股票，并因此变得极为富有。搭上成功者的快车也许在投资者的意料之外，但实际上这样的情况并不鲜见。

3.2 公司的坏消息怎样变成投资者的好消息

许多读者也许会对菲利普·莫里斯公司能够成为投资者的最佳选择感到吃惊，毕竟这家公司因为政府条例限制和法令约束曾损失了上百亿美元，一度面临着破产的威胁。

不过在资本市场上，公司的坏消息往往会被转化为投资者的好消息。许多人刻意回避菲利普·莫里斯公司的股票，认为由生产危险商品香烟而造成的法律隐患会最终毁掉这家公司。市场的敬而远之压低了公司的股票价格，使得坚持持有公司股票的投资者获得的收益上升。

只要公司继续存在，继续保持可观的利润，并将很大一部分盈利用于发放股利，那么投资者就能获取高额收益。低廉的股价和丰厚的利润使得菲利普·莫里斯公司拥有几乎是市场上最高的股利率。股利的重复投资让投资者手中的股票变成了"金山"。关于这一点我们将在第 10 章中进行详细论述。

菲利普·莫里斯公司股票的高收益率论证了投资领域一个极为重要的原理：真正起作用的不是实际的利润增长率，而是该增长率与市场预期的对比。投资者因为法律方面的潜在阻力而对菲利普·莫里斯公司的前景抱有较低期望，但实际上该公司仍然保持了较快的增长速度。较低的市场预期、较高的增长率和股利率，这三者为高收益率的形成创造了完美的条件。

稍后我将解释决定投资者收益的基本原理，它将会帮助你正确地选择股票。不过在这之前让我们先把目光投向标准普尔 500 指数的原始公司，看一看它们中间有哪些公司是好的投资选择。在找到这些赢家的一些共同特征之后，或许我们就可以甄别出那些真正的旗舰企业。

3.3　表现最佳的标准普尔 500 "幸存者"

表 3-1 列出了标准普尔 500 指数原始公司中表现最佳的"幸存者"。这些公司保持了完整的结构，未和其他任何公司合并。自 1957 年以来，每家公司的股票年收益率至少领先指数总体水平 2.75 个百分点。这意味着投资其中任何一只股票所能积累的资金都是投资指数组合所能积累财富的 3 ～ 37 倍。

令人吃惊的是在表 3-1 中有两个产业牢牢占据着统治地位：高知名度的消费品牌公司和著名的大型制药企业。这些公司都获得了广泛的认同和消费者的信赖。它们在过去半个世纪里经历了经济环境和政治气候的巨大变化并最终生存下来。此外，这些公司都积极地开拓了国际市场。

表 3-1 1957 ～ 2003 年 20 个最佳 "幸存者"

排名	2003 年的公司名称	1000 美元初始投资的 积累金额 / 美元	年收益率 （%）
1	菲利普·莫里斯公司	4 626 402	19.75
2	雅培制药公司	1 281 335	16.51
3	百时美施贵宝公司	1 209 445	16.36
4	小脚趾圈公司	1 090 955	16.11
5	辉瑞公司	1 054 823	16.03
6	可口可乐公司	1 051 646	16.02
7	默克公司	1 003 410	15.90
8	百事可乐公司	866 068	15.54
9	高露洁棕榄公司	761 163	15.22
10	克瑞公司	736 796	15.14
11	亨氏公司	635 988	14.78
12	箭牌公司	603 877	14.65
13	富俊公司	580 025	14.55
14	克罗格公司	546 793	14.41
15	先灵葆雅公司	537 050	14.36
16	宝洁公司	513 752	14.26
17	好时食品公司	507 001	14.22
18	惠氏公司	461 186	13.99
19	荷兰皇家石油公司	398 837	13.64
20	通用磨坊	388 425	13.58
	标准普尔 500 指数	124 486	10.85

3.3.1 知名消费品牌的力量

菲利普·莫里斯公司是拥有著名品牌产品的诸多公司之一。实际上，在表 3-1 的 20 家公司中有 11 家属于这个类别。

随着卫生、法律部门以及公众对烟草制品的抨击日趋猛烈，菲利普·莫里斯公司（以及包括雷诺烟草公司在内的其他大型烟草生产商）开始涉足品牌食品的生产。在 1985 年菲利普·莫里斯公司收购了通用食品（General Foods），1988 年又出资 135 亿美元购买了卡夫食品公司，2001 年对纳贝斯克控股公司（Nabisco Holdings）的收购完成了公司进军食品业的计划。目前菲利普·莫里斯公司有超过 40% 的收入和 30% 的利润来自于食品销售。

菲利普·莫里斯公司是涉足其他领域并能在长期中获得成功的少数几家公司之一。通过附录我们可以更详尽地了解该公司的演变历程。不过在这之前我们先来看看表 3-1 中的其他消费品牌公司。

列表中排在第 4 位的是一家原名叫作美国糖果公司（Sweets Company of America）的小型厂商，它似乎是最不可能的赢家，然而从指数建立以来投资该公司的年收益率却比市场高出 5%。这家公司的创建者是一位奥地利移民，他用他 5 岁女儿的小名——"小脚趾"（tootsie）为公司的产品命名。美国糖果公司在 1966 年更名为小脚趾圈公司（Tootsie Roll Industries）。[3]

2002 年，小脚趾圈公司为在纽约股票交易所上市 100 周年举行了庆祝。这家公司每天生产超过 6000 万个糖果圈和 2000 万支棒棒糖，是世界上最大的棒棒糖供应商。公司网页骄傲地宣称，公司标志产品（单包装糖果圈）的价格在过去 107 年中没有任何变动（不过我敢肯定糖果的尺寸变小了）。

和小脚趾圈公司类似，拥有第 6 高收益率的"幸存者"在 2003 年生产商品的程式仍然和 100 多年前一模一样，不仅如此，它还名列美国 50 家大企业中自 1950 年以来表现最好的 4 家公司。尽管这家公司仍然对外保密其饮料配方，但是有一点已经是众人皆知——可口可乐是过去半个世纪投资者的最好选择之一。

作为可口可乐最著名的对手和标准普尔 500 指数的原始公司，百事（Pepsi）的表现怎么样？它也为投资者提供了丰厚的回报，比市场水平高出 4% 的年收益率使百事公司排在榜单中的第 8 位。

再来看看箭牌公司（Wrigley）和好时食品（Hershey Foods）。这两家公司的产品也和 100 年前如出一辙。前者位列第 12 位，年收益率超过市场近 4%；后者凭借比市场高出 3% 的年收益率排在第 17 位。

箭牌公司是世界上最大的口香糖生产商，它的产品销往近 100 个国家，占据了全球市场近 50% 的份额。好时食品则是目前美国上市企业中最大的糖果生产商（玛氏作为私人企业排在第一位，第二位是瑞士的雀巢）。

好时食品在 1905 年由米尔顿·赫尔希（Milton Hershey）创建。在 1970年之前，这家公司从来没有为自己的产品做过广告。好时食品的成功证明，强大的品牌也可以通过消费者的口碑相传建立起来。

亨氏（Heinz）也是一个著名的品牌，实际上它几乎成了番茄酱的同义词。亨氏公司每年出售 6.5 亿瓶番茄酱，生产 110 亿包番茄色拉调料——足够给地球上的人每人发两包。不过亨氏并不只是番茄酱生产商，它的经营范围也不只局限于美国。这家公司在 50 个不同的国家拥有在当地数一数二的品牌，比如印度尼西亚的 ABC 酱油（销量位居世界第二）和在荷兰最受欢迎的 Honig 羹。[4]

高露洁棕榄公司（Colgate-Palmolive）在表 3-1 中排在第 9 位。该公司的产品包括高露洁牙膏、除臭剂、杀菌香皂等家用卫生品。

高露洁的主要竞争对手宝洁（Procter & Gamble）排在第 16 位。宝洁于1837 年在俄亥俄州辛辛那提成立，最初只是生产香皂和蜡烛的家庭作坊，而2003 年这家公司正将 300 余种产品销往全球 140 个国家。

富俊公司（Fortune）的前身是烟草业巨头美国烟草（American Tobacco）。在几乎掌控了整个美国烟草业之后，这家公司因为 1911 年的一次反托拉斯诉讼而解体。从这家公司分离出来的主要公司包括美国烟草公司、雷诺烟草公司、利吉特 & 迈尔斯公司（Liggett & Myers）、Lorillard 以及英美烟草公司（British American Tobacco）。

美国烟草公司保留了 Lucky Strike 和 Pall Mall 等知名品牌。在 20 世纪 90年代公司放弃了所有的烟草制品，将烟草品牌出售给英美烟草公司，并将很大一部分资产剥离给先前收购的加莱赫集团公司（Gallaher Group）。美国烟草在 1997 年更名为富俊，现在主要销售 Titleist 高尔夫球和 Jim Beam spirits 这样的品牌产品。

排在第 20 位的是通用磨坊（General Mills），它同样拥有知名度很高的名牌产品，包括 1921 年出产的 Betty Crocker、Wheaties（"冠军的早餐"）、Cheerios、Lucky Charms、Cinnamon Toast Crunch、Hamburger Helper 和 Yoplait 酸奶。

上述公司的相同之处在于它们的成功来源于在美国乃至全世界树立的强有力的品牌形象。备受尊敬与信赖的品牌使得公司可以将产品价格提高到竞争价格之上，为投资者带来更多的利润。

3.3.2　制药公司

除了消费品牌公司之外，制药企业也在表 3-1 中占据了显著位置。值得注意的是，标准普尔 500 指数原始公司中只有 6 家卫生保健公司保留了最初的公司形式，"幸存"到 2003 年，而这 6 家公司竟然全部登上了榜单。这些公司不仅销售处方药，而且在向消费者推广"远程治疗"方面也获得了巨大成功。

这其中为投资者带来最高收益的企业是雅培制药公司（Abbott Laboratories），它以超过市场 5.5% 的年收益率占据了表 3-1 中的第二把交椅。雅培能够将 1957 年的 1000 美元初始股票投资增值到 2003 年年底的 120 万美元。该公司于 1929 年公开上市，是反病毒药物领域的先锋（特别是针对艾滋病毒的药物），同时也生产治疗癫痫、高胆固醇以及关节炎的药品。

百时美施贵宝公司、辉瑞公司和默克公司分别排在表 3-1 的第 3、第 5 和第 7 位。这三家公司都能将 1000 美元的初始投资积累到 100 万美元左右。

百时美公司创立于一个多世纪以前，公司于 1989 年收购了施贵宝——位于纽约的一家历史可以追溯到 19 世纪 50 年代的制药企业。百时美施贵宝公司拥有一些家喻户晓的产品，比如 Excedrin 和 Bufferin 以及由附属公司 Mead Johnson 生产的儿童营养品。该公司著名的处方药包括治疗高胆固醇的 Pravachol 和抑制剂 Plavix。

辉瑞公司成立于 1900 年，该公司发现了抗生素和土霉素，在 20 世纪 50 年代推出索尔克氏疫苗和萨宾氏疫苗，并开发出销量最大的降低胆固醇药物 Lipitor。

先灵公司（后来的先灵葆雅）和美国家庭产品公司（American Home Products，2002 年更名为惠氏公司）分列表 3-1 的第 15 位和第 18 位。先灵（Schering）原本是一家德国公司，第二次世界大战期间由美国政府接管并在 1952 年归为私有。先灵公司开发了抗组织胺药 Coricidin，公司生产的其他药物如 Tinactin、Afrin 和 Coppertone 以及 1971 年与葆雅（Plough）合并后推出的 Di-Gel 都获得了成功。

美国家庭产品公司在 20 世纪 30 年代推出了 Preparation H，收购 Anacin 后又生产了 Advil、Centrum、Robitussin 等一系列著名药物，抗抑郁药 Effexor 和安眠药 Sonata 更给公司带来了丰厚的利润。

因为一些关键性药品专利权的丧失，百时美施贵宝公司和先灵葆雅的股票价格在 2003 年年底经历了大滑坡，比三四年前的巅峰时期下降了近 3/4。如果这两家公司能保持自己的市场价值，那么它们本应在表 3-1 中分列第 2、3 位，紧随菲利普·莫里斯公司之后。

这 6 家制药企业和前面提到的 11 家消费品牌公司一起，占据了表 3-1 中 20 家公司 85% 的名额，它们都以拥有著名品牌为自己的特色。[5]

除了烟草生产商因为香烟消费量的降低而涉足食品领域之外，这些公司的管理层都致力于发挥公司的专长，做公司最擅长做的事情，生产高质量的商品，并将市场向海外拓展。

3.4 寻找旗舰企业：投资者收益的基本原理

怎样才能找到这些伟大的公司？首先你要理解投资者收益的基本原理。

在正式为这个概念下定义之前，我们先来看看下面的问题。假设公司 A 在未来 10 年中将会保持 10% 的年利润增长率，而公司 B 的年利润增长率仅为 3%，你会选择购买哪家公司的股票？

许多人会选择公司 A，理由是它拥有更高的利润增长率。实际上要想回答这个问题我们还需要了解一条关键的信息：投资者对这两家公司的增长率分别有怎样的预期？

如果人们预期下个 10 年中公司 A 的利润会以每年 15% 的速度递增，同时估计公司 B 的利润增长率为 1%，那么实际上你应该选择投资公司 B，而不是公司 A。这是因为预期增长率较高的公司其股票价格也高，过高的股价会拖未来收益率的后腿；而预期增长率较低的公司拥有的股票价格也低，这种情况下适度的利润增长就能为投资者带来可观的收益。

下面就是投资者收益的基本原理：

股票的长期收益并不依赖于实际的利润增长情况，而是取决于实际的利润增长与投资者预期的利润增长之间存在的差异。

根据这个原理，不管真实的利润增长率是高还是低，只要它超过了市场预期的水平，投资者就能赢取高额收益。

回忆一下第 1 章提到的 IBM 和新泽西标准石油的例子。IBM 的利润以很快的速度增长，但投资者对公司利润增长率的预期也很乐观。新泽西标准石油的利润增长速度不如 IBM 快，但是投资者对它的增长预期也要保守许多，于是新泽西标准石油提供的收益率反倒要比 IBM 高。

要想找到旗舰企业并赚取超额收益，你应该将目标对准那些实际增长率有可能超过市场预期的公司的股票。衡量市场预期水平最好的方法莫过于观察股票的市盈率。高市盈率意味着投资者预期该公司的利润增长率会高于市场平均水平，而低市盈率则表示预期的增长率在市场平均水平之下。

3.4.1 定价永远都是重要的

市场预期是如此重要，以至于即使不知道一家公司实际的利润增长情况，我们也可以从数据中看出投资者对快速成长公司的过分乐观和对低速成长公司的低估，这是增长率陷阱的又一个例证。

投资者对增长率的期望都体现在股票价格之中，因此市盈率是衡量市场预期的最好指标。我计算了每年 12 月 31 日标准普尔 500 指数全部 500 家公司的市盈率（用当年年底的股票价格除以过去 12 个月的利润），将这些公司按照市盈率的高低分为 5 组，并计算了每一组公司在第二年提供的投资收益。[6]

图 3-1 显示了这项研究的成果。平均来看，高市盈率的股票被市场过高估价，收益率较低。1957 年投入到市盈率最高的一组股票中的 1000 美元只能积累到 56 661 美元，年收益率仅为 9.17%。这个积累量还不到投资标准普尔 500 指数总体所能积累的 130 768 美元的一半，后者的年收益率为 11.18%。

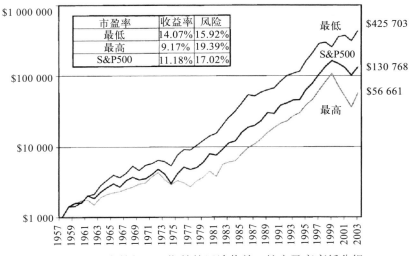

市盈率	收益率	风险
最低	14.07%	15.92%
最高	9.17%	19.39%
S&P500	11.18%	17.02%

图 3-1　标准普尔 500 指数的累计收益，按市盈率高低分组

资料来源：COMPUSTAT®

相反的是，市盈率最低的一组股票所能积累的资金是标准普尔 500 指数总体水平的 3.5 倍，这组股票的年收益率达到了惊人的 14.07%，而且风险水平还比投资标准普尔 500 指数总体更低。

这些结果表明，投资者在选择股票时必须注意价格与利润的对比情况，仅仅关注增长前景会让投资者陷入低收益率的窘境。

3.4.2 关键性数据

有趣的是，表 3-1 中所列举的旗舰企业大多并不在市盈率最低的股票之列。表 3-2 显示了这 20 家公司 1957 ~ 2003 年的年收益率、每股利润增长率、平均市盈率和股利率。

表 3-2 20 个表现最佳"幸存者"的关键数据

排名	2003 年的公司名称	年收益率（%）	每股利润增长率（%）	平均市盈率	股利率（%）
1	菲利普·莫里斯公司	19.75	14.75	13.13	4.07
2	雅培制药公司	16.51	12.38	21.37	2.25
3	百时美施贵宝公司	16.36	11.59	23.52	2.87
4	小脚趾圈公司	16.11	10.44	16.80	2.44
5	辉瑞公司	16.03	12.16	26.19	2.45
6	可口可乐公司	16.02	11.22	27.42	2.81
7	默克公司	15.90	13.15	25.32	2.37
8	百事可乐公司	15.54	11.23	20.42	2.53
9	高露洁棕榄公司	15.22	9.03	21.60	3.39
10	克瑞公司	15.14	8.22	13.38	3.62
11	亨氏公司	14.78	8.94	15.40	3.27
12	箭牌公司	14.65	8.69	18.34	4.02
13	富俊公司	14.55	6.20	12.88	5.31
14	克罗格公司	14.41	6.21	14.95	5.89
15	先灵葆雅公司	14.36	7.27	21.30	2.57
16	宝洁公司	14.26	9.82	24.28	2.75
17	好时食品公司	14.22	8.23	15.87	3.67
18	惠氏公司	13.99	8.88	21.12	3.32

（续）

排名	2003 年的 公司名称	年收益率 （%）	每股利润 增长率（%）	平均 市盈率	股利率 （%）
19	荷兰皇家石油公司	13.64	6.67	12.56	5.24
20	通用磨坊	13.58	8.89	17.53	3.20
	上面 20 家公司的平均值	15.26	9.70	19.17	3.40
	标准普尔 500 指数	10.85	6.08	17.45	3.27

　　毫无疑问，这些成功公司的利润都以很快的速度增长——比标准普尔 500 指数的总体水平快很多，然而若以市盈率为标准进行衡量，它们的股票价格仅略高于指数中股票的平均水平，这说明投资者预期这些公司的利润增长速度只比指数的平均速度略快，而事实上这 20 家公司在近半个世纪的时间里每股利润增长率高出指数平均水平近 4%，这就是它们能为投资者带来高额回报的原因。

　　从表 3-2 中我们可以看出为什么菲利普·莫里斯公司能够独占鳌头。它的市盈率在 20 家公司中只排在第 18 位，表明市场对公司利润增长率的预期比较保守，而它实际的每股利润增长率却是最高的。实际增长率与预期增长率之间的巨大差异使得这家烟草生产商为投资者带来了最高的收益率。

3.4.3　股利的放大效应

　　到目前为止我们忽略了公司派发的股利，但这绝不意味着股利是无足轻重的，事实上，**股利的发放会放大投资者收益基本原理的作用。**

　　思考一下，如果利润增长的情况比市场预期水平要好，这意味着股票价格被低估，那么通过股利的再投资购买更多的股份会进一步提高你的收益率。[7] 表 3-2 中所有公司的股票都被过低定价，因此这些公司的股利率事实上推动了收益率的进一步上升。

　　我们找到了菲利普·莫里斯成为市场上投资收益最好的股票的第二个原

因。除了实际利润增长率与预期利润增长率之间的巨大差异之外，这家公司第 4 高的股利率也是导致高收益率的重要因素。较高的股利率使得投资者能够购买更多的股票。随着菲利普·莫里斯公司每季度发放的股利不断增加，投资者积累的该公司股票的数量也越来越多。

3.4.4　PEG 比率与合理价格成长投资策略（GARP）

彼得·林奇在 1977 ～ 1990 年间管理富达的麦哲伦基金，在这段时期内该基金的年收益率令人难以置信地比市场水平高出 13%。这位传奇人物极力提倡投资者去寻找那些价格合理的增长型股票。

在畅销书《彼得·林奇的成功投资》[⊖]一书中林奇提出了一种简单的股票选择策略。他引导读者"长期增长率……加上股利率……再除以市盈率……小于 1 的结果很糟糕，1.5 差强人意，不过你真正应该寻找的是那些结果大于或等于 2 的股票"。[8]

其他人也提出过类似的方法，并将其命名为"合理价格成长投资策略"。该方法需要计算股票的 PEG 比率，即市盈率 / 利润增长率。如果把股利率加到分母上，那么 PEG 比率实际上就是林奇提出的比率的倒数。PEG 比率越低，这家公司的股票价格相对于其利润增长率就越有吸引力。仿照林奇的标准，PEG 比率必须小于 1，最好小于等于 0.5。

不过如此低的 PEG 比率已经很难找到了。根据林奇制定的规则，表 3-2 中没有一家公司的股票值得购买，甚至只有菲利普·莫里斯公司一只股票的 PEG 比率在 1 之下。然而事实上这些公司却让投资者感到很满意，其中的秘诀在于：较高的利润增长率如果能维持很长一段时间，那么相对于平均水平它只需要拥有微弱的优势就可以在长期中创造出巨大的超额收益。简而言之，持续的较高增长率要胜过转瞬即逝的超高增长率。

　　⊖　本书中文版已由机械工业出版社出版。

3.4.5　旗舰企业的共同特征

我们已经能够看出这些旗舰企业的共同之处。投资者对它们的利润增长率的预期仅略高于市场平均水平,而这些公司的利润在过去 46 年中的实际增长速度远快于人们的期望。它们中间没有一家公司的市盈率超过 27,按照相当于市场平均水平的股利率向投资者发放恒定或是递增的股利。由于这些公司的实际利润增长率超过市场预期,因此在股票价格被低估的情况下股利的再投资进一步提高了它们的收益率。

这些公司中的绝大多数都拥有高质量的品牌产品,并且成功地在世界各地开拓了市场。消费者对产品质量的信赖使公司可以把产品价格定到竞争者之上,这一点对于它们的成功至关重要。

查理·芒格(Charlie Munger)是沃伦·巴菲特在伯克希尔 – 哈撒韦公司的长期合作者,他的一席话形象地说明了为什么某些公司能够索取高价:

> 如果我来到某个偏僻的地方,我也许会在商店里同时找到箭牌口香糖和 Glotz 口香糖。我知道箭牌很不错,同时我对 Glotz 一无所知。如果前者卖 40 美分而后者卖 30 美分,那么我会为了省下区区 10 美分而选择把自己从未听说过的东西塞进嘴里吗? [9]

这无数个"区区 10 美分"加总在一起,可不是一个小数目。

3.5　过去的旗舰企业:20 世纪 70 年代的"漂亮 50"

这并不是我第一次关注这些旗舰企业。在 20 世纪 90 年代初,我曾研究过 70 年代一系列声誉卓著的股票——它们在当时被冠以"漂亮 50"的名号。[10] 这些股票包括菲利普·莫里斯、辉瑞、百时美施贵宝、百事可乐、可口可乐、通用电气、默克、吉列、施乐、IBM、宝丽来(Polaroid)以及数据设备公司

（Digital Equipment），它们拥有出色的成长记录，在证券市场上被机构投资者广泛追逐。一些分析家将"漂亮50"称作"一次决定股票"，鼓励投资者在购买这些股票后就永远将它们持有在手中。

1972年12月是"漂亮50"的巅峰时刻，它们的平均市盈率超过了40，在这之后这些股票从未达到过如此高度。1973～1974年的熊市期间，"漂亮50"崩盘，它们也因此常常被用来作为反面例证，说明市场不应该对增长型股票继续保持快速可持续的利润增长率的能力抱有不切实际的乐观预期。不过事实证明，对购买这些股票的投资者而言，如果他们没有选择其中市场预期和价格都最高的股票的话，那么"购买—持有"策略仍然不失为一个好的生财之道。

"漂亮50"中市盈率最高的25只股票拥有的市盈率指标数值在1972年达到了惊人的54，而它们提供的平均收益率要比另外25只股票低3个百分点——后一组股票的平均市盈率为30，显然更为合理。强生公司的股票市盈率超过了50，其随后的表现落后于标准普尔500指数的总体水平，而同时拥有最高市盈率和最高市场预期的宝丽来，提供给投资者的回报也最为糟糕。

值得注意的是，包括IBM、数据设备公司、施乐、宝来（Burroughs）和国际电话电报公司（ITT）在内，"漂亮50"中没有一只科技或电信类股票为投资者带来了高额收益。这些科技公司的股票拖了市场收益率的后腿，有的还落后很多。看看本章列出的20只最佳股票，也找不到科技部门的身影。这是因为投资者普遍预期科技类公司会达到很高的利润增长率，因此即使这些公司拥有出色的业绩，投资它们的收益也会被乐观预期造成的过高股票价格拖累。

在1993年的畅销书《战胜华尔街》⊖（*Beating the Street*）中，彼得·林奇恰到好处地总结了科技类公司虚幻的诱惑与承诺：

⊖　本书中文版已由机械工业出版社出版。

最终，我毫不意外地发现，自己手头的科技类股票是最持续的输家。这其中包括让我在 1988 年损失 2500 万美元的数据设备公司，紧随其后的是天腾（Tandem）、摩托罗拉、德州仪器、EMC（计算机外围设备供应商）、国家半导体、微技术和 Unisys，当然，还有长期被各种优秀投资组合持有的"废物"IBM。我对高科技从来兴趣不大，不过有时候还是难免会被诱惑。[11]

3.6　投资者的教训

旗舰企业拥有 20 或 30 的市盈率并不过分，不过对于那些长期发展前景尚待观望的新公司，投资者不应该付出过多的热情。对过去半个世纪的研究表明，历久弥坚的老股票战胜了勇猛进取的后来者。

从这一章中我们能够学到些什么？

- 对投资者而言，表现最好的公司来自拥有知名品牌的日常消费品行业和制药行业。正如沃伦·巴菲特所说："那些被又宽又深的壕沟保护着的产品或服务才能带给投资者最好的收益。"[12] 大众熟悉的知名品牌公司提供给股东的回报如此丰厚，这就是我所说的"历久弥坚的胜利"。
- 投资者收益的基本原理告诉我们，股票持有者的收益取决于实际利润增长率与预期的差别，而这种差别的影响在股利的作用下会被放大。
- 大部分表现最好的公司拥有：①略高于平均水平的市盈率；②与平均水平持平的股利率；③远高于平均水平的长期利润增长率。表现最好的股票中没有一只市盈率超过 27。这些就是旗舰企业的特征。
- 表现最好的股票名单中找不到科技或电信类公司的名字。

- 投资市盈率最低的股票，换句话说，投资于增长预期较温和的股票的投资组合，远远强过投资高价格、高预期股票的投资组合。
- 准备好为好股票掏钱（就像为好酒一样），不过记住没有什么东西值得"在任何价格下买入"。

现在我已经揭示了挑选优秀个股的原则，接下来让我们把注意力转向投资领域最受追捧的新潮流：基于产业或部门进行投资。在下一章中我会谈谈部门投资将如何影响你的投资组合。

第 4 章

增长并不意味着收益

投资快速增长部门的误区

明朗的发展前景并不意味着能为投资者带来明显的盈利。

——本杰明·格雷厄姆，《聪明的投资者》，1973 年基于产业部门的投资策略正迅速地流行起来。2004 年 6 月，摩根士丹利的数量分析小组得出结论："传统的全球资产配置方法论，即'先地区，后产业'的原理体系并没有什么根据。"他们认为，投资者在制定资产分配策略时应该主要着眼于对产业部门的选择。[1] 全球性的投资银行高盛（Goldman Sachs）近期也成立了一个新的权益资本团队，专门研究部门投资策略。[2]

经常有投资者问我："我应该投资的下一个快速增长产业是什么？"几乎所有人都相信，增长速度最快的产业部门会带来最高的投资收益。

然而事实并不是这样。

纵览 10 个主要的产业部门，金融部门的市场价值占据了标准普尔 500 指数的最大份额——从 1957 年的不到 1% 增长到 2003 年的 20%，与此同时，能源部门的份额却从超过 21% 缩减到不足 6%。如果你要追逐增长最快的产业，那么很明显，你应该买入金融类股票，同时卖掉手头的石油股。

不过如果你真的这么做了，你就掉进了增长率陷阱。自 1957 年以来，金融类股票的收益率事实上落后于标准普尔 500 指数的总体水平，而能源类股票的表现则领先于市场。对于长期投资者而言，寻找快速增长的产业部门是错误的投资策略。

正如我们在前面已经提到的，市场价值和投资收益可能会向完全不同的方向发展，尤其在长期中。不论对于单个公司还是对于整个部门，这句话都适用。

4.1 全球产业分类标准

我们目前使用的部门分类体系诞生于 1999 年，当时标准普尔和摩根士丹利联合推出了全球产业分类标准（Global Industrial Classification Standard，GICS），该系统取代了早先由美国政府制定的分类标准（旧的标准已经不能适用于我们基于服务业的经济体系）。³GICS 把美国和世界经济分成 10 个部门：材料、工业、能源、公用事业、电信服务、非必需消费品、日常消费品、卫生保健、金融以及信息科技。

我们按照现行的标准将标准普尔 500 指数的原始公司逐一归类。表 4-1 显示了自 1957 年以来指数中各产业部门的收益率和市场份额变化情况。

表 4-1　1957 ～ 2003 年收益率与市场份额

部　　门	市场份额 2003 年 （%）	市场份额 1957 年 （%）	市场份额扩张 （收缩） （%）	部门 收益率 （%）	部门中原始 公司的收益率 （%）
金融	20.64	0.77	19.87	10.58	12.44
信息科技	17.74	3.03	14.71	11.39	11.42
卫生保健	13.31	1.17	12.14	14.19	15.01
非必需消费品	11.30	14.58	−3.28	11.09	9.80
日常消费品	10.98	5.75	5.23	13.36	14.43
工业	10.90	12.03	−1.13	10.22	11.17
能源	5.80	21.57	−15.68	11.32	12.32
电信服务	3.45	7.45	−4.00	9.63	10.47
材料	3.04	26.10	−23.06	8.18	9.41
公用事业	2.84	7.56	−4.81	9.52	9.97
标准普尔 500 指数	100	100	0	10.85	11.40

可以看到，投资某部门的收益率与该部门的扩张或收缩并没有明显的联系。金融和信息科技是扩张幅度最大的两个部门，而它们提供给投资者的回报都很平庸。不仅如此，除了一个部门之外，指数中原始公司的表现都要好过本部门的新公司。

这些数据进一步证实了我的观点：新公司的落后表现不是仅局限于某一个产业部门，而是对整个市场都适用。换句话说，市场中每个部门的新公司都被投资者高估了。

某些部门的市场份额经历了巨大变动。一方面，材料和能源在 1957 年是最大的两个部门，到 2003 年却排在了最后两位，加起来尚不到指数总体规模的 10%。另一方面，1957 年最小的三个部门——金融、卫生保健和信息科技却迅速扩张，到 2003 年，这三个部门拥有的市场价值之和已经超过了指数总体市值的一半。

图 4-1 显示了各部门市场权重随时间变化的情况。我们可以看到，金融部门的比重在 1976 年出现了跳跃式上升，正如在第 2 章中提到的，那一年有 25 家银行和保险公司登上了标准普尔 500 指数。此外，能源部门在 20 世纪 70 年代末以及科技部门在 90 年代末的份额增加也十分显著。

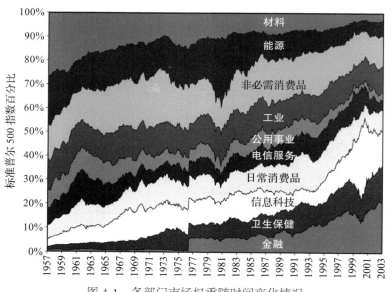

图 4-1　各部门市场权重随时间变化情况

记住，市场权重的起伏与投资收益的高低是两回事，尤其在长期中更是如此。就像前面提到的，尽管金融和科技部门在过去半个世纪经历了市场价值的显著上升，但是它们给投资者带来的回报并不比平均水平更高。

在本章的其余部分，我会带领读者逐一审视这 10 个经济部门，重温它们的变迁，分析新公司表现落后于老公司的原因，并指出这对投资者来说意味着什么。

4.2　泡沫部门：石油和科技

　　图 4-2 显示了 1957 ～ 2003 年间能源和科技部门市场份额的变化情况。值得注意的是，这两个部门都经历了市场价值的骤然上升和迅速回落。

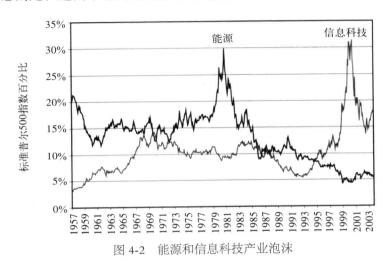

图 4-2　能源和信息科技产业泡沫

　　二者经历的泡沫极其相似，并且时间正好相隔了 20 年。石油部门的泡沫源于 20 世纪 70 年代末的恐慌——当时人们认为世界的石油储备将很快耗尽。随着恐慌的蔓延，石油类股票（特别是与原油和天然气开采相关的股票）的价格迅速上升。在科技部门，针对千年虫的大量资本支出以及互联网引发的投资狂热使得科技类股票的价格在 20 世纪 90 年代末达到了惊人的高度。这两个部门在各自巅峰时期的市场价值都超过了标准普尔 500 指数总市值的 30%。

　　能源和科技部门的行为似乎在告诉投资者，当某个部门膨胀到如此程度时应该出售该部门的股票。不过事情不能一概而论。某些部门的市场份额在长期中逐渐上升，比如金融和卫生保健；而另外一些部门，比如能源和科技，则是在很短的时间内迅速蹿升到很高的水平。这两种扩张方式有很大的不同，真正需要投资者警觉的是后者。

泡沫的一个显著特征是股票价格的飞速上涨。就单只股票而言，人们有时还能为这种情况找到合理的解释，但是对于主要的市场部门来说，基本面的情况不会在短时间内发生如此巨大的变化，因此并没有充分的依据来支持其市场份额的陡然增加，而这恰恰是石油和科技部门经历过的情况。关于石油和科技泡沫产生的原因我会在本书的第二部分详细论述。

尽管这两个部门都经历了严重的泡沫，但在过去半个世纪中，它们各自的市场份额却朝着相反的方向发展——科技部门上升，能源部门下降。

不过投资者也许宁愿自己当初选择的是能源部门的股票。正如新泽西标准石油的投资收益超过 IBM 一样，在为投资者提供回报方面，为经济增长做出巨大贡献的科技部门被那些步履缓慢的石油公司远远地抛在了后面。

4.2.1 能源

为什么能源部门在股票市场上表现得这么好？因为石油公司将力量集中于做自己最擅长的事情：以尽可能低的成本开采原油，并将利润以股利的形式返回给投资者。此外，市场对这些公司的增长预期较为保守，因此能源类股票的定价比较适中。较低的价格和较高的股利，一起为投资者创造出了高额收益。

然而，即使在萎缩的能源部门，增长率陷阱也会诱使人们犯错。20 世纪 70 年代能源价格的大幅上升促使投资者争相购买新兴的石油和天然气公司的股票，导致这些股票的价格迅速上涨。

1980 年 8 月，石油泡沫达到了顶峰。标准普尔公司发表了一份石油产业调查报告，题为"具有长期吸引力的股票"。在这篇报告中，他们预测该产业的利润还会继续增长，并且列举了 5 家公司——贝克国际公司（Baker International）、环球海事公司（Global Marine）、休斯工具公司（Hughes

Tool)、法国斯伦贝谢公司（Schlumberger）和北美西部公司（Western Co. of North America）。报告指出：

> 刺激投资者的动力（高昂的油价）仍然存在，大多数与油井设备、服务以及近海勘探相关的股票市盈率远远高于市场总体水平。在很难对这些行业的光明前景提出质疑的情况下，我们建议投资者长期持有这类股票。[4]

不幸的是，这些分析家忘记了投资的一条基本原则：不要购买"市盈率远远高于市场总体水平"的股票，尤其是大盘股，如果你的目的是要进行长期投资，就更应该遵循这条原则。能源类股票在 1982 年的世界性衰退中熄火。石油价格直线下跌，钻井探油的活动陷入停滞。报告列举的 5 家公司中，环球海事公司和北美西部公司宣告破产，其余 3 家公司的表现也严重落后于市场。事实上，20 世纪 70 年代末 80 年代初登上标准普尔 500 指数的 13 只能源股票中，有 12 只股票的投资业绩落后于能源部门和指数的总体水平。

4.2.2 科技

许多人认为那些开发出突破性新技术的公司会是最好的长期投资选择，然而数据设备公司（微型计算机）、斯佩里·兰德公司（Sperry Rand，通用自动计算机（Univac），生产第一台计算机）、施乐（生产第一台复印机）和宝来公司（生产第一台电子计算器）的可怕亏损却超过了微软、思科、英特尔、戴尔的巨大盈利。结果，投资于科技部门的收益仅仅达到了标准普尔 500 指数的平均水准，如果不是因为 IBM 从 1957 年到 20 世纪 60 年代早期垄断电脑市场时取得了突出的业绩，该部门的表现甚至会落在指数后面。

科技类公司的股票价格总是很高。在 20 世纪 60 年代初，由于投资者对电脑市场的乐观预期，科技部门的股票市盈率达到了 56，是市场平均水平的 2.5 倍还多。该部门在 1957 ～ 2003 年间的平均市盈率为 26，比市场总体水准高了整整 10 个百分点。在过去 45 年中，只有在 20 世纪 90 年代初期 IBM 连续 3 年遭受巨大亏损时投资者对科技部门的利润增长率预期才低于市场总体水平。尽管许多科技类公司取得了较高的利润增长率，但是人们往往对它们抱有更高的预期，并将这种预期体现在股票价格中，结果导致了很低的收益率。

自 1957 年以来曾经有 125 家科技类公司登上过标准普尔 500 指数，在 1999 年和 2000 年，这 125 家公司中的 30% 经历了灾难。1999 年指数新增的科技公司年收益率落后于整个科技部门 4%，而 2000 年登上指数的科技公司落后于整个部门多达 12%。此外，科技部门作为一个整体在 1999 年以后的表现落后于市场。许多新登上指数的科技类股票，如宏道公司、Vitesse Semiconductor、Palm 和 JDS Uniphase，价格下降了 95% 或者更多。

能源和科技部门的泡沫尽管有许多相似之处，但也存在明显的不同。在科技泡沫中，对未来利润增长率过于乐观的预期导致股票市盈率如火箭般蹿升；而石油部门的股价则从未达到如此高度，因为石油类股票的价格是随着利润的增加而上升。事实上，在泡沫鼎盛时期，占据部门主导地位的大型综合性石油生产商的股票市盈率低于市场上其他股票的水平。石油泡沫主要集中于原油勘探和开采行业，它们的股票市盈率要比市场高出许多。

4.3　金融和卫生保健：扩张的产业

金融和卫生保健部门的扩张速度令人瞠目。在 1957 年，这两个当时最小的部门仅占股票总市值的 1.9%，而到 2003 年年底，它们已经占据了标准普尔 500 指数 34% 的市场价值。

　　然而这两个部门提供的投资收益却大相径庭。卫生保健部门拥有指数 10
个部门中最高的年收益率——14.19%，比指数的总体水平高出 3%；而金融部
门虽然扩张幅度最大，但在投资收益方面的表现却落后于市场。

4.3.1　金融

　　金融部门的比重上升很大程度上是因为指数中新增加了许多该类公司，
因此尽管该部门扩张速度很快，但金融企业提供给投资者的回报却很平庸。
标准普尔公司在 1976 年让大量的银行登上指数，造成图 4-1 中金融部门市场
份额的跳跃式上升。现在的金融部门由花旗集团、美国国际集团、美洲银行、
富国银行和摩根大通银行这样的巨头把持，而在 1957 年时它们都还不在指
数上。

　　金融部门的扩张要部分归因于联邦国民抵押协会（Fannie Mae）和联邦住
房贷款抵押公司（Freddie Mac）的私有化，这两家公司先后在 1988 年和 1992
年登上标准普尔 500 指数，在 2003 年年底两家公司加起来占据了整个部门
5% 的市场价值。

　　经纪公司和投资银行的加入进一步扩大了金融部门的规模。在 1970 年
DLJ 公开上市之前，所有的经纪行都是合伙制企业。接下来美林、添惠、嘉
信理财、雷曼兄弟、贝尔斯登和 T.Rowe Price 陆续上市成功并登上标准普尔 500
指数。最后，不动产投资信托（REIT）也在 2001 年加入金融部门。

　　金融产品日新月异的发展促成了许多新公司的诞生，这也使得金融部门
的市场份额稳步上升，然而激烈的竞争导致金融类股票的投资收益在长期内
仅能达到市场平均水平。

4.3.2　卫生保健

　　与金融部门类似，卫生保健部门也在过去半个世纪里稳步扩张，其市场

价值的上升伴随着医疗保健支出的大幅增加。在 1950 年，我们将 GDP 的 4.5% 用于卫生保健，而到 2003 年这个比例已经提高到 15%，而且还在迅速上升。

在这个部门占据主导地位的许多公司，如辉瑞公司、强生公司和默克公司，都拥有悠久而辉煌的历史。

尽管总的看来人们从卫生保健部门获得了丰厚的回报，但如果不算那些新进入该领域的公司，投资者的处境还会更好些。在这样一个行业中，研究工作不断地取得突破并被广泛应用，投资者的兴奋和热情在推动股价上升的同时导致了收益率的降低。

自 1957 年以来进入卫生保健部门的 11 家健康服务公司中，有 9 家公司的投资收益落后于市场总体水平，其中贝弗利企业（Beverly Enterprises）、Community Psychiatric Centers 和南方保健（HealthSouth）落后较多。1972 年登上指数的 3 家医疗设备供应商——American Hospital Supply、巴克斯医疗器材公司（Baxter Travenol，现在的巴克斯国际公司）和碧迪公司（Becton Dickinson）的表现仅达到部门平均水平。1986 年登上指数的博士伦，年收益率落后部门 9%。和其他部门的情况一样，在卫生保健部门中久经考验的股票也赢得了胜利。

4.4 消费者部门：非必需消费品和日常消费品

日常消费品和非必需消费品，这两个部门的服务对象都是消费者，不过二者的共同之处也仅限于此。前者培育了一批历久弥坚的老牌公司，而后者则经历了太多的混乱与动荡。日常消费品指那些销售量受经济周期影响不大的日常生活所需物品，包括食物、饮料、香烟、肥皂、日常卫生品和杂货。非必需消费品则指那些不被看作生活必需品的产品和服务，它们被购买的频率较低，需求量也更依赖于消费者除去基本支出后的可自由支配收入，主要包括汽车、饭店、百货商店和娱乐。

这种划分在某种程度上讲比较武断——一个人的必需品也许是另一个人的奢侈消费。在 2003 年 4 月，标准普尔公司将沃尔玛从非必需消费品部门划归至日常消费品部门，因为这家零售巨头此前成功地进入了食品市场。

然而不论怎样定义，不可否认的是这两个部门的公司在市场上的表现大相径庭。日常消费品部门拥有异乎寻常的稳定性。该部门中的多数大公司（除了最近加入的沃尔玛）都拥有 50 年或更长的历史，并给投资者提供了丰厚的回报，我们已经提到过可口可乐、菲利普·莫里斯、宝洁、百事在长期中的优异表现。标准普尔 500 指数投资收益最高的 20 只"幸存"原始股中，多达 12 只来自日常消费品部门。

相反的是，非必需消费品部门却经历了太多的动荡。在该部门中曾占据主导地位的公司包括汽车生产商（通用汽车、克莱斯勒和后来的福特）、汽车配件供应商（凡世通公司和固特异公司）以及大型零售商（西尔斯罗巴克公司、彭尼百货和伍尔沃斯公司），所有这些公司的日子都过得很艰难。

老式的零售企业被沃尔玛和家得宝（Home Depot）取代，汽车生产商则要面对来自国外的竞争和高昂的劳动力成本。到 2003 年，非必需消费品部门 5 家最大的公司中有 4 家从属于娱乐业：时代华纳、Comcast、维亚康姆（Viacom）和迪士尼。让人吃惊的是，如果想从标准普尔 500 指数的该部门公司中找到一家指数原始公司的话，按照市值高低顺序你得一直数到第 11 位的福特汽车。

在 10 个经济部门中，只有非必需消费品部门的指数原始公司投资收益落后于新增公司。通用汽车的糟糕业绩和沃尔玛的杰出表现是造成这种现象的主要原因。

汽车公司和零售商的没落以及家得宝、沃尔玛和新兴娱乐公司的崛起遵循了股票选择的"创造性的毁灭"理论：老的、衰落的公司被新兴的、充满活力的后来者取代。值得注意的是，只有在非必需消费品部门，"创造性的毁灭"原则才真正适用于投资领域——新公司提供的收益的确超过了老公司。

人们不禁要问：为什么非必需消费品部门会经历如此之多的变动？为什么投资该部门的收益会比投资日常消费品部门落后这么多？

的确，考虑到经济发展的趋势，上述现象实在是出人意料。在过去半个世纪里，绝对没有人能想到日常消费品部门会大大超越非必需消费品部门。过去的50年里人们的可自由支配收入大大增加，经济的繁荣使得数以百万计的美国人拥有了远远超过基本生活所需的购买力。

然而非必需消费品部门却没能兴旺发达。该部门中的公司无法保证产品质量，因此也就难以培养起消费者的忠诚。它们漠视外国竞争者，尤其是日本的威胁，而这些强劲的对手通过对产品质量的重视迅速地在消费者争夺战中获得了胜利。

与之相反，生产日常消费品的公司则凭借高质量的产品所赢得的声誉积极地将市场向海外拓展。它们很清楚，消费者最想要的"产品"其实就是"放心可靠"，相应地，投资者也通过这些公司获得了稳定的回报。在第17章中，我将会阐释为什么我认为日常消费品部门会继续为投资者带来高额收益。

4.4.1 工业部门

工业部门包括大型工业集团、交通运输公司和国防企业。标准普尔500指数刚建立时，通用电气是该部门中最大的公司，直到现在情况仍然如此。

工业部门在过去50年中经历了巨大变化。1957年时位列标准普尔500指数的5家航空公司（全美航空、东方航空、联合航空、泛美航空和TWA），现在都已经从指数上消失了。[5]

1981 年，传奇人物杰克·韦尔奇接手通用电气，并使其成为全世界最具活力和最受尊重的公司。韦尔奇倡导的"通用电气模式"要求公司在其涉足的每个商业领域都要做到最好，如果某个业务部门不能创造出可观的利润，那么该项业务将被出售。这种集中发挥公司核心竞争力的策略为通用电气的成功做出了巨大贡献。

尽管通用电气最近开始进军娱乐业（NBC 和现在的环球），但最让这家公司得意的还是它旗下的通用电气金融服务公司。这家资本公司涉及消费者金融、商业融资以及保险业务，是通用电气大约一半的收入和利润来源。如果将资本公司从通用电气中剥离，那么它将与世界上最大的几家金融机构平起平坐。

在 20 世纪 90 年代初股市强劲期间，将通用电气和杰克·韦尔奇奉若神明的投资者把该公司的股票价格抬高到一个难以维持的水平。2000 年，通用电气的市盈率达到了 50——这对一家工业公司来说实在是太高了。

随后该公司的股票价格下跌了 2/3，公司从 1957 年开始计算的收益率也就此被 3M 公司盖过——3M 公司是少数几家在经济、金融以及法律动荡中幸免于难的企业之一，而波音、霍尼韦尔、卡特彼勒和最近的泰科集团（Tyco）都备受摧残。

和其他行业相比，铁路业在整个工业部门中的市场份额萎缩得很厉害，市场价值从占部门总量的 21% 下降到现在的不足 5%。铁路业是"创造性的毁灭"并不适用于投资领域的绝好例证。这个行业从 20 世纪 50 年代中期就开始走下坡路。州内高速公路网的建成大大减少了铁路乘客的数量。许多铁路企业，如宾州中央铁路公司（Penn Central）、瑞丁铁路公司（Reading）和伊利－拉克万纳铁路公司（Erie Lackawanna）纷纷宣告破产。紧接着航空公司雪上加霜，抢走了几乎所有的长途旅客。

出人意料的是，从 1957 年以来，投资铁路股票的收益不仅超越了航空业和公路运输业，甚至击败了标准普尔 500 指数。

这是怎么回事？萧条的铁路业为什么能够凌驾于世界上最难击败的股票指数之上？又是"预期"在捣鬼。铁路公司的破产和诸多其他难题大大降低了投资者对铁路业的期望，因此这个行业中的公司只需要取得微小的进展就能够击败悲观的市场预期。

事情终于峰回路转。1980 年，对铁路业的管制解除，这刺激了各公司的联合并且大大提高了它们的效率。尽管收入下降，但是铁路的运营效率是以前的 3 倍，这为承运商带来了不少利润。从 1980 年开始，作为 4 家幸存铁路企业中的佼佼者，伯灵顿北圣菲铁路公司取得了 17% 的年收益率，比标准普尔 500 指数的水平高出 4 个百分点。

铁路业给投资者上了重要的一课：一个长期下滑的行业也可以向股东提供出色的收益率。在市场预期如此悲观的情况下，如果公司能够止住下滑并赢取利润，特别是如果管理层能够支付股利，那么投资这家公司股票的未来收益将十分可观。30 年前，又有谁会想到萧条的铁路业能够带给投资者如此丰厚的回报，而蓬勃的航空业会做得如此之差呢？

4.4.2 材料部门

材料部门由生产诸如化学品、钢铁和纸张等基本材料的制造企业组成。这个部门经历了最严重的萎缩，带给投资者的收益也最低。

在标准普尔 500 指数刚刚建立的 1957 年，材料部门在指数中独占鳌头，其市场价值超过了 500 家公司总市值的 25%。化学和钢铁公司在部门中居于主导地位，其中包括美国钢铁（United States Steel）、伯利恒钢铁（Bethlehem Steel）、杜邦（DuPont）、美国联合碳化物公司和陶氏化学公司（Dow Chemical）这样的庞然大物。这 5 家公司在 19 世纪末和 20 世纪的头 50 年里统治着美国工业，并在 1957 年占据了标准普尔 500 指数 10% 的市场价值。

然而在此后的 50 年里，这些伟大的公司遭遇下滑，材料部门的市场份额也下降了近 90%。到 2003 年，这 5 家大型钢铁和化学公司的市场价值之和已经不足指数总价值的 1%。

衰退源自国际竞争和经济重心从制造业向服务业的转移。20 世纪七八十年代，来自日本等亚洲国家的低成本厂商让它们的美国同行显得脆弱不堪。过高的劳动力成本使得这些老牌制造企业的市场份额骤减，其中的一些，比如陶氏化学公司，还险些因为法律诉讼而破产。

4.4.3 电信部门

尽管拥有美国电话电报公司这样的大企业，但是过去半个世纪中电信部门在标准普尔 500 指数中的份额还是缩减了一半，从 7.5% 下降到 3.5%。20 世纪 90 年代末，电信行业曾经历过一次短暂的高潮，市场对互联网产业利润增长的乐观预期一度使得该部门在指数中的比重超过了 11%，然而过度的供给、价格的下降以及建造大型光纤网络引起的巨额负债随后导致了电信类股票的崩溃。

电信业向我们展示了快速的生产力发展如何使公司和投资者双双陷入窘境。这个行业为今后数十年的生产力革命奠定了基础，同时也不幸地成了反面教材——在"创造性的毁灭"过程中，位居最前沿的公司拥有的创造性可能会把它们自己也毁灭掉。

和 20 世纪 80 年代的能源部门以及 90 年代末的科技部门一样，过于乐观的预期在电信业繁荣时期催生出许多新公司，而这些新公司随后的表现却不尽如人意。从 1957 年到 20 世纪 90 年代初，指数中没有增加任何新的电信公司，然而在 90 年代末期，世通公司（WorldCom）、环球电信公司（Global Crossing）和奎斯特通信公司（Qwest Communications）大张旗鼓地登上了指数，但它们随后就陷入了崩溃。

1999 年 6 月，世界通信公司占据了电信部门超过 16% 的市场价值，但在 2002 年 5 月这家公司从指数中被剔除时，它的市值已经下降了 97.9%。与之类似，在 2001 年 10 月退出指数之前，环球电信公司失去了超过 98% 的市场价值，奎斯特通信公司的价值下跌也超过了 90%。这些被过高估计的新公司在股票市场上的表现远远不及该部门中的元老企业。

4.4.4 公用事业部门

公用事业部门同样经历了市场份额的严重萎缩，其中的部分原因是能源真实价格的下跌。电力的生产和使用变得更有效率，[6] 如今用一单位化石燃料所能创造出的 GDP 是 20 世纪 70 年代初的两倍。

不过更重要的原因还是政府对能源部门的管制放松，这让大部分时间都享有垄断地位的公用事业部门无所适从。在 20 世纪 80 年代中期以前，管制者允许该部门中的公司将增加的成本直接转嫁给消费者，那时的人们除了从这些垄断厂商的手里购买能源之外别无选择。随后消费者提出了抗议，他们不愿意为生产核能带来的巨大成本买单，而当社区居民终于能够买到更便宜的能源时，公用事业部门的利润开始直线下降。直到最近才有一些公司学会了如何在放松管制的环境中经营，让投资者依稀看到了更高回报的曙光。

这个部门中的公司的确拥有很高的股利率，要想取得不错的长期收益，这是很关键的因素。然而这些公司在新环境中运营的时间尚不够长，因此未来会怎么样还很难说。

4.5 部门的变迁与收益

在第 2 章中我解释了为什么投资者收益并不一定与市场价值有关，在这一章又告诉我们这一点对于市场部门也同样适用。图 4-3 总结的数据显示了从 1957 ～ 2003 年每个部门的收益率与其市场份额的变化的对比情况。

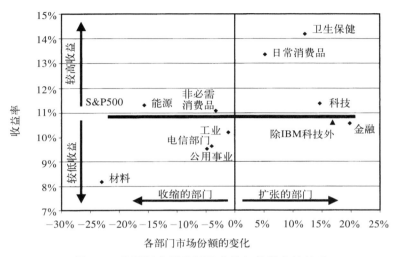

图 4-3   各部门市场份额的变化与收益率的关系

金融和卫生保健部门都取得了快速的增长，后者的收益率在所有部门中遥遥领先，而前者甚至未能达到平均水平。其中的原因很简单：金融部门市场价值的上升主要是由于新公司的进入，而这个因素在卫生保健部门扩张中的作用则要小许多。

科技部门的市场份额增加幅度位列第二，不过投资该部门的收益率仅略高于平均水平。这个部门能够超越标准普尔 500 指数的重要原因是 IBM 在1957 ～ 1962 年间的杰出表现。平均看来，其他的科技类公司提供给投资者的收益率在平均水平以下，尽管它们为经济增长做出了重要贡献。

材料部门失去了最多的市场份额，同时也提供最低的投资收益。不过并不是所有萎缩部门的收益率都令人失望，能源部门的缩水幅度仅次于材料部门，但投资者在该部门取得的收益率却高于平均水平。

总体看来，各部门市场份额的变化与收益率之间仅仅呈现微弱的正相关关系。统计回归表明，某个部门的收益率仅有不到 1/3 与该部门的市场份额变化有关，另外 2/3 则主要受定价、股利再投资、新公司进入等其他因素的影响。

统计回归的结果说明了许多投资者掉进增长率陷阱的原因，他们没有认识到是新公司的进入造成了部门的扩张，而这种进入常常会带来较低的投资收益。

4.6 部门投资策略

数据显示了在长期中成为赢家的三个部门，它们是卫生保健部门、日常消费品部门和能源部门。前两者占据了标准普尔 500 指数 20 家最佳"幸存"公司 90% 的名额。这两个部门中的许多杰出公司都致力于将高质量的产品推向市场，并且在世界范围拓展品牌认同度。

尽管经历了严重的萎缩，能源部门仍然提供了高于指数平均水平的收益率。这个部门的高收益率是两个因素共同作用的结果：投资者相对较低的增长率预期（20 世纪 70 年代末的石油和天然气开采业除外）和高股利率。在第 17 章我将讨论部门投资策略，并且列举在这些部门中那些日益重要的公司。

4.7 投资者的教训

正如本章开头所言，大多数的投资者都迫切地想知道一个问题的答案：谁会成为下一个炙手可热的经济部门？如果着眼于短期交易，那么你的确应该问这样的问题，因为投资收益和市场价值在短期内高度相关。不过如果你是一个长期投资者，那么追逐热门部门的结果将会让你失望。

对各部门历史数据的研究得出下面的重要结论：

- 快速的部门增长并不意味着高额的投资收益。过去 50 年中大幅扩张的金融和科技部门带来的收益率平庸甚至低下。能源部门尽管严重萎缩却能击败标准普尔 500 指数。
- 在长期中，某个部门的收益率高低只有不到 1/3 与该部门的扩张或者萎缩相关，超过 2/3 的成分受到其他因素，比如新公司和股利的影响。
- 相隔 20 年，能源和科技部门经历了几乎相同的泡沫，两个泡沫都在各自部门在标准普尔 500 指数中的份额达到 30% 的时候破灭。部门份额的快速上升是危险的信号，警告投资者减少在该部门的资产分配。
- 在 10 个经济部门中，有 9 个部门的指数新增公司收益率低于原始公司，在部门快速扩张时期进入指数的新公司提供给投资者的收益率尤其低。

第二部分

THE FUTURE FOR INVESTORS

对新事物的高估

第 5 章

泡 沫 陷 阱

如何发现并规避市场狂热

生命的意义在于创造。对创造的热爱也许可以解释为什么科技类股票的价格一再上升。互联网革命使人们能够充分发挥创造力，也许这会使我们更加接近生命的真谛。

——美林·林奇（Merrill Lynch），

全球股本研究基础部门，

2000 年 2 月 14 日

在上一章中我描述了石油泡沫和科技泡沫。投资者在市场循环的其他任何一个时期里，都没有像在这些泡沫及其引发的严重后果中这样损失如此之多的金钱。对于许多人来说，巨大的损失使他们不得不永远放弃股票投资，而将剩余的资金投向低收益的货币市场基金和银行可转让大额存单（CD）。

是否存在一种方法可以帮助人们避开市场的这些狂热时期？投资者能否发现泡沫并避免被它们所展示的诱人前景所迷惑？

艾伦·格林斯潘对此持怀疑态度。作为美联储的主席，他因为未能戳穿网络泡沫而承受了巨大压力。他在 2002 年 8 月的一次演讲中说道："要想明确地判定一个泡沫是很困难的，除非它用破灭证明了自己的存在。"[1]

我对他的这一论断不敢苟同。读一读本章开头的那段引言，它出自华尔街一位顶尖研究团队的成员之手。当"新时代"的观念让这些出色的分析家都如此执着的时候，你应该意识到自己已经身陷泡沫中了。

这一章将告诉你如何鉴别泡沫形成的典型症状，看到事情的真相。不过判定泡沫的存在并不意味着你找到了一条轻松获利的捷径。泡沫持续的时间比任何人预期的都要长，这让那些对泡沫持怀疑态度的人产生否定情绪，同时更坚定了支持者的信心。一旦泡沫开始膨胀，没有人知道它什么时候会破灭。

当你判定一个泡沫以后，立即停止向泡沫中的公司或产业投资。如果你持有的股票正幸运地处于"市场狂热"状态中，迅速抛出股票将利润转化为现金，不要再回头看。你所卖出的股票在崩溃之前也许还会大幅升值，不过从长远来看，你的选择是正确的。

5.1　网络和科技泡沫

在泡沫形成之前，金融市场通常都经历了长时期的繁荣。20世纪末期的经济环境正是如此，当时美国正处于历史上最长也是最强劲的股票牛市之中。互联网使得在线交易得以实现，这让股票的购买和销售变得更加容易，同时也降低了交易成本。股市似乎变成了赌场，这种气氛吸引了数以千计也许本不会进入金融市场的投资者。对千年虫的恐惧引来了巨大的资本投入，这导致科技类公司的利润飞涨。

投资者的兴奋和狂热集中于一个信念——网络将改变世界运行的方式。这种狂热导致媒体对网络公司和股票市场的报道激增。在这些报道中广泛存在着这样一种理念——现有的商品和服务的购销模式将会发生巨大的改变。

正如我的好友，来自耶鲁大学的罗伯特·希勒（Robert Shiller）在他的《非理性繁荣》(*Irrational Exuberance*)一书中所写的那样："尽管新闻媒体……将它们自己说成是独立于市场之外的观察者，但实际上它们也是市场发生的各种事件的一个组成部分。投机泡沫通常只会在许多人持有相似的想法时才会形成，而新闻媒体正是散播各种想法和理念的重要工具。"[2]

互联网使得人们只需花费微小的成本就可以进入巨大的市场，因此盛行的观点认为在线购物所带来的方便快捷会使其取代其他的交易方式。"clicks over bricks"成了网络狂热者们的口号，他们似乎已经预见到这种新兴媒介会威胁到传统零售商的生存。

随着媒体不断地推波助澜，越来越多的投资者，包括许多以前从未购买过一只股票的人，开始进入股票市场。股价像火箭一般蹿升。在线书籍零售商亚马逊公司（Amazon.com）在不到两年的时间内股价飞涨了惊人的4800%，1999年4月，其市场价值已经超过了300亿美元，这几乎是它的两个主要竞争对手巴诺书店（Barnes and Noble）和鲍德斯公司（Borders）市值之和的10

倍，这两家非在线书商在世界各地经营着超过 1000 家的书店。讽刺的是，亚马逊公司在那之前还从未获得盈利，事实上在那一年它的亏损额超过了 6 亿美元。

在 1999 年 10 月，在线玩具零售商电子玩具公司（eToys）的市场价值超过了世界上最大的非在线玩具零售商玩具反斗店（Toys "R" Us）的两倍，后者在世界范围内拥有超过 1600 家商店。在同一个月，一家在网上销售打折飞机票的公司 Priceline.com 达到了其市值的顶峰——比整个美国航空业资本的一半还要多。事情发展到这里，泡沫的破灭只是时间问题了。

5.2　投资者吸取教训了吗

我曾经以为投资者对这种投机活动的兴趣再过许多年才会重新旺盛起来，然而最近发生的事情却表明实际情况也许并不是这样。

仅仅几年之后的 2003 年，股票市场上最大的赢家变成了那些研究纳米技术的公司。纳米技术被认为是下一个能够使世界发生巨大改变的新技术，它向人们承诺"可以制造出能够安装在针尖上的超级计算机和比一个人体细胞还小的医用机器人，这种机器人可以治疗癌症、感染、动脉堵塞，甚至能够消灭衰老"。[3]

《华尔街日报》刊登的一篇文章中提到，研究纳米技术的公司，诸如美国纳米基因公司（Nanogen）、美国纳米技术公司（Nanophase Technologies）和美国维易科精密仪器公司（Veeco Instruments）在上一年度中市值都至少上升到原来的两三倍。这些公司中没有一家获得盈利，纳米基因公司和纳米技术公司更是只有微薄的收入。[4] 纳米基因公司，一家每季度收入只有 170 万美元而亏损超过 700 万美元的公司，在 2003 年 3 月以每股 1 美元的价格在市场上进行交易。不过这些糟糕的数据并没有阻止投机者，到了 2004 年初，这家公司的股价飙升到了 14.95 美元，这使它的市值几乎达到了 4 亿美元。

正如在 20 世纪 90 年代末各家公司都争相将自己的名字同"dot-com"联系起来一样，2003 年大家又都迫不及待地想要利用一下纳米技术带来的狂热。一家名为美国环球航空的公司在更名为美国环球纳米空间之后，该公司在一年前从极其低廉的股价上升到了 1.66 美元。

实际上，纳米科技的短暂繁荣只是前几年巨大的网络泡沫所留下的影子，令人吃惊的是，教训刚刚过去，新一轮的投机却又甚嚣尘上了。

新生事物带来的兴奋似乎可以抹去人们关于过去的记忆。新兴的科学技术很有可能会在将来更加频繁地涌现。正如我在第 15 章中将会详细描述的那样，网络革命在全球范围内加快了发现、发明的速率。新的产品会不断出现，新的公司将会迎来巨大的发展机遇。不过投资者要当心了，这些新公司和新技术大部分都会被夸张地渲染并得到过高地定价。

5.3 第一课：定价至关重要

美国在线

在网络狂热于 1999 年达到顶峰之前，我在《华尔街日报》一篇题为《网络股票是否被高估了？这些股票是否曾经被高估》的文章里对股市中存在的一些史无前例的现象提出过警告。[5] 我以美国在线为例，指出网络股票并不值投资者为它们所付出的那些价钱。

这篇文章发表的当天，1999 年 4 月 19 日，网络股票的价格大幅下跌。美国在线从上一周星期五的每股 139.75 美元跌到 115.88 美元，市值下降了大约 220 亿美元。另一只互联网股票也遭受重创：雅虎股价从 189 美元下降到 165 美元，整个网络股票指数从 670 跌到 560，下降了近 17%。

市场对这篇文章的反馈让我感到吃惊。那天早上我正从费城前往芝加哥，我很庆幸自己不是要去硅谷。我敢肯定我的文章并不是引起股价下跌的唯一因素，不过当时所有的主要电视网——CNBC、CNN、国家公共广播以及各种平面媒体都想就我发表的观点展开讨论。[6]

那天晚上我不得不在卢·多布斯（Lou Dobbs）的《金钱线》（*Moneyline*）节目上和美林的网络股票吹鼓手亨利·布洛杰特（Henry Blodget）面对面进行辩论。卢直截了当地开场："杰里米，恕我直言，你在《华尔街日报》上到底写了些什么？看看你都干了些什么！你为什么要这么做？"

我陈述了我的理由，布洛杰特回应说我的那些论点都是些已经被无数次提及的老生常谈。他宣称："毋庸置疑，这些股票之所以昂贵是有经典的衡量标准作为依据的。说实话，我们关于这件事情的争论没有任何价值。"

不要被他的话给愚弄了。为一家科技类先锋公司定价所需使用的工具和为 IBM 及过去的其他科技巨人定价所使用的工具并没有什么区别，而那天我在文章中也正是这么做的。

我选择了美国在线——当时唯一一家位列标准普尔 500 指数的网络公司，同时这也是一家获得盈利的公司。当我写那篇文章的时候，美国在线的市场价值高达 2000 亿美元，排名全美前十。

然而在此前一年，美国在线的销售额仅排在全美第 415 位，利润排在第 311 位。如果让该公司的市场价值排名与其销售额和利润排名相匹配的话，那么它的市值应该在 450 亿美元上下。

另外，就美国在线的市盈率（我在第 3 章中提到的衡量定价的关键指标）而言，以此前 12 个月的利润为基础计算的结果超过 700，以当年截止的利润为基础计算的结果是 450，对于大公司而言，这样的定价绝对是史无前例的。

在过去的 45 年里，股票市场的平均市盈率只有 17。在第 3 章曾经提到，此前 50 年业绩最佳的股票其利润增长率比平均水平高出很多，而其定价比率只略高于市场水平。这些股票自然应当得到比实际定价更高的价格，相比之下美国在线的股票价格显然已经大大超过了适当的变通范围，接下来其股价的下跌已经不可避免了。

5.4　第二课：不要"爱上"你的股票

还有一个信号可以提示投资者股票已经处于泡沫之中。投资的核心原则之一是千万不要"爱上"你的股票。你必须随时保持客观，如果基本面的情况不足以支持现行价格的合理性，那么不论你有多么乐观或者你曾在这只股票上面赚过或赔过多少，你都应该将它出售。

我意识到数以千计的投资者都"爱上"了"他们的"美国在线。在质疑这家公司股票价格的文章出现在《华尔街日报》上之后，我收到了许多愤怒的电子邮件，信中宣称美国在线的股票价格实际上是被低估了，指责我对现实一无所知。许多邮件还附上了一篇来自 StreetAdvisor.com 的凯文·普里格尔（Kevin Prigel）的回击文章，文中称我发表了"《华尔街日报》刊登过的最糟糕的一篇文章"。

很多人把邮件发送到沃顿商学院的院长办公室，他们建议说像我这样的人不应该在沃顿或者任何其他一家商学院授课。在一封邮件中写道："这个家伙是一头来自远古时期的恐龙，他肯定不知道什么是千年虫，也肯定对先进的商务模式一无所知……我希望他赶快从古老的沃顿商学院退休……或者去游乐场——随便他先做哪件事。他是个疯子，是个食古不化的老顽固，应该给他戴上口罩。"另一封信中说："我对贵学院的尊敬之情打了折扣，西格尔应该退休了。容纳这样的人最终受损害的将是沃顿商学院。去看看StreetAdvisor.com 上的文章吧！"

不过好戏还在后头。沃顿公共事务发言人柯尔斯滕·斯佩克曼（Kirsten

Speckman）发给我一封邮件，告诉我在他们的公共事务邮箱里像这样的信还有很多。

> 早上好，西格尔先生。我希望你愉快。你平白无故地让我损失了 14 000 美元。你跟这家大公司之间究竟有什么仇恨？难道你感到嫉妒？还是你想让股价降低以方便买进？你做出这样的决定真是莫名其妙。说起互联网知识，你简直就是个小孩，在识别机遇方面你不过个裹着尿布的学前班儿童。你是个在聚会上捣乱的家伙。多谢了，混蛋。我建议你去 StreetAdvisor.com 看看为什么你错得如此严重，白痴。你甚至连怎么上网打开网页都不知道吧，小孩？

最近我登录了 StreetAdvisor.com，这个网站现在已经停止了更新，等待着被拍卖。2003 年 2 月，据伯恩斯坦公司（Sanford C. Bernstein & Co.）估计，如果美国在线时代华纳解体的话，美国在线将价值 57.8 亿美元，比我写下那篇文章时的价值降低了 97%，而其他的分析家甚至声称这一估计过于乐观。

从互联网狂热者对网络股票所展示的激情可以看到，这些投资者并没有用理性的眼光来审视自己手中的资产。大多数的网络投资者相信"这一次是不一样的"，他们听不进去其他的声音，也就犯下了"爱上"自己股票的致命错误。

5.5　第三课：当心庞大却又不知名的公司

泡沫形成的另一个标志是默默无闻的公司被冠以巨大的价值。2000 年 2 月 11 日，我发现自己的电脑屏幕上闪烁着这样的标题："思科公司可能迈向万亿美元市场价值"。这篇文章的作者大卫·威尔逊（David Wilson）援引第一波士顿的分析家保罗·温斯坦（Paul Weinstein）的话说，思科的市场价值将会在两年之内达到 1 万亿美元。当时这家公司的市值刚刚超过 4000 亿美元，位居世界之首。5 年之前纳斯达克榜单上的所有股票市值之和也达不到 1 万亿美元，而根据温斯坦的预测，仅思科一家公司就可以在两年之后达到这个水平。

毫无疑问，思科为投资者提供了不错的回报。这家公司成立于 1984 年，在 1990 年 2 月 16 日上市，发行了价值 5040 万美元的股票。到 2000 年 2 月，在其首次公开发行的股票中投入 1000 美元的投资者已经可以拥有 100 万美元——这样的收益率相当于平均每年将年初投资额翻一番。

在温斯坦发表预测之前两天，思科取代通用电气，跃升为世界上市场价值最高的公司，后者拥有超过一个世纪的历史，并且在全世界拥有极高的品牌认同度，然而思科在这一点上却有些不同。令人吃惊的是，大部分美国人，包括许多（如果不是大多数）股票持有者，都不清楚思科到底从事什么业务。当我问我的朋友们是否知道思科生产些什么，大部分人都只能摇头，并且回想起 20 世纪 50 年代由宝洁公司生产的一种著名的起酥油。当我告诉他们思科的销售收入有 70% 来源于互联网使用的交换机和路由器时，大多数人都不知道这两样东西有何用途。

人们对世界上市值最高的公司知之甚少，这样的事情在以前还从未发生过。在 19 世纪末和 20 世纪初，洛克菲勒的标准石油与卡内基的美国钢铁为第一名的宝座展开竞争，这两家公司都堪称家喻户晓。

在 1929 年股票牛市的顶峰，通用电气和通用汽车加入进来，与美国钢铁公司一起分享殊荣（标准石油帝国当时已经解体），这两家公司都享有盛名。20 世纪 60 年代中期美国电话电报公司再一次统治了这个领域，它的股票被最广泛地持有，同时大部分的美国人都是它或它的子公司的顾客。

IBM 在 1967 年夺去了美国电话电报公司的桂冠。尽管大多数人当时并不知道（现在仍然不知道）电脑是如何工作的，但是人人都听说过 IBM，也都知道电脑有何用处。事实上，由于 IBM 在 20 世纪 50 和 60 年代占据了电脑市场超过 80% 的份额，"IBM 机器"几乎成了电脑的同义词。

在杰克·韦尔奇的领导下，通用电气于1993年年末重新登顶，直到1998年年底才被获得巨大成功的软件公司微软取代。几乎每个使用过电脑的人都用过微软的操作系统或是文档处理工具、电子表格、绘图程序等。不知名的思科取代微软，昭示着市场已经发生了巨大变化。在温斯坦做出"万亿美元"预测后两年半，思科的市场价值跌落到500亿美元，不足其巅峰时期的1/10。

5.6 第四课：避免三位数的市盈率

在我的文章《网络股票是否被高估了？这些股票是否曾经被高估》发表之后，网络股票在接下来的4个月时间里下跌了近40%。不过这并没有挫伤互联网狂热者们的热情，随着在线商店销售额上升的报道不断出现，网络股票开始复苏，并且超过了4月所达到的高度。实际上，在从4月的800点跌到8月的500点之后，网络股票指数在2000年3月初几乎上升了两倍，达到1300点。

伴随着互联网热潮的继续蔓延，一种观点开始出现并流行开来：就算许多的新兴网络公司可能遭遇失败，但那些为它们提供设备的供应商一定会赚取可观的利润。结果，为互联网和新兴的个人电脑市场提供商品的大盘科技类公司的股价也蹿升到了新的高度。

大多数持有思科、太阳微系统公司、易安信（EMC）、北电公司等网络股票空头的投资者认为，这些公司的利润并不会像分析家们所设想的那样以如此快的速度增长。不过这里还有一个更基本的问题：即使实际获得的盈利能够达到预期的水准，这些公司就真的配得上它们高额的定价吗？

每年的3月，证券行业联合会在沃顿商学院举行为期一周的学术会议。在2000年2月底，我曾经为了会议上要做的一次演讲而研究过上面的问题。我分析了9只拥有巨额市值且市盈率超过100的股票：思科、美国在线、甲骨文、北电网络（Nortel Networks）、太阳微系统公司、易安信、JDS Uniphase、高通公司（Qualcomm）以及雅虎。我得出的结论对于这些股票的持有者来说不是什么好消息。即使按照乐观的预期，利润以每年21%～56%的速度递增并且一直持续5年（长期的利润规划通常涉及未来3～5年），这9只股票的平均市盈率仍然会达到令人心惊肉跳的95，而其中的三只（美国在线、JDS Uniphase 和雅虎）拥有的该指标数值还会在 100 以上。

即使利润增长能够按照预期的速率维持 10 年（实际上没有人相信这些公司能将这么高的增长率保持这么久），上述股票的市盈率也只会下降到 40 左右，仍然高得惊人。投资者的设想如果实现，那么科技类股票将会在今后的 10 年中完全统治市场，并且其价格水平将达到标准普尔 500 指数历史水平的 2～3 倍。这种情况实际上是不可能发生的，这些股票的价格必然会遭遇巨大的滑坡。

5.7 大盘科技类股票

2000 年 3 月 8 日，我接到了《华尔街日报》的一位编辑马克斯·布特（Max Boot）的电话，询问我是否愿意就纳斯达克当前的情况写一篇社论对版文章。

由于已经完成了上文所述的研究，我立即应允了这个差事并且给这篇文章起了一个无关痛痒的标题——《历史的教训》。我知道对于编辑们来说在对版标题上做文章早已司空见惯，不过当我拿起报纸看到最上端赫然印着"大盘科技股是傻瓜的赌注"时，还是禁不住大吃一惊。我总是避免在文章中有不敬言辞，何况这些股票的持有者中还有一些我最好的朋友。购买这类股票的人也许是被误导了，不过将他们叫作傻瓜实在有些过分。我已经准备好了向有可能向我质询此事的人道歉，告诉他们"傻瓜"这个词绝不是我的本意，不过令我吃惊的是，这个标题似乎并没有给我带来什么麻烦。

在《华尔街日报》和我接触之后两天，我又接到了斯图尔特·瓦尼（Stuart Varney）的电话，他已经取代了卢·多布斯成为美国有线新闻网（CNN）《金钱线》节目的新主人。他邀请我于当天晚上 6 点到他的节目中去谈一谈市场近来的动态。

瓦尼以这样的方式开始了访谈："让我们直击要害吧，你十分认定科技股的价格将在最近出现巨大的跌落吗？"

我想谈谈思科以及其他被高估的科技类股票，不过我并不想让观众们觉得我是在抨击这些公司。美国在线的投资者给我的回应还记忆犹新，于是我为思科唱起了颂歌。我说："思科是一家美妙的公司，一家伟大的公司，一家超一流的公司，就算价格是其盈利的 80 倍我也会购买它的股票，但是如果市盈率达到了 150 呢？前 20 位的股票（按市场价值排名）中有 6 只市盈率超过了 100，这是史无前例的，从来没有哪只股票在公司已经达到如此规模的时候其价格超过利润 100 倍。"

我提到，科技类股票在近 5 个月来大幅上升，然而我却看不到这种上升的缘由，"它来得容易，去得也容易"。那些驱动价格走势的短期投机者，即所谓的"动量选手"，"声言它们会在列车撞毁前跳下车"。当人人都抱着这种打算的时候，价格很可能会出现剧烈下跌。

瓦尼想要做个总结，他问道："这是一个泡沫，里面的空气不久就会跑出来，而且是以非常快的速度，市场会坠入谷底吗？"我明确地回答："空气会跑出来……我想我们今年会看到这个部门的大滑坡。"

这次访谈的当天，2000 年 3 月 10 日，周五，纳斯达克综合指数以 5048.62 点收盘，这是该指数历史上的最高值，科技市场也正处于鼎盛时期。两年之后，纳斯达克指数下降了 75%。

在 2000 年 4 月 10 日所在的那个星期，纳斯达克经历了一场灾难，下跌了超过 1100 点，近 1/4。《金钱线》节目再次采访了我，并重播了一个月前所做的访谈的大部分内容。到第二年，瓦尼开始频繁地播放 3 月 10 日节目的片段。

很快，《大盘科技股是傻瓜的赌注》成了我为新闻媒体写过的最著名的一篇文章。当我在全国各地讲演时，投资者们总是拿着这篇文章的复印件来找我，表示是我的观点说服了他们抛售科技类股票，从而保全了财富；更多的人走过来称赞我写的文章，同时懊恼地悔恨当初没有按照我的建议去做。

被新闻媒体和投资者奉为市场"权威"让我觉得很不自在。市场的短期动向如此难以预测，谁说得对都只能归功于运气。科技股的泡沫也许本还能再持续一个月或是一年，然而我（还有许多人，甚至包括一些持有这类股票的人）知道它肯定会在某个点上破灭。

我在文章中还提出了一个很重要但却没有吸引太多注意的结论：在 2000 年 3 月，15 只非科技类大公司的股票并没有被过高定价。这是一个科技泡沫，简单而纯粹——市场上的其余股票大部分未被牵涉。直到 2002 年安然公司爆出利润丑闻之前，非科技类股票的价格都没有真正下降，这些股票在 2003 年年底已经全面复苏，而那时科技类股票的价格比泡沫时期仍然下降了超过 60%。

5.8　预测科技类公司利润增长率的愚蠢行为

在《大盘科技股是傻瓜的赌注》一文刊登一年后，马克斯又询问我是否愿意续上一篇。我很不情愿地照他的话做了，心里很清楚要想像上次那样幸运地在市场高峰时期做出准确预测实在是不太可能。

我在文中写道，尽管科技股在上一年度遭遇滑铁卢，但对这些公司未来 3～5 年利润增长率的预期并没有改变。在过去 12 个月利润大幅下滑的情况下，我认为仍然保持怪异的乐观预期毫无道理。

我在开头这样写："你也许认为纳斯达克指数的骤然跌落已经使华尔街认

识到他们的分析家过分地鼓吹了科技部门，不过事实上他们关于大型科技类公司长期利润的预测仍然很不现实。即便今天的股价已经降低了很多，但实际上许多科技类股票仍然处于过高定价的状态。"这篇文章被命名为《不那么大盘的科技股依然是糟糕的赌注》(我说服了马克斯把"傻瓜"换成"糟糕")。

我指出了华尔街的利润预测有多么糟糕：在 2001 年 1 月 9 日，上个季度结束后 9 天，分析家估计 2000 年第四季度科技部门的营业利润为每股 10 美元，然而 6 个星期以后当所有的利润都计算完毕，这个数字又变成了每股 7.69 美元。

如果分析家们在为一个刚刚结束的季度估计利润时都可以偏离近 25%，那么投资者对他们关于下一个年度，甚至是未来 3～5 年的预测能抱有多大信心？在瞬息万变的科技部门中预测利润已经变成了拙劣地射击。高市盈率只应该属于那些能够稳定地保持较高长期增长率的企业，而科技类公司显然不在此列。

5.9 第五课：在泡沫中不要卖空

读了上面的警告和建议，许多人一定会认为我通过卖空网络和科技类股票发了大财。[7] 不过事实上我对卖空这些股票一点儿兴趣也没有，也不建议普通的投资者这样做。即使投资者在长期中是百分之百正确的，他在短期中也有可能犯错。

每一个了解金融市场常识的人都知道，持有一只股票的空头要承受一定的风险：你可能遭受的损失是无限的，而最大可能的收益则是既定的，即最多不过是你卖出的股票价值。卖空者的损益与股票持有者相对应，后者的可能收益是无限的，而所能遭受的最大损失是他为购买股票所投入的资金。这意味着卖空股票的交易者会被要求建立一个保证金账户，经纪公司不断地调整空头头寸的价值，当卖空的股票价格上升时，投资者会被要求向账户里添加保证金，如果此时他无法提供资金，头寸会按照市场价格轧平。

很可能一只股票确实被高估了，但是观点在长期内正确并不能保证其在短期内不会有失偏颇。如果你卖空一只股票而其价格持续上升，那么你可能会陷入无法为保证金账户提供足够资金的窘境。事实上，经验表明卖空者几乎在所有的泡沫中都会被榨干。一些投资者在股价超过"恰当的"水平时开始做空头，如果价格迅速得到纠正，他们就可以赚钱，不过泡沫持续的时间和膨胀的程度通常都超过卖空者的预期。随着股价的持续上升，大多数的空头头寸都难以维持，最终只能在亏损的情况下被轧平。

轧平空头头寸需要购回借来的股票，在"动量投资者"已经大量买进的情况下，这种加大股票需求压力的做法无异于火上浇油，经常会导致股价的爆炸性上升。

一种流行的说法认为泡沫会在所有空头都被轧平时达到顶峰。同时，卖空者中间那些拥有足够资金和钢铁般神经的人最终会得到奖赏。而对于其他人来说，最好的建议是站在外面欣赏这场演出，不要到舞台上去凑热闹。

5.10 对投资者的建议

就像医生通过观察各种症状来诊断病情一样，投资者也可以甄别一些现象来确认泡沫是否存在。这些现象包括广泛且迅速升温的媒体报道；缺乏利润甚至收入方面的依据，只是建立在一些概念和名号基础上的高得出奇的定价；以及认为世界已经发生根本性的改变因此某些公司不能再按照传统方法进行评估的观念。如果你识别出了一个泡沫，最好的建议是离它远一点！

记住，不管泡沫是否存在，定价永远是重要的。那些为了追求增长率舍得付出任何价格的人最终将会被市场狠狠地惩罚。

第 6 章

投资新中之新

首次公开发行股票

大多数新发行的股票都在适宜的市场条件下销售——对股票销售者适宜意味着对购买者的不那么适宜。

——本杰明·格雷厄姆，《聪明的投资者》，1973 年

1999 年 1 月，艾伦·格林斯潘在回答俄勒冈州参议员罗恩·怀登（Ron Wyden）的问题时说："投资于互联网股票就像是在买彩票，也许有一些人能成功，但是绝大多数人都会失败。"

玩儿博彩的时候，优势显然不会在你这边。是的，的确偶尔会有人赢得 100 万美元并被大肆宣扬以吊起其他人的胃口，不过对大多数人来说，定期按他们的幸运数字下注无异于把辛苦挣来的钱往水里扔。

不过起码在格林斯潘说这番话的时候，购买新发行的互联网股票还是要比买彩票强多了。在 1999 年首次公开发行的股票中，没有一只是市场的失败者，上市之后它们的价格都迅速上升，许多持有这些股票的人因此发了大财。

当时人们普遍认为旧的"水泥砖墙"式实体公司即将被这些新兴力量摧毁。投资者热情高涨，以至于任何名称中带有".com"字样的新公司都能吸引来大批资金。

有一些人认识到这些新企业中的多数会遭受失败，不过他们仍然满怀希望地购买这些新股票，他们宣称：一个人只要拥有一个"大赢家"，就可以补偿资产中的几十个（如果不是几百个）失败者，同样可以获取高回报。这些投资者坚信新公司中的某一两个赢家会成为下一个微软、英特尔或是戴尔。

这种观点中存在合理的成分，大赢家确实可以为众多失败者做出补偿。投资到 1986 年微软首次公开上市股票中的 1000 美元到 2003 年年底已经增值到 289 365 美元。1971 年 10 月公开上市的英特尔甚至更胜一筹，随着它成为世界上最大的芯片制造商，那时投入的 1000 美元在 2003 年年底已经变成了 190 万美元。如果投资了这些成功企业中的一个，你确实可以补偿资产中许多新成立公司的失败。

6.1　这对投资者来说意味着什么

在沙砾中找到这些稀少钻石的希望可以用来解释投资于首次公开发行（IPO）股票的合理性吗？购买这些新上市的公司是健全的财富增值策略的一部分吗？

这一章所做的广泛研究表明，投资于 IPO 和买彩票十分类似。总会有一些像微软和英特尔这样的胜利者，不过购买所有首次公开发行股票所得到的收益率远远落后于对已经在公开市场上交易的股票的投资。

我检验了自 1968 年以来近 9000 只首次公开发行股票采用"购买－持有"策略所得到的年收益率。我假设投资者在股票开始交易的第一个月末购买或是以首次公开发行的价格购买，并且一直将股票持到 2003 年 12 月 31 日。[1]

尽管存在着几个大获成功的公司，但是失败者实在是太多了。IPO 投资者所能得到的年收益率落后于市场两三个百分点。这里，我们又看到了"创造性的毁灭"的矛盾局面。这些首次公开上市公司创造的新产品和服务对于整个经济至关重要，但购买它们首次发行的股票却不是积累财富的明智选择。

6.2　长期的 IPO 回报

毫无疑问，首次公开发行的股票中失败者数量远远超过成功者。图 6-1 中的数据显示，从首次公开发行的日期到 2003 年 12 月 31 日，近 4/5 的新上市公司表现不及一个有代表性的小型股票指数组合。[2] 在这之中，近半数的公司年收益率比后者低了不止 10%；超过 1/3 的公司低了 20%，而有 1417 家公司，也就是近 17%，年收益率低了惊人的 30% 或者更多。

相反的是，只有 1/5 的首次公开发行股票表现优于市场。其中年收益率超过市场水平 10% 以上的股票数量不到总数的 5%——仅有 49 家公司，只有 0.5% 的股票能够超过市场水平 30% 以上。

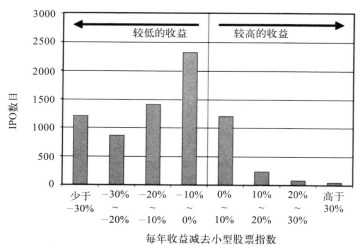

图 6-1　1968 ～ 2003 年 IPO 发行股票的表现

谁是这些稀少的成功者，他们的数量足够为失败者做出补偿吗？

6.3　长期中最好的首次公开发行股票

　　的确有一些新上市的公司取得了巨大成功。表 6-1 按照从交易的第一个月末到 2000 年 12 月 31 日所累积的总收益高低来排列了表现最好的首次公开发行股票。

表 6-1　1968 ～ 2000 年累积收益最高的首次公开发行股票

排名	年份 / 年	公司名称	1000 美元初始投资的积累金额 / 美元	年收益率（%）
1	1971	英特尔	1 887 288	27.55
2	1970	沃尔玛	1 521 036	26.58
3	1981	家得宝	1 066 691	36.80
4	1977	圣犹达医疗用品公司	867 695	28.68
5	1973	迈兰实验室	816 436	24.29
6	1970	西斯科公司	691 204	22.04
7	1973	联合出版社	673 348	23.95

（续）

排名	年份 / 年	公司名称	1000 美元初始投资的 积累金额 / 美元	年收益率 （%）
8	1971	西南航空公司	627 284	23.10
9	1979	史赛克公司	576 885	29.51
10	1971	雷米特公司	562 546	22.80

排在首位的是 1971 年 10 月公开上市的英特尔，接下来是世界上总销售额最大的公司沃尔玛，第三位是家得宝。这三家公司都能将投资者最初投入的 1000 美元增值到 100 万美元以上。排在它们后面的依次是圣犹达医疗用品公司（St. Jude Medical）、迈兰实验室（Mylan Labs）、西斯科公司（Sysco，一家食品公司）、联合出版社（1993 年被《纽约时报》收购）、西南航空公司、史赛克公司（Stryker）以及雷米特公司（Limited Stores）。

表 6-2 排列了在 1990 年及以前上市的 10 只年收益率最高的首次公开发行股票。为了让投资期间超过 10 年，我们排除了那些最近发行且在近几年取得高收益率，但不一定能在长期中成为赢家的股票。1990 年上市的思科公司排在榜首，年收益率比作为市场基准的小型股票指数高了 38.6%。紧随思科的是 1988 年上市的戴尔电脑，接下来是美国电力转换公司（American Power Conversion）以及获得巨大成功的电子游戏商艺电公司（Electronic Arts）。按照积累收益高低排在第 22 位的微软，以 37.6% 的收益率在表 6-2 中位居第 5 位。

表 6-2　1968 ～ 2000 年收益率最高的首次公开发行股票

排名	年份 / 年	公司名称	年收益率 （%）	1000 美元初始投资的 积累金额 / 美元
1	1990	思科公司	51.04	300 139
2	1988	戴尔电脑	45.87	347 955
3	1988	美国电力转换公司	39.50	169 365
4	1989	艺电公司	38.48	103 441
5	1986	微软	37.62	289 367
6	1981	家得宝	36.80	1 066 691
7	1988	美信集成产品公司（Maxim Integrated）	36.18	132 927

（续）

排名	年份 / 年	公司名称	年收益率（%）	1000 美元初始投资的积累金额 / 美元
8	1986	甲骨文公司	34.98	205 342
9	1984	Concord Computing	33.15	266 025
10	1987	Fastenal	31.93	92 414

6.4 IPO 投资组合的回报

现在我们回到刚才的问题：表 6-1 和表 6-2 中的这些成功者，是否能够补偿首次公开发行股票中数以千计的失败者？问题的答案可以在图 6-2 中找到，它显示了在某个给定年份，按照相同价值购买当年所有的首次公开发行股票与将同样的资金投入到一个小型股票指数组合中所产生的收益率差异。收益率的计算遵循两个起始条件：①从股票首次发行的第一个月末起开始计算；②按照首次公开发行的价格计算。所有的投资组合都持有至 2000 年 12 月 31 日。

结果显而易见。在 33 年中的 29 年，IPO 投资提供的年收益率都低于后者。

即使在西南航空公司、英特尔以及雷米特公司都公开上市的 1971 年，IPO 投资组合的年收益率仍然落后。在家得宝上市的 1981 年，结果也是一样。

就算是在互联网最得意的 1986 年，微软、甲骨文、Adobe、易安信公司和太阳微系统公司都在这一年公开上市，IPO 投资组合的年收益率超过了 30%，即使这样，它也只是以微弱的优势勉强胜出。

此外只有 3 年中 IPO 投资组合的年收益率超过后者，分别是 1977 年（圣犹达医疗用品公司公开上市）、1984 年（Concord Computing 公开上市）以及 1988 年（戴尔电脑公开上市）。在 20 世纪 90 年代末之前，1980 年对于 IPO 投资组合的持有者来说是最糟糕的一年。在 1980 年首次公开发行的股票中，有 37 只属于石油和天然气勘探行业，它们中间没有一只能够达到市场平均水准，其中的 24 只因为清偿或破产而从股票市场上消失。到了 1981 年，尽管石油泡沫正是在这一年破灭，但仍然有 54 只石油和天然气类股票首次公开发行，它们的命运也没有什么不同：没有一只股票能跟上市场，35 家公司遭到清偿破产。

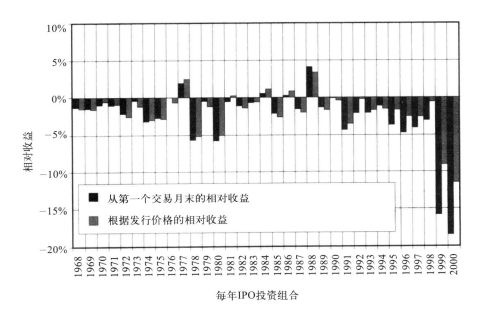

图 6-2　每年 IPO 发行股票的年收益率与小型股票指数年收益率之差，
　　　　收益率计算到 2003 年 12 月 31 日

数据清楚地显示了 20 世纪 90 年代末首次公开发行的股票在科技泡沫中的灾难性表现。如果按照首次公开发行价格计算，在 1999 年和 2000 年 IPO 投资组合的年收益率比小型股票指数组合低了 8% 和 12%，而如果按交易第一个月末开始计算，差距达到了 17% 和 19%。

在 20 世纪 90 年代末期，普通的投资者几乎不可能以发行价格购买到科技类的首次公开发行股票，一旦股票开始交易，价格就会显著上升。这些令人垂涎的首次公开发行股票被分配到"受优待"的客户那里，这意味着华尔街多出了数十亿美元的额外收入。然而"幸运地"以发行价格拿到这些股票的投资者在短短的几年内就将本来的收益赔的一干二净，真是发人深省。

6.5　IPO 的风险

IPO 投资组合不仅回报率低，其风险也要比由中小股票组成的分散化投资组合大。自 1975 年以来，每年以其后 5 年的回报率标准差衡量的 IPO 投资组合风险，都比拉塞尔 2000 的小股票投资组合大。从 1968 年算起，前者的风险比后者高 17%，如果从 1975 年算起，则要高出 35%。

上面的结论意味着购买首次公开发行股票的投资者在取得较低回报率的同时还要承担更大的风险。显然，和买彩票一样，这样的策略在长期中是不可取的。

6.6　炙热的 IPO 市场

当投资者蜂拥而至，首次公开发行股票市场炙手可热的时候，恰恰是购买新发行股票最不恰当的时机。炙热的 IPO 市场往往发生在泡沫时期，比如 20 世纪 90 年代的科技泡沫和 70 年代末期的石油泡沫。事实上，泡沫的典型症状之一就是大量股票的首次公开发行以及在交易开始后股价的直线上升。这些股票无一例外地会带给投资者最糟糕的长期收益率。

在一篇题为《1980 年热门市场发行》的文章中，股票首次公开发行领域的学术权威杰伊·里特（Jay Ritter）教授披露，在 1980 年 1 月到 1981 年 3 月首次公开发行的股票中，70 家销售收入在 50 万美元以下的自然资源类公司股票发行首日的平均收益率达到了 140%。[3] 事实上，这些公司后来都被证明是投资者的噩梦。

里特还在文中指出，自从石油泡沫破灭以后，一只首次公开发行的股票在第一天的交易中价格上升到其发行价格的两倍是极其罕见的。[4]1980 年基因技术公司（Genentech）首日股价从发行时的 35 美元涨到 71.25 美元，但在此后的 14 年中只有 10 只 IPO 股票有过类似的经历。

然而在 1995 年一切都改变了。这一年中有 15 家公司在首个交易日就将自己的市场价值提高了一倍，这个数字比过去 20 年的总和还多。1995 年 8 月 9 日，防洪闸门打开了，作为首个被广泛使用的互联网门户，网景公司（Netscape）在这一天通过摩根士丹利以每股 28 美元的价格发行 500 万股。网景的股票以 71 美元开盘，一度冲到每股 74.75 美元，最后在当天以 58.25 美元的价格收盘，交易量接近 2800 万股。尽管有的股票在首个交易日曾经有过更加夸张的价格上升，但没有谁像网景公司这样引起了媒体的广泛关注和报道。

在 1996 年和 1997 年势头有所减缓，包括雅虎在内只有 6 家公司完成了发行首日市场价值翻番的"伟业"。不过到了 1998 年，情况又发生了变化，有 12 家公司的股票价格在首个交易日上升了一倍以上，其中比较著名（同时也是被大加吹嘘）的公司包括 Broadcom、因特通公司（Inktomi）、雅虎地球村（GeoCities）和 eBay。

价格翻番已经司空见惯了，互联网公司的所有者们还有更高的"目标"。1998 年 11 月 13 日，TheGlobe.com 以每股 9 美元的价格首次公开发行，当天交易结束时股价升到了 63.50 美元，一天之内上涨了 606%。

然而 TheGlobe.com 的记录并没能保持太久，一年之后的 1999 年 12 月 9 日，软件开发商 VA Linux（现在的 VA 系统）以每股 30 美元的价格公开上市，第一天就一度冲到了每股 320 美元，当天交易结束时价格停留在 239.25 美元，发行首日股价上升了近 700%，这是有史以来的最高纪录。[5]

在 1999 年总计有 117 只首次公开发行股票在交易的第一天价格上涨了一

倍，这个数字几乎是此前 24 年总和的 3 倍。在 2000 年的头 9 个月，又有 77 家公司赶在科技泡沫破灭之前做到了这一点。

下一次你在 IPO 市场看到首日价格如此大幅上升时，一定要三思而后行，须知跳得越高，摔得也会越惨。

6.7　老的、新的和创造性的毁灭

在第 2 章中我曾指出，新增加到标准普尔 500 指数中的股票表现落后于该指数的原始股。在这一章中，我又指出了"最新的"新股票，即首次公开发行的股票表现也不及由一系列"老"股票所组成的投资组合。

这样的结果引出一个重要的问题，如果"老的"总是比"新的"表现得更出色，那么当初"新的"为什么要被创造出来呢？

答案很简单。对于企业家、风险投资家以及投资银行家来说，新公司能够创造出巨大的利润。但是对于购买这些股票的投资者来说，则又是另外一回事了。大众热切地想要捕捉到机会，结果却为这些驱动经济前进的公司付出了过高的价格。

《漫步华尔街》[⊖]（*A Random Walk Down Wall Street*）的作者伯顿·马尔基尔（Burton Malkiel）写道："首次公开发行股票的主要卖家正是这些公司自己的管理者。他们试图在本公司最为繁荣或是投资者热情最为高涨的时候将手头的股票卖掉。"[6] 交易开始以后，这些企业家和风险投资家将所持有股票的很大一部分卖给大众，而那些认为自己抓住了一个伟大机会的投资者却即将重重地跌落。

　⊖　本书是一部投资经典著作，基本面分析与技术分析结合，投资理论与投资实践交融。其中文版已由机械工业出版社出版。

6.8　创建者、风险投资家和投资银行家

6.8.1　电信行业的不幸遭遇

互联网被称为这个星球上有史以来最能创造财富的合法途径。对于内部人士——负责创造的创建者、负责融资的风险投资家以及负责销售股票的投资银行家来说，这种说法无疑是正确的。不过在广大投资者将自己的资金倾注到科技类股票之中的同时，许多新上市公司的内部人士也正在市场上将手头的股份大肆出售。对于普通投资者而言，互联网也许是将他们的钱合法地（也许不那么合法）转移到别人口袋里的最有效途径。

创建者和风险投资家获利而投资者遭殃的例子可谓不胜枚举。以环球电信公司为例，这家公司在 1998 年 8 月以每股 9.50 美元的价格公开上市，此后一个月里公司股价上升到 64 美元，在其鼎盛的 2000 年 2 月，公司的市场价值超过了 470 亿美元。不幸的是，对于继续持有股票的投资者来说，2002年 1 月该公司的破产让所有的价值都蒸发得一干二净。

耐人寻味的是许多内部人士却没有选择持有股票。公司的创建者和董事会主席加里·温尼克（Gary Winnick）以及其他管理者均全身而退。在公司股价暴跌之前，温尼克卖出了近 7.5 亿美元的股份——足以让他从身家亿万的房地产大亨大卫·默多克（David Murdock）那里买下位于贝弗利山的当时全美最昂贵的住宅。温尼克以出手阔绰而闻名，他的信条是"金钱如果不用来四处挥霍就毫无意义"。[7]

显然，温尼克没有把钱"挥霍"给那些外部持股者。环球电信董事会的另外 6 名成员，从 CFO 到副总裁，卖出了价值 5.8 亿美元的股票。不过他们的收益和风险投资家比起来就是小巫见大巫了。加拿大投资银行 CIBC 世界市场（CIBC World Markets）在公司开始沉没之前跳上了救生艇，卖出的股份使这家投行将 4100 万美元的初始投资转换成惊人的 17 亿美元。著名的房地

产和旅馆业巨头 Larry Tisch 旗下的 Loews/CNA 财务公司，也从为环球电信融资以及及时出售 4000 万股股份的过程中获利 16 亿美元。

环球电信公司仅仅是一个例子。内部人士从 JDS Uniphase 获取 12 亿美元，从网捷网络公司（Foundry Network）获取 7 亿美元。现在已经不存在的无线数据供应商 Metricom，其年收入从未超过 1850 万美元，而内部人士仍然从这家公司的股票交易中获得了 3500 万美元的现金。[8] 据《华尔街日报》的"托马斯金融调查"统计，电信业的内部人士在泡沫期间通过股票交易获取的现金数额超过 142 亿美元，风险投资家也卖出了价值 40 亿美元的股票。[9]

6.8.2 风险投资家

风险投资家帮助建立了数以千计的公司，其中包括像美国在线、太阳微系统公司以及基因技术公司这样家喻户晓的名字。

风险投资家为许多公司规划了宏伟的蓝图，比如 1995 年 At Home 刚成立时，立志要让美国的每家每户都通过高速电缆在互联网上连接起来。这家公司于 1997 年 7 月以每股 5.25 美元的价格上市，并且吸引了超过 30 万家的订户。但是董事会和风险投资家认为公司并没有以其所能达到的最快速度发展，因此需要与一个得力的供应商结盟。在公司股价上升至 99 美元后不久，At Home 在 1999 年 6 月出资 67 亿美元兼并了 Excite，这在当时是最大的一起互联网兼并。

At Home 是有史以来风险资本最出色的"全垒打"之一，[10] 但是持有其股票的大众投资者却没有这么幸运。随着公司在 2002 年 2 月的破产，他们手中曾经价值 200 亿美元的股份变成了一堆废纸。[11]

尽管风险投资公司在网络股票交易中大赚了一笔，不过指责它们引发了泡沫是错误的。风险投资家帮助许多业绩良好且获取巨大成功的公司公开上市，在接下来的购买狂热中，他们也从未宣称那些由他们帮助建立的公司的股票真的值得投资者付出那么高的价格。

6.8.3　投资银行

还有一个团体在 IPO 热潮中收获颇丰，这就是投资银行。投资银行将首次公开发行的股票推向市场，收取的佣金通常为股票总价值的 7%。

1997 ～ 2000 年，有超过 1500 家公司公开上市。首次公开发行的股票为这些公司筹集到超过 3000 亿美元的资金。按照华尔街的佣金水准，我们可以估算出投资银行通过运作这些公司上市收取了 210 亿美元。很少有投资银行为了收取这些巨额佣金而危及自身的资本，因为大部分的首次公开发行股票在向市场发行之前就已经预售一空。

不过佣金只是投资银行赚取的利益中可见的那部分。投资银行家可以把这些炙手可热的股票分配给他最青睐的客户、朋友以及亲属。股票开始交易后，市场价格要比发行价格高出很多，因此持有这些股票的人可以利用股价的蹿升赚取高额利润。

通过计算发行价格与首日交易价格之间的差价，我估计从 1997 ～ 2000 年大约有 2000 亿美元的利润以这种方式被投资银行家的朋友、亲属以及受优待（要为此支付佣金）的客户赚取。如果能够幸运地以每股 9 美元的发行价格拿到 TheGlobe.com 的首次公开发行股票，那么你在首个交易日就可以以 63.50 美元的价格将其售出。许多以这种方式拿到股份的人立即将其变为现金利润。总之，如果你能按发行价格拿到抢手的 IPO 股票，我给你的最好建议是赶快将它卖掉。

6.9　没有利润和资产支持的 IPO 股票

对新事物的追求在网络泡沫时期达到了极致，投资者甚至愿意为还不存在的东西掏钱。直到 20 世纪 90 年代中期，公开上市的公司背后都有几个季度的营业利润作支撑，但这种模式随着 1995 年网景公司的上市而被打破。不过尽管该公司当年亏损，但毕竟其收入达到了 8500 万美元并且在迅速上升。然而当网络狂热开始大行其道时，投资者对一个公司的利润甚至是收入都越发漠视，这种做法后患无穷。杰伊·里特教授的研究显示，销售额在 5000 万美元以下的公司发行的 IPO 股票有着灾难性的表现。[12]

看看下面几个例子。Sycamore Networks 研制并销售内置软件的光学产品，于 1999 年 10 月 22 日公开上市。这家公司在第一个交易日结束后拥有了 144 亿美元的市值，而在此前 12 个月里它的销售收入只有 1130 万美元，营业亏损高达 1900 万美元。Akamai 技术公司为互联网提供传输设备，在上市后一周市值达到了 133 亿美元，而其销售收入仅为 130 万美元，亏损达到了骇人的 5700 万美元。

摘取定价最高（也是最被高估）的 IPO 股票"桂冠"的是考维斯公司（Corvis）。这家公司设计用于互联网管理的产品，于 2000 年 7 月 28 日上市。在股票发行之初，该公司连 1 美元的销售收入都没有，营业亏损高达 7200 万美元，然而在首个交易日后它的市场价值达到了 287 亿美元，足以让这家公司跻身全美前 100 位。

将考维斯公司和思科公司做一个比较或许能让人们清醒一些。在思科于 1990 年 2 月首次公开发行股票的时候，它已经开始获得盈利，在年销售收入 6970 万美元的基础上赚取了 1390 万美元的利润。思科在首个交易日后的市场价值为 2.87 亿美元，正好是考维斯公司的 1%，而后者却还没有销售收入，更别提利润了。

让我们看看考维斯公司的股票价格有多么荒谬。假如思科的市场价值被定为 287 亿美元，那么它在此后 13 年的股票年收益率将会在 8% 以下，落后大市 4%。这意味着即使考维斯公司在以后 10 年间能够取得思科那样的成功

（前文已经指出，就年收益率而言，思科的首次公开发行股票是过去 30 年中最成功的），它的市场价值仍然被大大高估了。

毫不奇怪，这些股票随着泡沫的破灭而崩盘。最高曾涨到 199.50 美元每股的 Sycamore Networks 随后跌至 2.20 美元，Akamai 也从每股 345.50 美元下降到 56 美分，而曾在发行后几周内达到 114.75 美元每股，拥有 380 亿美元市场价值的考维斯公司，后来的股价仅为每股 47 美分，下跌了 99.6%。

正如本杰明·格雷厄姆所言，"这些新发行的股票也许会是极好的购买对象——几年之后，当已经没有人想要它们的时候，投资者就可以以远低于其真实价值的价格拥有它们"。[13]

6.10 大众的迷惑与疯狂

在投机狂热中，投资者易受欺骗的程度简直令人震惊。两只相隔了近三个世纪却又惊人相似的 IPO 股票吸引了我的注意。第一次闹剧发生在 18 世纪初重创英国的南海泡沫时期，而第二只股票就出现在 1999 年和 2000 年席卷市场的网络泡沫中。人们也许认为在 300 年的时间里金融活动的复杂程度已经大大提高了，下面我就让读者自己来判断哪个时期的投资者拥有更丰富或者说更贫乏的金融知识。

6.10.1 南海泡沫

18 世纪发生在英国的南海泡沫是历史上关于集体狂热的最极端的例证之一。对其疯狂程度的最好描述出自查尔斯·麦凯（Charles Mackay）1841 年的投资经典《非同寻常的大众幻想与群众性癫狂》（*Memoirs of Extraordinary Popular Delusions and the Madness of Crowds*）。[14]

麦凯描写了那些平时行事谨慎的人如何将大把的金钱投向市场。他们一方面听信了为这些股票背后的企业创造利润的能力摇旗呐喊的热情洋溢的报道，另一方面被那些像他们一样的投资者在类似投资中所赚取的高额收益所吸引。

南海公司（South Sea Company）1711年由牛津伯爵创建，英国国会给予了这家公司在南美洲进行贸易的垄断权。南美大陆的西海岸富含金银矿，人们亲眼见到了南海公司的货轮满载着金银返回英国的情景，这次新探险让投资者大赚了一笔。

英国被认为拥有全世界最先进的采矿技术，因此南海公司能够以低价从那些无法挖掘宝藏的当地人手中买到贵重金属的矿脉也就显得合情合理，这种美妙的想法使得市场上南海公司股票的需求量骤增。

随着人们被南海公司的股票所吸引，为了充分利用公众对股票的狂热，一些新的联合股份公司成立了，这些新的企业和项目对那些购买不到南海公司股票的投资者有很强的吸引力。当时的情况与1995年极其类似，在那一年网景公司上市并迅速激起人们对网络和科技类公司的兴趣。

根据麦凯的记述，各种各样的项目被提上日程，其中的大部分很快就完成了融资并在公开市场上出售以赚取利润。同样，这种行为与网络泡沫中人们以发行价格拿到IPO股票后立即出售牟利的做法十分相似。

有趣的是，"泡沫"现在被广泛地用来描述密集的投机活动，而这个词正是起源于"南海闹剧"。尽管"泡沫"本身就蕴涵着"短暂"、"不真实"的意味，但是投机者却对此置若罔闻。

在南海泡沫期间出现的计划和项目中，有一些是合乎情理的，不过大多数只是为了利用公众购买新公司股票的热情，其中有一家公司组建的目的竟然是要制造出所谓的"永动机"。在麦凯看来，事情的荒谬远不止于此。在他的书中记录了这样一件事——"一家公司承担了一项伟大的任务，不过没有人知道这项任务到底是什么"。这家公司的业务（如果真的有什么业务存在的话）将会处于保密状态，甚至连公司的投资者也无从得知。正像麦凯所说，"如果不是有大量证人亲眼见到了这一事实，真的很难让人相信竟然会有人被这样一个项目蒙骗"。[15] 然而第二天早晨当这家公司的创建者推开办公室的大门，外面竟然已经挤满了人，他那天售出了不下 1000 份股票，筹集到2000 英镑的资金。[16] 这个骗子当天晚上就启程前往欧洲大陆，从此之后再无音讯。[17]

6.10.2 NetJ.com，彻头彻尾的泡沫公司

这样的事情在今天会发生吗？没有亲身上过当的人会做出否定的回答。新股的发行必须经过登记，出具招股说明书并由证券交易委员会存档，披露所有的财务状况以及对企业风险的现实评估。自然，类似麦凯笔下的"神秘"泡沫公司在今天是无法筹集到资金的。

从乔治亚王朝统治下的大不列颠到临近新千年的美国，280 年弹指一挥间，互联网作为一种新的交流方式进入了人们的视野。投资者认为这场交流方式的革命可以让他们从上亿的美国人乃至全球各地数十亿的潜在消费者那里获取利益。

所有的网络公司股票都一路飙升，不过有一只股票特别与众不同。一家名为 NetJ.com 的公司交易十分活跃，在 2000 年 3 月初，它的近 1200 万份股票在市场上以每股 2 美元的价格流通，该公司的市场价值因此达到 2400 万美元。[18]

那么 NetJ.com 从事的是何种业务呢？我从 1999 年 12 月 30 日证券交易委员会的档案中节录了下面的文字："这家公司目前没有进行任何实质性地经营活动，自成立以来也没有从经营活动中获取过收入。"请注意，与此前的泡沫时期中出现在许多公司招股说明书上的警告相比，这样的措辞在语气上强了许多。查尔斯·麦凯曾经提到，在 20 世纪 60 年代初的电子业繁荣时期，

投资者总是会忽略许多招股说明书封面上的字句："警告：这家公司尚无资产和利润，在可以预见的将来无力支付股利，投资风险很高。"[19]

NetJ.com 的档案记录比起这些字句有过之而无不及。这家公司从未取得过收入，成立之初的商务计划也早已被束之高阁，资产负债表上的亏损额累计达到 132 671 美元，该公司也没有任何在将来获取收入的迹象，更不用提利润和股利了。

那么是什么让 NetJ.com 能够拥有近 2500 万美元的市场价值？投资者相信，这家公司的价值就体现在它已经存在并且上市交易这个事实中。私人企业想要公开上市向公众发售股票需要一个过程，而在 1999 年末，时间就意味着金钱。

为了避免在上市之前经历太长时间的等待，一家公司可以进行"反向收购"的操作，和 NetJ.com 合并。换句话说，NetJ.com 就是一个壳，新公司可以在这个壳里生存。随着网络狂热的蔓延，".com"公司争相向公众出售股票，进行合并显然要比经历漫长的过程发行 IPO 股票来得快捷许多。

但是"反向收购"的潜在可能性能够价值 2500 万美元吗？浏览一下这家公司的档案就可以得出否定的答案。该公司自己的文件上写道："其他一些更优秀的上市公司也在寻求收购或商业联合，这些公司可以提供更好的条件，是更有吸引力的收购候选公司。"此外，"这家公司并没有充分的理由能够从其他'反向收购'上市公司中脱颖而出。该公司并没有充足的资金，也不能提供资本形成动机，它的股份持有人数量不足以使收购目标达到纳斯达克的标准。"证券交易委员会文档中的另一句话足以让所有的潜在投资者不安："和其他'上市壳公司'相比，这家公司在管理上并不出众，缺少使自己具备更强吸引力和竞争力的亮点。"NetJ.com 价值的唯一来源"完全依赖于"其管理层是否能够使公司成为"合适的收购或兼并候选"，然而就在下一段中，这家公司表示，"管理层不会花费太多时间在公司经营上面"，此外，管理层"并不急于找到一个商业伙伴"。如果上面的这一切还不足以挫败投资者的信心，那么还有更糟的消息：NetJ.com 正因为涉嫌捏造兼并伙伴而接受证券交易委员会的调查。

很难相信有哪位投资者会为这样一家公司掏钱。不过等等！几个月之后的 2000 年 3 月 9 日，就在纳斯达克股票市场达到顶峰的前一天，NetJ.com 宣称自己找到了兼并伙伴，一家名为 Global Tote Limited 的英国公司，这家公司通过卫星和互联网转播赛马。消息发布后，NetJ.com 的股票价格大幅上升，于 3 月 24 日达到每股 7.44 美元，公司市场价值超过了 8000 万美元。

不过像以往一样，这次兼并很快就宣告失败。不过这个消息只是暂时地挫伤了投资者，公司股价仍然在 2 美元～3 美元之间，市场价值仍然有上千万美元，人们还在热切地企盼着下一次"兼并"的到来。

几个月之后，NetJ.com 又宣布与 BJK 投资银行合并，不过和一个月后与 Genosys 公司的合并计划一样，这一次行动又以失败告终。最后 NetJ.com 的股价跌到每股 1 美分，公司重组为 Zoolink，成了一家互联网服务商，到 2004 年 4 月，新公司的市场价值只有 9.8 万美元，比巅峰时期下降了 99.8%。

6.10.3 反思

NetJ.com 几乎是毫无保留地揭示了自身的缺点，但是公众似乎对此不以为意。只要投资者认为自己能将该公司的股票以更高的价格卖出，他们就会急不可耐地买进。如果一项投资抓住了人们的心思，或者让他们相信将来会有人出更高的价格来购买这些股票，那么所有的信息透明和公开都无济于事。

18 世纪的人们花 2000 英镑购买一家公司，只因为这家公司号称拥有一个能够带来丰厚利润的"秘密"项目；21 世纪的投机者耗费了数千万美元投资一个没有经营项目和收入的公司，而且该公司还因为捏造不存在的兼并伙伴受到政府调查。到底谁更愚蠢？你自己判断吧。

6.11 小结

"忘记过去的人必然会重蹈覆辙。"乔治·桑塔亚纳（George Santayana）的这句话被那些相信依靠反省历史可以避免灾难的人们反复引用。然而在金融市场上，不管犯下多少次错误，公众似乎永远吸取不了教训。

如果投资者想要找到网络泡沫的罪魁祸首，他们应该去照着镜子说："是我的错。"正是投资者自己的行为导致了泡沫的形成，他们被公司消息披露和社会集会上那些关于股票投资轻松获利的言论驱使，投机热达到疯狂的程度，以至于 CNBC 取代了卫视体育（ESPN）成为各地酒吧中的首选电视频道。泡沫归罪于"更傻的傻子理论"，这种理论认为，不论今天的价格有多荒谬，将来总会有某个人愿意出更高的价钱。不过如果预想中的"某个人"没有出现，那么最后的买家就成了冤大头。

尽管对于投资者来说是不折不扣的灾难，但这些狂热的时期也不乏闪光之处。它们预示了，也许还鼓励了近 300 年来的许多进步和发展——从运河、铁路到汽车、无线电、飞机、电脑，当然还有互联网。维多利亚时代英国铁路业的繁荣对于投资者来说是一场浩劫，然而此后英国发达的铁路系统使这个国家在经济上和政治上都取得了巨大成功。

上述的每一项创新都极大地改变了我们的生活。正是狂热的投资者投入的巨大资本使它们的发展成为可能。

不过历史告诉我们，最好还是让别人为这些创新掏腰包。独创性并不能保证利润。在追逐时尚的时候你尽可以跟随市场潮流，而在金融市场上，这种冲动的做法只会通向毁灭。

第 7 章

资本贪婪者

作为生产力创造者和价值毁灭者的科技

科技能够帮助你也能够毁灭你，学会区分这两者是微观经济学中的重要一课。遗憾的是，大多数人的脑袋里都没有这个概念。

——查理·芒格

传统投资理念认为，新产品和新兴科技能够通向财富。于是，在这样一个科技发展日新月异的时代里，我们四处去找寻那些能够带来新发明的新公司。这些公司既能吸引公众的眼球，又能攥紧消费者的口袋，他们是经济增长的引擎。投资者认定，通过购买这些公司的股票，自己的财富就能伴随着这些伟大公司的发展而增长。

然而这样的观点是错误的。经济增长和利润增长是两码事。事实上，生产力的发展可能是利润和股票价值的毒药。

如今最受欢迎的三种科技产品为此提供了例证，TiVo 录像带、iPod 音乐播放器和 Xbox 游戏机，它们的出现都得益于数据储存技术的巨大进步。在1976 年，储存 10 亿个字节的数据需花费 560 000 美元，而今天只需不到 1 美元就能完成相同的工作。[1]

尽管这个领域的技术进步程度远远超出了人们的期望，然而数据储存公司的盈利之路却充满了艰辛。在新千年即将到来的时候，其他所有科技类公司的利润都达到了前所未有的高度，而该领域的公司还处于亏损状态。产业中的领头羊Seagate Technology、Maxtor Corporation 和 Western Digital 都让投资者感到十分失望。

这些公司的境遇为本书中一个重要的观点提供了例证：科学技术的发展并不能确保高额的收益或是丰厚的利润。储存技术仅仅是一个例子，对于投资者来说，电信行业的技术进步才是最具毁灭性的。

7.1 "你们必须停止发明"

随着网络狂热于 20 世纪 90 年代达到顶峰，几乎所有的人都持有相同的观点：互联网代表着未来的潮流，谁能为这场沟通革命提供"输油管道"，谁就必然能取得丰厚的利润。

这个"输油管道"就是宽带——它将用户和网络连接起来。对宽带的需求似乎永远不会得到满足。商务部在 1998 年的报告中写道："互联网耗用的流量每 100 天就会翻番。"[2] 如果真是这样，那么每年的需求就会增加 12 倍，这意味着在未来 10 年将会增加价值近 1000 亿美元的需求。

许多人认为永远不会有足够的供给。1998 年 4 月，所罗门美邦（Salomon Smith Barney）的分析员杰克·格鲁伯曼（Jack Grubman）在一篇研究报告中说："就像房屋中用来装东西的阁楼一样，不管有多少宽带供给，都会迅速被使用。"[3]

技术权威乔治·吉尔德（George Gilder）也同意这种说法。在 2001 年他写道："今天，经济是全球的经济，互联网是全球的互联网，网络是全球的网络。"吉尔德预测，两家电信公司——环球电信和 360networks，"将会在世界范围内争夺领先地位，不过在一个万亿美元的市场上，不会有输家"。[4]

在最初的那段时期，供给确实很难跟上需求。在 1995 年之前，光纤中只能通过一束承载着数据的光波，相当于每秒传输 25 000 封单页电子邮件。[5] 不过随后一种名为密集波分多路复用的新技术诞生，可以将光波分解成不同的颜色，这就拓宽了可用波长的范围，同时把光纤容量扩大到 320。到 2002 年，同样的一束光纤已经可以传输 2500 万封电子邮件，短短 7 年里宽带容量扩大了 1000 倍。这样的增长速度超过了著名的戈登·摩尔（Gordon Moore）法则，该法则认为能够安装在一个闭合电路上的晶体管数量每两年增加 1 倍。

伴随着技术进步的是一段疯狂的制造热潮。据《华尔街日报》估计，在科技泡沫时期人们生产了 4000 万英里⊖的光纤，足够环绕月球 80 圈以上。[6]

⊖ 1 英里 =1609.344 米。

对于电信业来说，不幸的是需求并没有与供给同步增长。从 1999 ~ 2001 年，需求仅仅增加为原来的 4 倍，远低于预期。[7] 事实证明网络时代最被广泛引用的数据是错误的，互联网所用流量最少一年才能增加 1 倍，而不是每 100 天或者更短。[8]

随着市场上供过于求越发明显，电信公司别无选择，只好降低价格。在 2000 年，租用一条连接洛杉矶和纽约，每秒传输 150 兆字节数据的光缆所需的费用超过 160 万美元，仅仅两年之后，费用已降到 15 万美元，到 2004 年，花费 10 万美元就可以做到相同的事情。从 1996 年开始，电信业筹集了超过 7500 亿美元的资金用以铺设电缆和完成连接，在价格大幅下降的情况下，他们难以补偿如此巨大的建设成本。

2000 年 3 月，对电信业的乐观预期达到顶峰，全美电信部门的总市场价值在 1.8 万亿美元左右，占所有股票总市值的 15%，到 2002 年，这个部门的市值下降了 80%，只有 4000 亿美元。《经济学家》杂志称："电信业的兴衰可以称作有史以来最大的泡沫现象。"[9]

英国南安普顿大学的戴维·佩恩（David Payne）博士被许多人认为是容量扩张技术的先驱，他说他永远不会忘记几年前的会议上一位企业家对他的警告，"他说，'你们这些家伙必须停止发明新技术了。'他绝对是认真的"。[10]

"你们必须停止发明！"道出了科技为何能摧毁价值这一问题的要害。电信领域的发明创造大大提高了我们传送数据的能力，同时也破坏了利润、权益价值以及许多投资者的投资组合。这是增长率陷阱的又一个例证，科学技术刺激了生产力发展，但却对利润造成了损害。

事情的后果很严重：从 1999 ~ 2003 年，被乔治·吉尔德吹捧的 360networks、环球电信、世界通信以及其余 113 家电信公司陆续破产。[11] 360networks 花费 8.5 亿美元建造的全球速度最快的光纤以微不足道的价格被出售。[12] 所罗门美邦的电信业分析员杰克·格鲁伯曼（同时也是这些公司投资银行业务运作的关键人物）被处以 1500 万美元的罚金，并被永远禁止供职于任何一家投资咨询公司。

那些引起过度投资的关于互联网流量增长的言论呢？真是一个绝妙的故事，一个没有事实依据，并且与其他所有数据冲突的孤立数据（互联网流量每 100 天增加 1 倍）竟然成了产业"圣经"。[13] 在泡沫中，吹嘘变成了真理，而真正的事实却因为不符合"新的范式"而被弃之一旁，变得"无关紧要"。

7.2 合成谬误

坚信生产力的提高能够带来更高利润的投资者和分析家忽略了一个重要的经济学原理——合成谬误（fallacy of composition）。简单地说，这个原理认为对个体而言正确的东西并不一定对总体也正确。

作为个体的个人或者公司可以通过努力使自己超越平均水平，不过从定义上讲，所有的公司和个人是不可能同时做到这一点的。与之类似，如果一家公司采用了能提高生产力的策略，而这种策略是其竞争对手无法实施的，那么这家公司的利润就能增长，但是如果所有的公司都可以获得某种新技术并加以应用，那么结果是成本和价格的下降，生产力发展的好处去了消费者那里。

世界上最伟大的投资家沃伦·巴菲特对合成谬误有很好的理解。当他于 1964 年买下纺织企业伯克希尔－哈撒韦公司时，这家公司正处于亏损状态，不过，伯克希尔的收入很多，巴菲特对于它的经理们可以止住亏损势头抱有很大的期望。和其他纺织企业一样，困扰伯克希尔的主要问题是高额的劳动力成本及来自国外的竞争。

为了解决这些问题，伯克希尔－哈撒韦的管理层向巴菲特提交了一系列旨在提高劳动生产率和降低公司成本的计划。据巴菲特记载：

> 每项建议看起来都能立即起到作用，实际上，按照标准的投资回报率测算，这些建议能够带来巨大的经济利益，比将相似的投资投入到高利润的糖果和报纸行业中去的回报还要大。

然而因为对于合成谬误的理解，巴菲特从未采纳过一条投资建议。巴菲特知道，多数的纺织企业都有能力实行这些改进措施，利益最终将会以低廉价格的形式流向消费者那里，而不是给伯克希尔－哈撒韦带来更高的利润。正如巴菲特在 1985 年的年报中所说的那样：

> 这些投资所承诺的利润是虚幻的。我们的竞争者，包括国内的和国外的，都会陆续进行相同的投入，一旦有足够数量的公司这样做，那么成本的降低将导致整个产业价格底线的降低。从个体上看每个公司的投资决策似乎是划算并且理性的，然而总体看来，各个公司的决策相互抵消（这类似于每个观看游行的人为了看得更清楚一点都踮起脚尖的情况）。每一轮的投资过后，游戏中所有的参与者都有了更多的钱，但是利润增长却仍然乏力。[14]

巴菲特曾想将这家纺织企业卖给别人，然而不幸的是，多数投资者都和他得出相同的结论。他别无选择，只好让伯克希尔－哈撒韦关门并变卖了所有的纺织业务，不过企业的名称被保留了下来，并在后来成了世界上最著名也是最成功的封闭型投资公司。

巴菲特举了一个反例来说明自己决定的正确。伯灵顿工业公司（Burlington Industries）也是一家纺织企业，选择了与伯克希尔－哈撒韦截然不同的道路。在巴菲特买下伯克希尔－哈撒韦后的 20 年，伯灵顿工业公司花费了大约 30 亿美元的资本支出用于厂房设备的现代化以及劳动生产能力的提高。然而，该公司股票的表现却落后于市场。正如巴菲特所说："看看这些股票持有者糟糕的结局，你会明白当许多智慧和精力被一个错误的前提指挥时将会发生些什么。"[15]

这个"错误的前提"并不仅仅存在于纺织行业中。强有力的证据显示，那些资本支出水平最高的公司有着整个市场上最差的股票业绩，我在这里构建了 5 个投资组合，按照资本支出／销售收入的比率高低排序，这些投资组合在每年 12 月 31 日根据最近 12 个月的销售收入和资本支出数据重新归类。图 7-1 显示了拥有最高和最低（资本支出／销售收入）比率的公司的累计收益与标准普尔 500 指数相对比的情况。[16]

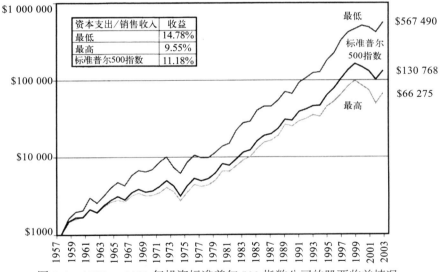

图 7-1　1957 ～ 2003 年投资标准普尔 500 指数公司的股票收益情况，
按资本支出／销售收入比率分组

资料来源：COMPUSTAT®

对比的结果给了那些认为资本支出是利润之源的人当头一棒。资本支出最高的公司为投资者提供了最低的投资收益，而那些资本支出最低的公司提供的收益率高得惊人——在几乎半个世纪的时间里每年比标准普尔 500 指数的水平高出 3.5%。

华尔街的许多人都相信，资本支出是生产力革命的命脉，然而事实是大部分的资本支出带给投资者的却是较差的回报。要想说服管理层增加支出很容易，因为"别人都在这么做"。不过随着消费者需求以及技术条件的变动，今天看来不错的项目到明天也许就成了明日黄花，而那时留给公司的只是债务和资金短缺，人们最后发现，他们为了满足将来需要的灵活性不但没有提高，反而还下降了。

7.3 资本的节制与挥霍

在 10 个市场部门中，电信与公用事业部门拥有最高的资本支出／销售收入比率，而除了材料部门以外，它们的收益率是最低的。1957 ～ 2003 年，电信部门的资本支出／销售收入比率数值接近 0.28，公用事业部门为 0.25，而标准 500 指数中所有公司的资本支出／销售收入比率数值低于 0.1。与这个部门相反，业绩最好的卫生保健部门，资本支出／销售收入比率平均只有 0.07，业绩次佳的常用消费品部门拥有最低的比率 0.044。

我在本章的开头描述了电信业的繁荣与衰落。针对光纤电缆的疯狂资本支出在很大程度上难辞其咎，公用事业部门曾在 20 世纪 70 和 80 年代有过类似的命运，对核能设施的高额资本支出使一些公司陷入或接近破产的境地。

类似的现象也出现在单个公司身上。一家公司在资本支出水平很高时提供给投资者的回报通常要比其限制资本支出时低很多。

当资本支出处于最高水平段时，美国电话电报公司的平均收益率为 9.11%，而在其他情况下则超过了 16%。宝洁公司在过去 46 年中有 28 年的资本支出与平均水平相当，在这些年份中，它提供给投资者的收益率也比较正常，为 17%，然而在资本支出处于最高水平段的 6 年里，该公司的平均收益率只有可怜的 2%，与之相反，在资本支出水平较低的 12 年里，公司的年收益率达到了 19.8%。

即使是那些生产名牌产品的公司也逃脱不了高额资本支出带来的负面效应。吉列——世界著名的剃须刀生产商，在 25 年的时间里拥有适中的资本支出／销售收入比率，这段时期该公司的平均收益率为 16.6%。但在吉列的资本支出比率超过平均水平的 7 年里，公司的收益率为负，而当其把资本支出降到平均水平以下后，年收益率达到了惊人的 26.4%。在好时食品的身上也发生过类似的情况。

零售业巨头凯马特、CVS、Woolworth、Kroger 和联合仓储公司（Allied Stores）都印证了上面的法则，这些公司在资本支出水平较低时提供给投资者的收益率与其他时候相比有很大差异。在凯马特处于最低资本支出水平段的 25 年中，该公司的平均年收益率超过了 25%，与之形成鲜明对比的是，在其余的 19 年里该公司股票的平均年收益率竟然为 -3.8%。

资本支出对投资收益的负面影响还延伸到很多部门的分支产业中。从 1984 年开始，能源部门的资本支出较为合理，整个部门的总体收益也比较高。然而深入挖掘后你会发现，石油和天然气开发产业的收益率很低，原因是该产业高达 0.225 的资本支出／销售收入比率，而那些合并后的大型石油公司的表现则很不错，它们的该比率数值为适中的 0.10。

7.4 科技进步

历史数据显示，不管技术进步带来的好处有多大，最终获得这种好处的总是消费者而不是公司的所有者。劳动生产率的提高降低了价格并且提升了工人的实际工资，这意味着我们可以付出更少而得到更多。

当然，因为"先行"优势的存在，技术进步会暂时对利润产生正面效应。当一家公司抢在别人前面吸收运用一种新技术时，利润会增加。然而随着其他公司对该项技术的利用，竞争使得价格下降，利润又回到了正常水平。

　　互联网的引入正是这种情况的最好例证。最初，许多分析家都认为互联网能够提升公司的利润空间，因为公司可以利用网络的优势降低采购、存货和数据检索的成本，然而互联网不仅没能大幅增加利润，在很多情况下甚至还使利润减少了，为什么？因为网络使得所有市场的竞争都变得更加激烈。

7.5　竞争更加激烈的经济

　　为了理解互联网对公司利润的影响，我们首先要弄清寻找成本如何作用于利润。所谓寻找成本，是指消费者（或是商家）为了能以较低的价格购买到他们所需要的商品或服务而耗费的时间和金钱。

　　在过去，店主们知道，只要能将顾客吸引到自己的店里来就大功告成。街角的药店可以提高需求量较大的药品的价格，因为老板知道消费者不会花费较长的时间去别的店里寻找便宜的替代品。"方便"和"地理位置"在当时是影响商品交易的关键因素。

　　然而互联网改变了游戏规则，它的出现大大降低了寻找其他选择的成本。公司以前拥有的"地理位置"和"方便"优势消失了，消费者在短时间内就可以得到许多供应商的一系列报价，价格的透明使得价格竞争备受关注。

　　几年前我的儿子还在上高中，他需要一个计算器，于是我们用互联网上众多价格搜索引擎中的一个进行查询。Staples 是离我家最近的商店，而它的报价并不是最便宜的。我们将在网上查到的价格打印下来并带到这家店里，我告诉商店员工他们的一家竞争者对同一件商品的报价比他们要低，这个员工立即表示可以按该竞争者的价格将计算器卖给我们。考虑到零售的利润本就很低，我们付出的价格很可能刚达到甚至低于 Staples 的成本。

7.6 航空行业

航空行业提供了又一个例证，告诉我们技术进步如何对公司利润产生负面影响。互联网使得诸如旅程公司（Orbitz）和 Expedia 这样的在线旅游公司可以通过网络来销售便宜的机票，而在以前它们要先将这些票卖给票务经纪，再由票务经纪二次售出。不过航空公司认为它们也可以使用互联网，这些公司将互联网看成是挤压票务经纪和旅游代理商生存空间的手段，这样它们就不必再向这两者支付佣金。

Orbitz 的总裁杰弗里·卡茨（Jeffrey Katz）在 2000 年 7 月表示，销售机票的费用是航空公司的一项主要成本，而"大多数利用互联网的航空公司有望将经销成本减少 50%"。[17]

到 2002 年秋天，航空公司顺利地以在线订购取代了代理商，此时在线销售额已经超过了总销售额的 20%。1998 ～ 2002 年，互联网使得航空业从成本结构中释放出大约 20 亿美元的资金。

然而航空公司并没有心情来庆祝成本的降低，它们又遇到了难以解决的问题，互联网使得旅行者拥有了可以寻找最低价格的工具。

游戏变得面目全非了。在过去，航空公司的机票代理商们使用的计算机软件并不将票价作为主要指标，时间上的方便和行程的快捷是最重要的因素，然而随着旅行者越来越在乎价格，他们开始寻找便宜的替代品，而这往往只需要稍微调整一下时间表就可以做到。结果，机票的平均价格持续下降，航空公司的利润被侵蚀。

摩根大通公司的航空业分析员杰米·贝克（Jamie Baker）总结了这种情况：

> 互联网及其内在的价格透明属性使得航空公司失去的收益超过了网络为这些公司节省的经销费用。经济的增长和政府对集体旅行

限制的逐渐放宽本可以使得该部门价格上升，但是互联网的存在大大减弱了这种趋势。有些投资者期望航空业能达到 1999 年和 2000年的收益水平，我们认为他们低估了网络的作用。[18]

真是令人震惊，互联网可以如此轻易地侵蚀利润。网络的引入没有带来更多盈利，倒是提高了消费者寻找最优价格的能力。当然，各家公司能够也肯定会在诸如服务质量、方便程度、返程优惠等方面展开竞争，然而没有人能够否认，价格的透明使得零售经销的竞争变得更加激烈。

7.7 管理者眼中的科技

在许多人看来，科技是通向成功的钥匙。更有效率地生产似乎是获取高额利润的秘诀，然而事实并不是这样。

很多公司都未能做到严格地管理支出。吉姆·柯林斯（Jim Collins）在他的畅销书《从优秀到卓越》中问道："你有一个写着'应该做什么'的单子吗？你有一个写着'不应该做什么'的单子吗？……那些带领公司迈向卓越的人对这两个单子同样重视。他们严格的管理保证了公司不会因为那些无谓的耗费而受损。"

柯林斯采访了那些使公司扭转颓势成为成功投资的总裁。"在 84 个采访对象中，80% 的人甚至没有将科技列为公司转变中最重要的五个因素之一。"[19] 当这些执行者提到科技时，大多数人将其列在第四位，只有 2% 的人将它排在第一。

对于那些最好的公司来说，科技扮演着次要的角色，能够帮助提升公司的核心竞争力。资本是生产力的源泉，不过对它们的使用要适当，过高的资本支出意味着利润的消失和价值的毁灭。

第 8 章

生产效率与利润

在失败的行业中取胜

在选择投资领域时，我总是更青睐那些萧条的而不是繁荣的产业。在一个即使有增长也极为缓慢的萧条产业中，弱者出局而幸存者得到更大的市场份额。如果一家公司在一个停滞不前的市场上获得的份额持续增加，而另一家公司则在一个激动人心的市场上为避免份额的减少而竭力挣扎，那么前者的境况无疑要比后者好得多。

——彼得·林奇，《战胜华尔街》
(*Beating the Street*)，1993 年

按照传统的投资理念，投资者首先要找到一个发展前景看好的产业，然后再选择一家能在产业扩张中走向繁荣兴盛的公司。采用这种投资方法会使人们错过那些在停滞或是萎缩的产业部门中取得巨大成功的公司。事实上，过去 30 年中一些最成功的股票投资正是出自这些业绩糟糕透顶的产业。

这些失败产业中的成功公司逆转了颓势，它们击败竞争对手的秘诀很简单：最大限度地提高生产效率，同时将成本尽可能地降低。

这些公司遵循严格且集中的原则来管理资本支出和制定投资策略，它们谨慎地选择资本支出的用途，使之与公司的核心能力相匹配。和毫无效率地浪费资金的"资本挥霍者"不同，这些公司只选择那些能够完善和提升公司核心竞争力的投资。

过去的成功也许并不能保证本章中提及的公司在将来也会有出色的表现，事实上，这些公司在追求更高利润的道路上已经遇到了不小的阻力。然而不可否认的是，它们为投资者带来的高额收益出自于杰出的管理，而并非先进的技术。

8.1　航空行业：西南航空公司

投资者在航空业损失的金钱恐怕比在其他任何领域都多。当沃伦·巴菲特在 1989 年被问起为何向全美航空[○]投资 3.58 亿美元时，他气冲冲地回答："我想最恰当的解释也许是暂时性的神经错乱……所以现在我随时拿着这个 800 号码，如果我一时冲动想购买航空业的股票，我就打这个电话，我会说我是沃

　　○　时称 USAir，后改名为 US Airways。中文译名为全美航空，主要用来同美国航空（American Airlines）区分。

伦，是一个航空业的上瘾患者，然后电话那头的家伙就会阻止我这么做。"[1]

巴菲特是对的。对于投资者来说，航空业意味着灾难。维珍航空公司（Virgin Atlantic Airways）的创建者理查德·布兰森（Richard Branson）说过一句俏皮话：成为一名百万富翁的最好方法是先成为亿万富翁，然后再去购买一家航空公司。[2]

巴菲特当然懂得如何区分投资的好坏。从 1972 ～ 2002 年的 30 年中，他的投资机器伯克希尔 – 哈撒韦公司取得了惊人的 25.5% 的年收益率，这让它的数以千计的投资者成了百万富翁。这 30 年间只有一家公司提供的收益率在巴菲特之上——西南航空公司。

航空旅行业的发展毫无疑问提高了经济运行的效率——从人口密集的大都市到度假胜地只需短短几个小时，这为商务往来和旅游观光都节约了时间。然而这个行业却面临着不少难题，成本削减、运载能力过剩、难以结盟、固定成本过高等一系列困难侵蚀着航空公司的利润，迫使不少公司走向破产。西南航空如何能做到逆流而上？过去 30 年的最佳股票投资为什么会出现在一个充斥着失败和破产的产业部门中？

西南航空的成功源自管理，它的管理部门将注意力集中于降低成本和保持强大的竞争力。该公司 1995 年的年度报告中揭示了"6 个成功秘诀"，排在第一位的是"坚持做你所擅长的事情"。

很难再找到比这更恰如其分的表述了。不要尝试把自己变成别人，也不要尝试那些力所不能及的事情。经济学家将这种行为称作"利用你的比较优势"或者"坚持你的核心竞争力"。将力量集中于为大众提供低价、可靠的航运服务，西南航空在一个充斥着失意者的产业里成了赢家。

西南航空的战略是在每时每地都做一个"廉价的航空公司"。要达到这个目标，它知道自己首先必须成为一家低成本的公司，而将成本降到最低的唯一途径是充分利用公司的现有资源。这家公司在经营策略的每个方面都遵循着这条基本原则。

西南航空在 1995 年的年度报告中展示了这一点："我们以几个简单的'没有'为骄傲：没有指定座位、没有昂贵的餐点、没有争吵、没有问题。"这些"没有"降低了成本，使得雇员可以全心致力于为顾客提供优质服务。

西南航空只提供一种等级的服务（没有头等舱和经济舱之分），在方便的机场之间开启了大量航班。公司并不像其他主要航空公司那样试图尽可能大的拓展市场或是使用先进的管理系统进行运营，而是致力于寻找那些相互之间航运往来需求旺盛的城市组合。

遵循"保持简单"原则的另一个举措也提升了西南航空的经营效率——它只使用波音 737 飞机。这种做法大大节约了成本，因为公司不必储存五花八门的配件，也不用训练飞行员和后勤人员适应不同的机型。

西南航空的经营方式在"9·11"恐怖袭击之后为其带来了额外的好处。恐怖袭击和随后的经济倒退以及伊拉克战争的爆发使得航空业面临乘客数量锐减 20% 的窘境。那些背负着数十亿美元债务，雇用了过多劳动力并且结构缺乏灵活性的航空巨头遭受了灭顶之灾。全美航空（US Airways）以及随后的联合航空（United Airlines）相继破产，而美国航空（American Airlines）和三角洲航空公司（Delta Airlines）也已经濒临绝境。

尽管利润水平下降了很多，西南航空却仍然保持盈利。2003 年 4 月，在搭载乘客数量仅占整个美国航空业乘客总数 8% 的情况下，西南航空的股票市场价值超过了美国其他航空公司市值的总和。[3]

高生产效率自然是西南航空取得成功的关键因素之一，但更重要的是它对自身比较优势的充分利用：做一个简单的、低成本的航空公司。正如我在第 1 章中提到的，这就是那些世界上最成功公司的经营策略。值得注意的是，世界顶尖投资家沃伦·巴菲特也将他的成就归功于他知道自己什么时候"在（他的）能力范围之内经营，什么时候（他）已经接近了这个范围的边界"。[4]

8.2 零售行业：沃尔玛

西南航空当然不是唯一一家拥有高生产效率和成功管理的公司。1962 年，山姆·沃尔顿在阿肯色州一座只有 3000 人口的小城本顿维尔开办了一家杂货店。到 20 世纪末，如果以销售收入为标准进行衡量，沃尔玛已经成了世界上最大的公司。2003 年它的销售收入达到 2590 亿美元，世界上只有 23 个国家的国内生产总值能够超越这个数字。

沃尔玛的成功并不是一夜之间得来的。山姆·沃尔顿从未对他早期的商店感到满意，他不断地调整和改进沃尔玛的经营与策略，并且一直不停地从竞争对手那里寻找新主意。一家连锁零售商让沃尔顿着迷，他后来也承认在 20 世纪 70 年代这家商店的零售模式比沃尔玛更好。沃尔顿说："我花费了大量时间在它的各家商店游荡，和店里的人谈话，试图弄明白他们是如何运作的。"据沃尔顿的妻子海伦回忆，"每次经过他们的商店山姆都会停下来。如果我们路过一座城市而他想看看城里的几家商店，那么我只能待在车里听孩子们抱怨：'哦，别这样爸爸，怎么又是一家！'"[5]

是哪家百货商店让世界上最伟大的零售公司的创建人如此迷恋？答案是凯马特公司。事实上，沃尔顿对凯马特如此着迷，以至于他索性将自己的连锁店命名为沃尔玛。

也许是商业史上最大的讽刺，沃尔玛公开上市后 30 年，作为其灵感来源的凯马特宣告破产。沃尔玛股票的投资回报在这 30 年中仅落后于西南航空公司和沃伦·巴菲特的伯克希尔 – 哈撒韦公司，而投资凯马特则只会落得两手空空。

和西南航空一样，沃尔玛证明了公司并不一定非要在扩张产业中经营或是处于科技前沿才能获取成功，不过这并不意味着科学技术对沃尔玛的成功毫无帮助。事实上，沃尔玛是利用科技和信息设备进行管理、联网和销售监控的先锋。1969 年，沃尔玛成为最早使用电脑的零售商之一，1980 年它开始在柜台使用条形识别码以方便结账，在 20 世纪 80 年代末期，该公司已经在使用无线扫描仪来跟踪存货。许多参观过沃尔玛的高科技经销中心的人都感叹从未见到过如此先进的系统。

然而，沃尔玛比竞争者高出 50% 的生产效率主要还是归功于公司的战略性扩张策略以及杰出的管理。麦肯锡咨询公司一篇题为《沃尔玛效应》的报告得出结论：

> 沃尔玛的经验是对新经济浮夸的有力反驳。该公司在生产效率方面的优势至少有一半源自管理创新，而与信息技术没有任何关系。[6]

8.3 沃尔玛的成功策略

沃尔玛具有竞争优势并不是因为折扣的威力。折扣策略最早在 20 世纪 60 年代早期被克雷斯吉公司（Kresge）的总裁哈利·坎宁安（Harry Cunningham）采用（克雷斯吉就是凯马特的前身）。为了顺应产业发展的潮流，坎宁安每年停止 10% 的现有业务，并迅速扩大折价经营的范围。他于 1962 年在密歇根州的加登城开办了第一家凯马特折价商店。

在这段时期凯马特得以迅速扩张。到 1977 年凯马特公司已经拥有近 1800 家商店，而沃尔玛则只有区区 195 家。凯马特的成功打破了西尔斯罗巴克公司对零售市场的垄断，其股票价格也一路上升。

凯马特的连锁店都位于大城市，并且仍然采用其在杂货店时期使用的分销网络。而沃尔玛的总部设在阿肯色州的本顿维尔——不是任何地方的中心。在这些小城市中没有大的经销商为沃尔玛的商店供货，因此，沃尔顿需要先将大批商品运到本顿维尔的一个旧车库里，然后将它们分成小份重新包装，再联系别的经销商将这些小包裹送到他的各个商店里。用沃尔顿的话说，这种方式"既昂贵又低效"。

然而山姆·沃尔顿最终找到了自身的竞争优势，并以此击败了坎宁安。沃尔玛并没有像凯马特那样在全国各地开设连锁店，而是采用了集群扩张的模式，这样有利于将运输成本降到最低。沃尔玛在某个地区设立数家商店，这些商店的货物供给由附近的一个分销中心统一负责，然后再将这种模式复制到需求旺盛的周边地区，开设尽可能多的连锁店。沃尔玛将这种方法称为"饱和策略"，它使得从分销中心到各商店的运输费用最少。事实证明，这种模式运作得很成功。与之相反，凯马特的分散式发展则为公司埋下了自我毁灭的种子，不计经销成本的扩张使得凯马特无法对其折价策略向消费者做出完全承诺。

担任过沃尔玛物流和人事部门执行副总裁的乔·哈丁（Joe Hardin）曾说："许多公司不到迫不得已是不愿意在分销上花钱的，而我们愿意这么做，因为这能降低成本。认识这一点对于理解沃尔玛的成功很重要。"[7]沃尔玛的低成本结构主要归功于它的分销网络和巧妙的扩张方式。

和西南航空类似，沃尔玛也是通过致力于开发小规模的本地市场而取得了最初的成功。另外，两家公司都承诺了低廉的价格，西南航空公司的座右铭是"便宜的航班，每一天，每个市场"，沃尔玛的信条则是"始终保持低价"。毫无疑问，始终保持有竞争力的价格是帮助它们获得成功的关键因素。

8.4　钢铁行业：纽柯公司

铁路业和石油业之后，钢铁行业在 19 世纪末 20 世纪初成了各经济产业中的翘楚。美国钢铁公司是到那时为止公开上市的最大公司，在刚开始发行股票的 1901 年，公司的市场价值就达到了 14 亿美元，成为美国第一家市值超过 10 亿美元的公司。

伯利恒钢铁的历史可以追溯到 1857 年，其位于明尼苏达州伯利恒的工厂生产出的钢铁曾用于建造像金门大桥、乔治·华盛顿大桥、洛克菲勒购物中心、芝加哥商品交易市场和美国最高法院这样的地标性建筑。在第二次世界大战期间，这家公司制造了 1121 艘舰船。作为强大的经济动力，美国钢铁和伯利恒钢铁满足了全美国钢铁需求量的一半。

不过到了 20 世纪 70 年代初，美国的钢铁制造商开始面临来自国外的竞争。美国的钢铁工人数量从第二次世界大战期间的 100 万下降到 2002 年的 14 万。作为美国最伟大的公司之一，伯利恒钢铁在 2002 年宣告破产，而该公司的雇员数量曾一度达到 30 万人。美国钢铁公司则艰难地维持着经营，不过也早已今非昔比。

对于钢铁业的投资者来说，这样的环境无疑是糟糕透顶，然而有一家钢铁公司却可以逆流而上并提供较高的投资收益，这家公司就是纽柯钢铁（Nucor Steel）。纽柯钢铁公司率先采用短流程技术并对废弃钢铁进行回收利用，在过去 30 年中为投资者带来了高额回报。当其他的主要钢铁公司忙于解雇员工和宣告破产时，纽柯的销售收入却以每年 17% 的增长率递增，一跃成为美国第二大的钢铁制造商。过去 30 年里整个钢铁行业的股票收益率每年落后市场 4%，而纽柯在这段时期的年收益率超过市场 5%。

许多人认为纽柯的成功是因为它利用"破坏性技术"击败了"大钢铁公司"式的旧集团，然而《从优秀到卓越》一书的作者吉姆·柯林斯却在书中写道：

> 我们要求纽柯的总裁肯·艾弗森列出带领公司走向伟大的五个最重要因素，你认为他会把技术排在第几位？首位？不。次席？不。

第三？不。第四？也不是。第五？很抱歉，仍然不是。艾弗森说：
"我们没有阶层和等级制度，这使得我们能够保持公司的一致性并且
得以在整个系统中贯彻公司思想，而这两者正是最关键的因素。"[8]

纽柯的另一位管理者则说："我们的成功有 20% 源自技术应用，而 80%
则要归功于我们的公司文化。"[9]

柯林斯做了总结："你可以将相同的技术在相同的时间赐予任何数量的和
纽柯拥有相同资源的公司——即使是这样，它们也无法取得纽柯钢铁那样的
成就。这就像赛车，成败的关键因素并不是汽车，而是车手和工作团队。"[10]

纽柯的短流程技术最终击败了以美国钢铁和伯利恒钢铁为代表的过时
的"大一统"制造模式，然而这家公司真正的比较优势在于它和员工之间的
关系。

肯·艾弗森在《坦言》（*Plain Talk*）一书中指出了他认为存在于大多数公
司中的一些问题：

> 在大部分公司中不平等的现象仍然广泛存在……处于公司最高
> 阶层的人给自己赋予种种特权，并在那些做实际工作的人面前卖弄
> 炫耀，而当雇员们面对管理者削减成本和提高盈利的呼吁表现得无
> 动于衷时，这些身居高位的人又感到费解……位于等级制度顶端的
> 人花费百万计的美元试图去激励那些不断被这种制度挫伤的人，每
> 当想到这里，我只能无奈地摇头，同时深感迷惑。[11]

纽柯钢铁的主管们没有奢华的公司餐厅用来接待来访者，他们会将重要
的顾客带到街对面卖三明治的小店里。在纽柯，管理人员并不会比工厂里的
工人多得到什么额外的好处，正好相反，他们得到的好处更少。纽柯采取了
一系列措施以尽可能地缩小领导层与其他人的等级差别：

- 所有的工人在其子女接受高等教育的 4 年中可以每年为每个孩子领取额外的 2000 美元，而经理们则不能享受这种优待。
- 纽柯在公司年度报告中按照字母表顺序列出所有雇员（总人数超过 9800 人），不以职务的不同进行区分。
- 没有指定的停车位，公司没有汽车、船只或是飞机。
- 公司所有雇员享受同样的保险和相同长度的假期。
- 每个人穿着统一的绿色防火花夹克，佩戴相同的安全帽（在大多数工厂，衣帽的颜色因职务高低而不同）。[12]

正如沃伦·巴菲特所说："这是有效激励方案的典范。如果我是一名蓝领工人，我也会愿意为纽柯钢铁公司工作。"[13]

吉姆·斯特罗迈尔（Jim Strohmeyer）在《伯利恒的危机》（*Crisis in Bethlehem*）一书中描述了一种区别对待管理者和工人的公司文化。伯利恒的主管经理们时常因为一些私人原因而动用公司的交通工具，诸如送孩子去学校，或是去某地度周末。该公司动用公司资金翻修了一家乡村俱乐部，在那里甚至淋浴的先后顺序都取决于职务的高低。还需要再多费口舌吗？[14]

8.5　在失败的行业中取胜

西南航空、沃尔玛以及纽柯钢铁公司，尽管它们身处的产业部门让投资者遭受了损失，但是这三家公司都走向了繁荣。它们有什么共同点？它们为什么能逆流而上？

这三家公司从未停止过降低成本的努力，以最低的价格向顾客提供可靠的商品和服务是它们一直追求的目标。它们最大限度地提升了员工的劳动生产效率。杰出的经营策略使得这三家公司成为各自产业中的佼佼者。

　　也许最重要的是这三家公司的理念。它们意识到要想达成目标，管理层必须防止公司的不当行为，并且营造出一个良好的工作环境，让员工感受到自己作为团队中的一分子既能分享顾客对公司的尊重，也能从公司的经济成功中获取利益。

　　在这些公司的成功面前，投资者应该停下来想一想。业绩最佳的股票不是来自于那些处在科技革命前沿的产业中，倒是经常出现在停滞甚至下滑的部门里。这些公司在管理层的领导下追求效率的进步和核心竞争力的提升，这使得它们不论在哪里都能立于不败之地。具有这些优良品质的公司经常被市场低估，然而实际上它们才是投资者真正应该追逐的目标。

第三部分

THE FUTURE FOR INVESTORS

股东价值的源泉

第 9 章

把 钱 给 我

股利、股票收益和公司治理

喂养母牛是为了获得牛奶，喂养母鸡是为了获得鸡蛋；

很糟糕，购买股票只是为了获得股利；

建设果园是为了获得果实，喂养蜜蜂是为了获得蜂蜜；

此外，购买股票是为了获得股利。

——约翰·伯尔·威廉姆斯，《投资价值理论》

（*The Theory of Investment Value*），1938 年

2004 年 7 月 20 日，是个星期二，微软公司宣布将以每股 3 美元一次性支付大量股利，也就是说，公司将向已发行的价值为 110 亿美元的优质股股东发放总价值为 320 亿美元的股利。此外，微软还宣布，在接下来的 4 年里，公司将会每隔一季度把股利翻一番，公司同时将回购超过 400 亿美元的股票。微软公司成立于 1975 年，自 1986 年公司公开上市以来，它给予投资者每年 37.6% 的惊人收益率。在微软公司公开上市的 16 年里，投资者的全部收益来自于股价的升高——人们没有从股利中获得一分钱。然而，今后这种情况将不复存在。微软公司发放的 320 亿美元的股利在价值上超过了除约 70 家公司以外的任何一家在美国交易的公司，并且股利价值超过了通用汽车和福特等公司的市场总价值。

在微软宣布决策后的第二天，公司的 2.02 亿股股票被转手，社会各界对微软公司这个举措的认识分歧很大。一些分析师认为，微软最终认识到了公司将面临一个低增长前景，从而不需要保留超过 560 亿美元的现金在手上。但是做多头的投资者认为把利润交还给股东本来就是公司的一项重要职能，所以，微软的行动对投资者而言是有益的。

谁的决策正确呢？是那些因为微软将利润交还给了股东而购买微软股票的人，还是那些因为他们认为发行股利预示着公司将会面临一个低增长前景而卖出微软股票的人？历史已经给出了明确的答案：股利一向就是股东收益的主要来源，具有高股利发放率的公司给予了投资者高的收益。

9.1　大景象

考虑下面关于历史股票市场收益的重要事实：

从 1871～ 2003 年，除去通货膨胀因素后97% 的股票收益来自用于股利再投资的股利，仅仅 3% 来自资本收益。

　　看图 9-1。如果在 1871 年把 1000 美元投资在股票上，那么到了 2003 年年底，剔除通货膨胀因素后，这些美元的价值将增加到近 800 万美元。[1] 而如果没有进行股利再投资的话，积累的价值将不足 25 万美元。

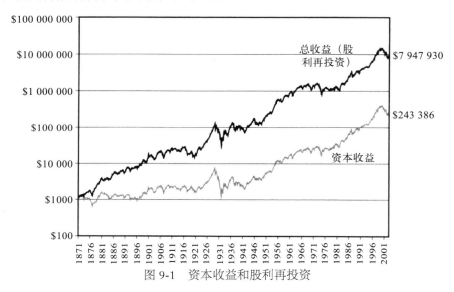

图 9-1　资本收益和股利再投资

　　在这 122 年中，投资者实际收到约 9 万美元的股利。如果把价格升高的因素考虑进去，那么这些股利的总价值约为 33 万美元。尽管如此，与再投资这些股利所能积累的财富相比，这仍然是微不足道的。如果根据年收益率来计算，股利再投资所能获得的总价值相当惊人。如果没有进行股利再投资，那么剔除通货膨胀因素后的平均年收益率从 7% 降到了 4.5%，跌了超过 1/3。

　　股利不仅仅对整个市场有利，它对单个股票的收益也是非常重要的。

　　我检查了标准普尔 500 指数中的公司从 1957 年到现在的记录。在每年的 12 月 31 日，我将指数中的公司按照股利收益率分为五组，然后计算它们下一年的收益。第一组由那些股利收益率在 20% 以下的公司组成（许多公司没有

发放股利，特别是在最近这些年里）。第二组由那些股利收益率在下一个 20%
里的公司组成，这样一直到第五组，第五组包含了那些具有最高股利收益率
的公司。接着我计算了在接下来的一年里这些组中的公司各自的收益，然后，
我再把这些公司按照同样的标准重新分类。

图 9-2 向我们展示了调查的结果是多么令人吃惊！那些具有高股利收益
率的股票向投资者提供了严格递增的高收益。如果一个投资者在 1957 年 12
月底投资 1000 美元在标准普尔 500 指数基金上的话，那么到 2003 年年底他
将获得 130 768 美元，这相当于获得了 11.18% 的年收益率。如果他每年仅仅
购买那些比重为 20% 的具有最高股利收益率的股票的话，他将获得 462 750
美元，这是投资于指数基金收益的 3 倍多。尽管这些高收益股票的风险严格
高于标准普尔 500 指数，但是这些股票 14.27% 的年收益率完全弥补了额外的
风险。如果投资者购买股利收益率较低的股票的话，他将仅仅获得指数基金
一半的收益率——即每年低于 10% 的收益率。对投资者来说更糟的是，许多
具有低收益的不发放股利的股票组合其风险在所有投资组合中也是最高的。

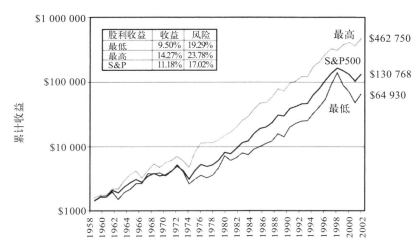

图 9-2　按照股利收益率划分的累计收益率与标准普尔 500 指数
资料来源：COMPUSTAT®

值得注意的是，20世纪90年代的科技泡沫使那些支付最低股利收益率的公司的收益率大大提高了，几乎提高到了标准普尔500指数的收益率水平。

但是，当历史回转的时候，那些高高在上的科技股的价格又重新回到了谷底。低股利股票回归到最低等级的股票，正如它们在泡沫开始前一样。

9.2 不断降低的股利收益率

股利在股票收益中的累积作用决不仅仅是历史的偶然事件。股利是公司利润和股票价值之间的重要联系。金融理论表明，任何资产的价格是它未来所有现金流量的现值。对股票而言，现金流量是股利而不是利润。利润仅仅是期末最大化投资者现金收益的一种方式。

尽管大量的历史记录和理论都支持发放股利，可是过去20年中，股票的股利收益率水平却创了新低。图9-3展示了这种趋势。从1871～1980年，股利平均收益率大约为5%，为同时期股票年实际收益率的76%。

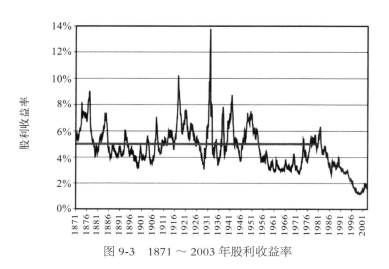

图9-3　1871～2003年股利收益率

但是，在 20 世纪 80 年代股利收益率开始逐步下滑，这种下滑的势头到 20 世纪 90 年代变本加厉。2000 年，当技术股泡沫处于顶峰时，标准普尔 500 的股利收益率下降到了 1% 多一点。然而，从那以后，形势开始慢慢好转。

为什么股利收益率会这样下滑？股利收益率在历史上是股票收益最重要的来源，它怎么会变得如此无足轻重？

这里有三个原因。第一，投资者被一种信念所误导，这种信念就是发放股利的公司丢掉了有价值的增长机会，而这些增长机会是可以通过不发放股利来创造的；第二，在美国的税收系统中，股利被双重征税；第三，管理层股票期权的推广应用使得管理者的注意力从发放股利转向提高股票的价格。

9.3 增长期权和股利

那些不同意发放股利的人宣称，把钱当作股利发放出去将使处于快速增长中的公司失去重要的资本来源。

安迪·凯斯勒（Andy Kessler）曾是一个对冲基金的管理者，他也是一个投资于高科技公司的货币管理公司的创建者之一，他在《华尔街日报》上刊登了一篇题为《我憎恶股利》的文章：

> 看到很多价值超过 100 亿美元的公司发放股利，你不能确切地知道美国的未来将走向何处，这种情况更像是以前的快乐家庭星期聚会（old home week）。杜克能源公司（5.6%）、伊士曼柯达公司（5%）、福特公司（4.1%）、通用汽车公司（5.4%）、摩根大通银行（5.6%）、SBC 通信公司（3.9%）、Verizon（3.9%），股利引诱投资者走向高债务、低增长甚至没有增长的公司，然而，这些公司却更可能削减他们的股利，使他们的处境比调查分析师所判断的更加糟糕。

快逃吧！它们正戴着鲜红的美元标志。你想得到收益吗？还是购买债券吧……

股利不能创造经济增长。面临失败的公司只是利用股利来贿赂投资者。请鼓励在未来投资于经营和追求高收益的公司吧。如果股利起关键作用的话，那么我们……就应该还在投资铁路股票。[2]

凯斯勒的论断很富有煽动性，然而，铁一样的证据说明，事实恰恰相反。我在第 2 章中已经说明旧公司的平均收益率超过新公司。我在第 4 章中展示了在被调查的 10 个产业部门中的 9 个部门中，在古老的标准普尔 500 指数里，新增公司的业绩却不如在 1957 年指数建立时的原始公司。

尽管凯斯勒取笑那些投资于铁路股的投资者，可是在过去的 45 年里，铁路产业的业绩优于工业部门和标准普尔 500 指数的业绩，而那些发放低股利的科技股却几乎成了市场的打击者。

很不幸，那些有大量资金投入且拥有增长机会的公司通常变成了"资金坑"。在第 7 章我阐述的"资本贪婪者"，就是指那些具有高水平资本支出，但业绩比低水平资本支出公司差的公司。

那么那些拥有大量现金、等待收购其他公司来提高收益的公司又如何呢？对投资者来说，这并非明智的选择。一项由俄亥俄州立大学、匹兹堡大学和南方卫理公会教派大学所做的题为《大规模的财富丢失》的研究表明，从 1998～2001 年，"进行收购行为的公司的股东在四年内损失的总额为 2400 亿美元——大量损失和收购的负效应相关"。[3] 来自华盛顿大学的贾勒德·哈福德（Jarrad Harford）支持这一观点，他在著名的《金融》周刊（*Journal of Finance*）上发表了一篇文章指出，"现金充裕的公司在超额持有的每 1 美元中，损失超过 7 美分"。[4]

拥有大量现金存量的公司被看作拥有了一个装满了钱的袋子——它鼓励

你去花钱。我通常会被问及这样一个问题：如果一个公司的销售低于资产负债表中的现金价值，该公司的股票是否具有吸引力。我答复说："当心！"值得去购买其股票的仅仅是那些你能够控制的公司以及把现金发放给股东的公司。过去人们通常喜欢沃伦·巴菲特的导师本杰明·格雷厄姆的策略，即寻找那些不将现金用于股东利益的公司，但是，如果不能很快控制这样的公司，我就不会投资它们，因为，不到几年管理层就可能浪费掉那些现金的绝大部分。

9.4 沃伦·巴菲特和伯克希尔 – 哈撒韦公司

我可以想象得到沃伦·巴菲特的崇拜者并不会同意上述这种强调股利的做法。沃伦·巴菲特也是我的偶像，所以我认为有必要解释一下为什么他的无股利、拥有大量现金的政策适合其公司的运作。

巴菲特的投资工具——伯克希尔 – 哈撒韦公司，在 1967 年对每股股票发放了仅仅 10 美分的股利，之后再也没有发放过一次股利。巴菲特总是反对他的股票发放股利。在一次董事会议期间，当巴菲特去洗手间时，他主张公司的领导们应该以伯克希尔 – 哈撒韦公司早年的方式来选择股利政策。[5]尽管没有发放股利，伯克希尔 – 哈撒韦公司在过去的 40 年里已经成为业绩最优秀的股票之一。

税收是伯克希尔 – 哈撒韦公司不发放股利的一个主要原因。巴菲特在 2003 年和泰德·科佩尔（Ted Koppel）的一次会晤中说道："如果我们不能够无税地发放股利，那么不发放股利对我们的股东来说就是好的。"[6]巴菲特公开指出，尽管美国税收体系最近做出了改革——这个我将在下面谈到，但对公司而言，存在着税收激励去创造资本利得，因为资本利得仅当投资者出售其股份时才被征税。

相反，股利一旦实现变为收入就会自动征税。结果，如果一家公司能够通过扩大经营范围、收购其他公司或者通过回购本公司股份来将这些收入进行再投资，那么投资者交税就推迟了。

但是，绝大多数公司能否通过再投资收入而获得利润是很不确定的。如上所述，公司管理层时常花掉公司盈利，从而导致减少投资者的收益，而不是增加。手里掌握大量现金的管理层通常会失去对成本的控制，他们把资金花在奖金或者构建自己的帝国大厦上。经济学家把这些浪费掉的支出称作"代理成本"，这种成本通常出现于所有所有者不担当管理者的组织中。

令人羡慕的是，沃伦·巴菲特是一个训练有素、拥有强大意志力和动机去避免上述缺陷的少数管理者之一。他通过把自己和股东紧紧地连在一起（事实上，他所有的私人财富都投资在了伯克希尔－哈撒韦公司），直接为自己和股东的最高利益行事。

巴菲特面对公众格外坦率，他精确指出什么是对的，什么是错的以及他的利润和资本是怎样运用的。他从不试图美化坏消息或者鼓吹自己股票的价格。如果巴菲特认为不存在具有吸引力的投资机会，他将克制自己去投资，甚至把大量现金流注入公司。他把持有现金看作一种带来价值的选择权，如果市场出现投资机会，持有现金使他能够抓住这些投资机会。

对巴菲特战略来说，持有现金而不把股利发放给股东非常合理。在融资困难的时期，一些最好的交易只能由那些持有现金从而方便借贷或购买的公司做成。巴菲特特别善于把握这种机会。此外，如果他认为他的股票被低估，他将在公开市场上通过股票回购把它们买回来，正如 2000 年当伯克希尔－哈撒韦公司的 A 股市值低于 45 000 美元交易时他所做的那样。[7]

此外，巴菲特的投资策略集中在购买能够产生安全现金流的股票和公司上，这是发放股利的先决条件。他在 1980 年公司的年度报告上说道，"我们乐于收购的是那些能够产生现金而不是消耗掉现金的公司"。在 1991 年的报告中，他反复强调他追求的是那些"示范性的，具备持续盈利能力的公司（我们对将来的计划没有兴趣，对'扭转'形势也一样）"。换句话说，巴菲特的投资目标是以合理的价格收购那些拥有持续现金流的公司，这与把股利再投资的投资者相仿。

如果其他公司的管理层也像巴菲特一样和它们的股东有着类似密切关系的话，发放股利的重要性就大大降低。但是，一般来讲，股东的目标和管理层的目标有着很大不同，把利润以股利的形式交还给投资者的义务会降低管理层浪费股东财富的可能性。

9.5　股利和公司治理

如果管理层总是按照股东的利益行事，那么股利将无关紧要。但是，对大部分公司而言，股利在培养股东与管理层之间的相互信任中以及对于确保管理层关于利润的声明真实可信而言是一个重要因素。当安然危机在 2001 年秋天摧毁股票市场的信心时，我认识到了这种信任是多么重要！

安然的故事十分吸引人，它从一个微不足道的家用天然气管道经营商变成了世界上最大的能源交易者。在 2000 年 8 月，当安然公司处于市场巅峰时，它是美国最大的 50 家公司之一，当时，它的市场总价值将近 700 亿美元，领先于通用汽车、福特和雪佛龙等许多巨型公司。

安然公司曾作为传统公司应该如何适应新的世界市场能源分配的典范被大加赞赏。《财富》杂志连续六年把它排在了"最佳创新公司"的前列，并且把它称作美国最令人羡慕的五家公司之一。安然成为新经济条件下公司的标准。

但是，这个新型公司也在自我炒作，它通过在资产负债表中隐藏负债来显示利润的稳定增长。不久，投资者知道安然不是进行欺骗和操控利润的唯一例子，其他一些已经赢得投资者信赖的公司，像泰科集团、世通公司、阿德尔菲亚公司（Adelphia）和南方保健公司等，也同样在粉饰它们的利润，甚至一些蓝筹股公司，像通用电气，也出现了同样的问题。

尽管在利润上伤痕累累，但大部分公司管理人员并没有丢失他们的道德操守。我意识到真正的问题是股票价值最主要的来源——股利，它已经成为投资者盲目关注公司短期业绩、美国税收体系以及管理层股票期权发放过多的替罪羊，这些才是导致投资者信心危机的罪魁祸首。

9.6　股利赤字

我把对上述问题的关注发表在 2002 年 2 月《华尔街日报》上一篇标题为《股利赤字》的文章中。我指出，历史已经给我们上了关于股票价值来源的重要一课。[8] 在 19 世纪，还没有今天的证券交易委员会、财务会计标准委员会和任何其他数目众多的监督和管制证券市场的机构，公司可以在任何时候发布任何它希望发布的信息，管理层也不会担心由于报告了可疑的数据而被调查。

在完全缺乏这些规范市场机构的情况下，公司怎样发出信号来显示自己的利润是真实的呢？老方法就是发放股利——这种行为能够切实证明公司盈利和公司收入的可信度。如果没有股利的话，股票的价值将仅仅取决于是否相信管理层的利润报告。如果没有信任的话，也就不存在购买股票的动力了。

在那篇文章中，我指出美国的税收体系以及过多发放股票期权的问题，特别是对高层管理者的股票期权的过多发放，是股利减少的主要原因。

9.7　股利税

我们的税收体系对削弱股利的作用显而易见。在我写那篇文章的时候，对个人股利是完全征税的，对公司股利也没有税收减免。相反地，除美国以外几乎在所有国家，股利税是从个人税收中部分或者全部免除的，因为这些股利已经作为公司利润的一部分被征过税了。

我一直呼吁立法者消除对股利的双重税收，我把自己关于减轻股利税的想法写在了一篇题为《这次减税将发放股利》的文章中，这篇文章刊登在2002 年 8 月 13 日的《华尔街日报》上。由于我积极倡导减轻股利税，我被邀请加入时任总统布什的经济最高决策层，和政府内部及外部的其他经济学家一起讨论我的提议。

我建议支付给股东的股利对公司来说应该减免税收，就像付给债券持有者的利息是可以税收减免的一样，这将使所有的公司处于和不动产投资信托、共同基金以及 S 型公司相同的有利地位。

2003 年 5 月 27 日，布什总统签署了《2003 就业和增长调节法案》，该法案的核心内容是把股利和资本收益的税率降低到 15%。尽管我更希望能从公司的角度而非个人的角度来减税，但股利税率的降低也是很需要且值得欢迎的。

许多公司对这项法案做出反应，它们提高了其股利发放水平，从而使得股利增长水平超过了最近 40 年来的纪录。显然，股利税率发挥了它的魔力。[9]

9.8 股票期权和股利

税收并不是阻碍股利发放的唯一因素。公司雇员的股票期权在阻碍股利发放上发挥着较为间接的作用，但是这些作用却同样重要。

微软公司是最好的例子。

2003 年 1 月 16 日，在布什总统宣布降低股利税率计划的一个周后，微软公司宣布将发放第一笔股利：每股 8 美分。尽管这个比率很低（不到 1% 的

1/3），但是这也表示微软向前迈出了一大步。

但就在此时，微软做出了一个同样重要的决策，微软宣布它将不再向公司雇员发放股票期权，作为补偿，公司将发放普通股来代替股票期权。

对微软来说，放弃股票期权是一项巨大的改变，因为它是利用股票期权来吸引雇员的先行者。一些人宣称，微软公司发放这些股票期权创造了多达10 000个百万富翁。[10] 从程序员到兼勤杂工作的办事员，每个公司职员都被奖赏以期权。职员和秘书在30岁的时候从微软辞职可以获得现金百万余美元，这种故事创造了一种传统，即股票期权是一种高科技公司用于招募和激励最优秀人才的重要工具。

现在，微软不再利用股票期权来激励员工了，取而代之的是向职员发放带有股利的股票。你可以确信如果一年前微软没有取消它的股票期权计划，它绝不会在2004年一次性发放每股3美元的股利，因为期权持有者不会从股利中获利。发放股利，尽管增加了股东的收益，但对期权持有者而言却没有任何帮助。

9.9　期权改革

为了理解削减股票期权报酬的措施，我们首先来看股票期权为什么会流行。管理层股票期权出现于20世纪90年代中期，在国会1993年通过一项法律规定公司从税收中扣除管理者报酬不得超过100万美元之后。这项法律现在已经成为《国内税收法》第162条的一部分，当时由于公众强烈反对高层管理者报酬不断飙升而制定该法。

但是，商界认为需要向高层管理者支付激励性的报酬以提高公司的利润，所以，在这项法律通过的同时，国会解除了激励报酬的上限。不久之后，美国国税局承认期权收益属于基于激励的报酬，这便开了股票期权的先河。

这项法律很好地说明了"意外效应法则"(the law of unintended consequences)。实行期权收益使得 CEO 们有强大的动力去削减股利，尽可能地提高股票价格。这项计划周全的条令原本是为了抑止管理层过高的报酬，结果却导致了过多管理层期权的出现，这些期权使得管理层只关注股票的短期表现而不重视股东的长期利益。为了减少发放期权的激励，我倡导公司应该为这些期权付费，同时，我建议国会废除 1993 年的法律，这条法律限制了对现金报酬的税收减免。[11]

与股利的税收相比，我们在期权改革上所做的努力还不够。尽管越来越多的公司正在为期权付费，但是对于财务会计标准委员会将推行强制期权付费，仍然存在政治上的强烈反对意见。

9.10 小结

股利在发放股票高收益中的重要性主要依赖其可信性。股利是令投资者确信公司利润货真价实的一种方式。如果管理层说公司获得了利润，股东将有合理的理由说："把钱交给我！"如果公司确实拥有高收益就会这样做。

在股利销声匿迹 20 年之后，股利和支付股利的股票终于复出了。时任总统布什对股利税收的减免政策在减轻股利双重税收上是有效的。进一步的改革应该针对免除用于再投资股利的所得税。

在下一章，我将说明股利不仅增加了投资者的收益，而且在熊市中保护了投资者。

第 10 章

股利再投资

熊市保护伞和收益加速器

股利向投资者提供财富的重要性不言而喻。股利不仅在通货膨胀、增长以及价值水平变化中分别起到缓冲的作用，还能减少通货膨胀、增长以及价值水平变化的综合影响。

——罗伯特·阿诺特（Robert Arnott），
《股利与三种阻碍功能》
（*Dividends and the Three Dwarfs*），2003 年

第 9 章告诉我们，发放股利的股票可以向投资者提供高收益，发放股利的股票还有另外一个特点使它具有吸引力。那些把股利用于再投资的长期投资者将发现他们的投资组合不仅可以在熊市中更好过一些，而且可以获得利润。如果股票价格的跌幅超过了股利（这在市场衰退时几乎总是会发生）那么股利收益率将会上升。更高的股利收益率与更高的收益率紧密相关。让我们看看在美国股市历史上最糟糕的一段时期内这种现象是如何发生的。

10.1　极大的熊市

1954 年 11 月 24 日，道琼斯工业平均指数收盘价超过了 1929 年 9 月 3 日的牛市峰值，这期间经历了 1/4 个世纪。在道指数的百余年历史当中，这 25 年是股票市场指数峰值跨度的最长时期。

对大多数人来说，1929 年之后的市场绝对是一场灾难。随后，美国经济大萧条成为美国历史上经济最为紧缩的时期。许多股票下跌 90% 甚至更多，用保证金投资和贷款投资的人大多都被清出市场了，数以百万的人发誓决不再涉足股票。

但是对那些拒绝用借来的钱进行投资的长期股票投资者来说，那 25 年绝不是一场灾难。看图 10-1，它向我们展示了在这段时期里股票和债券所有者的总财富变化情况。

将股利（用"总收益"表示）再投资的投资者不仅在 1954 年 11 月达到了盈亏平衡，还实现了每年超过 6% 的平均收益率，远远超过长期或短期政府债券的投资者。实际上，如果在市场顶峰时期用 1000 美元投资股票，那么 1/4 世纪之后的 11 月某日，当道指再次恢复到历史高度时，这些钱就变成了 4440 美元。尽管股票价格增值为零，股利再投资却取得了 4440 美元，相当于通过债券投资积累的两倍，或短期国库券的四倍。

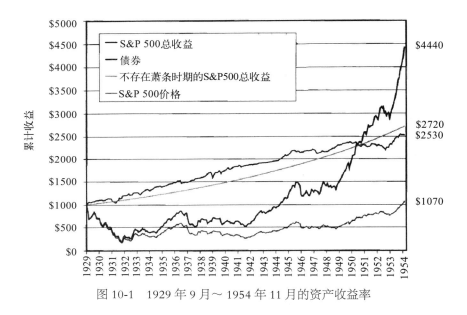

图 10-1　1929 年 9 月～ 1954 年 11 月的资产收益率

10.2　没有大萧条时的股票收益

熊市对长期投资者的影响远远超出多数投资者的想象。考虑下面假想的历史情况。

假设大萧条从未存在，经济也没有经历下跌。可以进一步假设股利从 1929 ～ 1954 年平稳上升，而非急剧下降，同时股价保持稳定，而非下跌。[1] 在这种假设下，20 世纪 30 年代的大批失业、破产和经济困难也就不复存在，那么对广大美国国民来说，这种假设的经济境况显然比实际有利得多。

但对长期投资者来说，如此美好的经济景象却糟糕透顶。尽管两种情况在1954 年 11 月时的市场水平相同，但股票持有者的收益却相差悬殊。如图 10-1 所示，若假设大萧条从未发生，则在市场顶峰时期投资的 1000 美元在 1954 年 11 月仅变为 2720 美元，这比实际发生经济危机时投资者的累计收益低了 60%。

为什么会这样？股利从 1929 年的峰值跌到 1933 年的谷底，虽然股利跌幅高达 55%，但股票价格下跌更多，所以股票的实际股利收益率提高了，而股利收益率对投资者总收益十分关键。对短期投资者来说，大萧条令 1929 ~ 1949 年的日子确实不好过，而且 20 年并不算短，但是对坚持下来的投资者而言，当股价最终恢复时，他们在熊市期间所购的额外股份会使其收益飞涨。

在大萧条时期，长期投资者获得收益是以一些投资者被迫出售股票为代价的，后者由于举债购买股票而不得不出售股票，或是更加普遍的一种情况：投资者在恐慌中贱卖股票，并认为从投资中收回部分资金总比一分不剩强，这些抛售股票的投资者最终成为大输家。

通过上述分析可以得到一个重要启示，尽管市场周期令投资者殚精竭虑，却能为股票长期持有者创造财富。这种收益不是通过把握市场实际得到的，而是通过再投资股利获取的。

熊市不仅是投资者忍受痛苦的一段时期，还是投资者通过投资股利获得极高回报的主要原因，股票收益率不仅取决于盈利和股利，还取决于投资者为这些现金流支付的价格。当股票持有者对市场悲观时，那些持有支付股利股票的投资者便成为大赢家。

10.3　熊市保护伞和收益加速器

熊市中，股利帮助投资者的方式有两种。通过再投资股利积累更多的股份能够缓和投资者的投资组合价值的下降。再投资的股利在市场下跌时能够购买额外股份，所以我称之为"熊市保护伞"。

当市场恢复时，除缓和价值下降以外，这些额外股份还具有其他作用。这些额外股份能够大幅度提高未来收益率，所以一旦股价上涨，再投资股利不仅是熊市保护伞，还是"收益加速器"，这就是支付股利的股票能在股市周期中提供最高收益的原因。

10.4 熊市保护伞：菲利普·莫里斯公司案例

股利是熊市保护伞这个理论不仅对于上述整体市场是有效的，该理论同样适用于单只股票。在第 4 章我们看到，在过去的半个世纪中，菲利普·莫里斯公司股票是原始标准普尔 500 指数中收益最好的一只股票。该公司的案例最能说明对长期投资者来说，使股价走低的坏消息最终会变成好消息。

在 20 世纪 60 年代早期，菲利普·莫里斯公司在美国六大香烟生产商中销售名列倒数第一，但随着万宝路的开发和推销，该品牌一跃成为 1972 年世界上最为畅销的香烟。1983 年，该公司超过统领香烟生产商长达 1/4 世纪的雷诺烟草公司。

由于人们对烟草危害健康越来越多的关注和公司通过烟草销售获得越来越多的现金，菲利普·莫里斯公司决定发展多种经营。该公司分别在 1985 年和 1988 年买下通用食品公司和卡夫食品公司，并成功地将食品产品和其他业务整合在一起。1957 ～ 1992 年，菲利普·莫里斯公司的投资者实现了高达 22% 的惊人年收益率。

然而，之后公司的发展就不那么辉煌了。图 10-2 表示 1992 ～ 2003 年菲利普·莫里斯公司股票的涨跌情况。

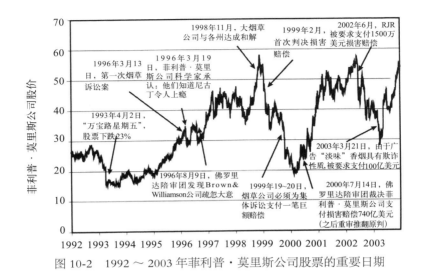

图 10-2 1992 ～ 2003 年菲利普·莫里斯公司股票的重要日期

菲利普·莫里斯公司的股东遭受的第一次打击发生于 1993 年 4 月 2 日。烟民们开始抵制这个逐步提高价格的奢侈品牌，他们选择购买价格只有菲利普·莫里斯品牌价格一半的大众品牌香烟。

菲利普·莫里斯公司决定开火迎战：每包香烟价格削减 40 美分。《纽约时报》将这一举动描述为"为使烟民保持忠诚的轰炸活动"，而公司的股票价格才更像被炸弹炸过一样。品牌忠诚度是菲利普·莫里斯公司取得成功的关键，所以当有消息说最后大众品牌香烟取得进展并侵犯菲利普·莫里斯品牌的忠诚度时，菲利普·莫里斯公司的股票价格下跌了 23%。[2] 1993 年 4 月 2 日成为"万宝路星期五"。

然而，廉价的大众品牌香烟和新近征收的烟草税绝不是菲利普·莫里斯公司面临的最艰难考验，烟草诉讼浪潮的兴起威胁到整个烟草行业的存亡。

尽管烟草行业对诉讼的担忧总是存在，但在 20 世纪 90 年代早期，烟草公司却因为它们从来没有输过一场官司而感到骄傲。[3] 然而，潘多拉盒子在 1996 年 3 月 13 日打开了，这一天贝内特·勒博（Bennett LeBow）——1986

年收购利吉特集团（Liggett Group，切斯特菲尔德（Chesterfield）牌和 L&M 牌香烟的制造商）的金融家——宣布关于美国 5 个州起诉烟草行业的诉讼和解。这是香烟公司第一次放弃该行业的标准辩护口号，即烟草产品并不能令人上瘾。利吉特集团决定在接下来的 25 年内放弃税前收入的 5% 以作为 5 个州对它共同诉讼的和解费。但问题并未因此而结束，此类诉讼变得更加强烈，其他各州也陆续起诉烟草公司，要求赔偿它们为抽烟引发疾病而付出的医疗费用。

这些诉讼使烟草类公司股票持续承受着压力。1998 年，大烟草公司（Big Tobacco）最终同意支付给这些州累计总额 2060 亿美元，作为对吸烟引发疾病问题的赔偿——如此巨额赔偿远远超过以往法律史上的任何赔款，菲利普·莫里斯公司在这次赔偿中所占份额为 1000 亿美元。

诉讼并未就此结束。1999 年，美国政府受理大量状告烟草公司的诉讼。在 2000 年 7 月 14 日，菲利普·莫里斯公司被裁决为佛罗里达州烟民所受严重伤害赔付 740 亿美元。[4] 之后在 2001 年 6 月 6 日，一个洛杉矶陪审团判给以前的一位烟民理查德·波肯（Richard Boeken）30 亿美元。每年几乎有 50 万起死亡被归因于癌症和其他由抽烟引发的疾病，如果这项判决适用于其他人，烟草行业将会破产。

菲利普·莫里斯公司面对这些坏消息——数十亿美元的诉讼赔偿、上涨的烟草税、越来越多的吸烟负面宣传以及被大众品牌抢占的市场份额，该公司在 20 世纪 90 年代处于市场落后地位就不足为奇了。

2003 年 3 月，在同年 1 月更名为阿尔特里亚集团的菲利普·莫里斯公司在伊利诺伊州的一起诉讼中败诉，该诉讼声称公司使用"淡味（light）"一词具有误导性。公司被判支付 100 亿美元，并交纳 120 亿美元的保证金。菲利普·莫里斯公司宣称，提供 120 亿美元的保证金造成了不合理的负担，如果法庭坚持支付这笔保证金，公司可能被迫申请破产。菲利普·莫里斯公司的股票跌到 28 美元每股，约为 12 年前的水平。在此期间，标准普尔 500 指数从 380 点骤然升到 800 点，菲利普·莫里斯公司的股票变得毫无前途可言。

　　尽管菲利普·莫里斯公司经历这么多涨跌起落，公司在这 12 年内从未降低股利，实际上，除 1993 年和 1997 年以外，该公司每年都提高股利。结果，从 1992 ～ 2003 年 4 月 4 日，进行股利再投资的投资者所持股份增加的数量超过 100%，投资者总收益率达到较为健康的平均每年 7.15%。这个收益率与市场水平相当，但是一旦等到菲利普·莫里斯公司的股价恢复，投资者就会获得极高的回报率。

　　投资者并未等待太久，收益加速器就开始创造奇迹了。当伊利诺伊州案件判决对公司交付 120 亿美元保证金的决定大发慈悲时，菲利普·莫里斯公司的股价飞涨。那年年末，菲利普·莫里斯公司的股票价格达到 50 美元每股。虽然菲利普·莫里斯公司股票的升值幅度与市场相当，但再投资的股东持有股份数量增加超过 100%，所以菲利普·莫里斯公司的总收益率实际击败了著名的收益基准指数。下面是另外一个案例，说明关于支付股利股票的坏消息预示着长期投资者将获得不错的回报。

10.5　股利和业绩最优秀的股票

　　表 10-1 列出原始标准普尔 500 指数中截至 2003 年仍然存在的 20 只绩效最优的股票，我们曾在第 3 章考查过这些公司股票。在过去的 47 年中，其中每个公司的收益率平均每年超出标准普尔 500 指数 2.8% ～ 8.9%，这些股票均支付股利。

表 10-1　股利收益率最高的 20 家公司

收益率排名	2003 年的公司名称	1000 美元的积累额 / 美元	收益率（%）	股利收益率（%）
1	菲利普·莫里斯公司	4 626 402	19.75	4.07
2	雅培制药	1 281 335	16.51	2.25
3	百时美施贵宝公司	1 209 445	16.36	2.87

（续）

收益率排名	2003 年的公司名称	1000 美元的积累额/美元	收益率（%）	股利收益率（%）
4	小脚趾圈公司	1 090 955	16.11	2.44
5	辉瑞公司	1 054 823	16.03	2.45
6	可口可乐公司	1 051 646	16.02	2.81
7	默克公司	1 003 410	15.90	2.37
8	百事可乐公司	866 068	15.54	2.53
9	高露洁棕榄公司	761 163	15.22	3.39
10	克瑞公司	736 796	15.14	3.62
11	亨氏公司	635 988	14.78	3.27
12	箭牌公司	603 877	14.65	4.02
13	富俊公司	580 025	14.55	5.31
14	克罗格公司	546 793	14.41	5.89
15	先灵葆雅公司	537 050	14.36	2.57
16	宝洁公司	513 752	14.26	2.75
17	好时食品公司	507 001	14.22	3.67
18	惠氏公司	461 186	13.99	3.32
19	荷兰皇家石油公司	398 837	13.64	5.24
20	通用磨坊	388 425	13.58	3.20
	前 20 家公司	944 352	15.75	3.40
	标准普尔 500 指数	124 486	10.85	3.27

投资者收益最基本的原则表明：支付股利时收益扩大了，并且利润增长超过预期的水平。

所有这 20 家公司通过股利再投资使它们的利润增加。事实上，除了荷兰皇家石油公司、先灵葆雅公司和克罗格公司外，表 10-1 中的每只股票在过去 20 年里都提高了股利。管理层把现金交给投资者的承诺迫使他们努力使股票收益率上升。

克罗格公司的案例向我们说明了再投资的股利是怎样提高收益率的。在 1988 年，克罗格公司借了 41 亿美元用以抵抗来自 KKR 集团（Kohlberg Kravis Roberts）的兼并。利用这些资金，克罗格公司在那年 8 月一次性发放了每股 40 美元的股利，又在 12 月发放了每股 8.5 美元的股利。由于大量负债，克罗格公司不得不用利润来支付利息，结果停止发放股利，但是，那些把每股 48.5 美元的股利进行再投资的投资者使他们在克罗格公司的股份增加了 6 倍。尔后，当克罗格公司开始增长时，这个股利加速器创造了奇迹。如果投资者不把股利进行再投资的话，他们在克罗格公司股票上的收益率将近 60%。

表 10-1 中，多数公司拥有接近或者略高于标准普尔 500 的平均股利收益率。仅仅辉瑞和默克这两家公司的股利收益率比指数低一个百分点多一点。有 5 家公司，荷兰皇家石油公司、菲利普·莫里斯公司、箭牌公司、克瑞公司（Crane）和好时食品公司，放弃了公司不发放高股利收益率从而维持高增长率的想法，所有这 5 家公司不但发放了超过标准普尔 500 指数的股利收益率并且获得了超过指数的高增长。

10.6 高股利收益率投资策略

投资于高收益股票的策略并不新奇。"道 10 策略"（Dow 10）也叫作"狗股策略"（Dogs of the Dow），这种策略一直以来被认为是最成功的投资策略之一。[5]

这种投资策略要求投资者在每年年末购买构成道琼斯工业平均指数（道 30）所包含的 30 家公司中具有最高收益率的前 10 只股票。由于管理层在逆境中通常试图去维持他们的股利支出，所以拥有高股利收益率的通常是那些价格跌了很多以及那些不受投资者喜欢的股票。由于这个原因，"道 10 策略"经常被称为"狗股策略"。

图 10-3 展示了与指数基准相比各种股利策略的总收益。自从标准普尔 500 指数建立以来，道琼斯工业平均指数的业绩实际上超过了该指数，与标准普尔 500 指数 11.18% 的年收益率相比，它向投资者提供平均每年 12% 的收益率。

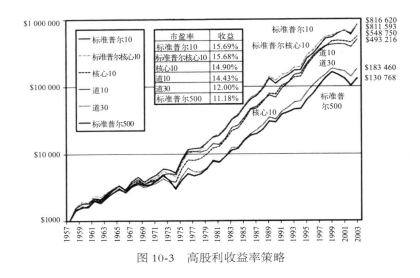

图 10-3　高股利收益率策略

　　但是"道 10 策略"要比道琼斯工业平均指数（道 30）好得多，它向投资者提供了 14.43% 的收益率，每年高于"道 30"2.5%，累计收益有 493 216 美元，大约是"道 30"的两倍半。

　　"道 10"高股利策略在熊市时取得了很好的成效，这证实了股利是熊市保护伞这一论断。在 1973 ～ 1974 年的熊市中，当"道 30"的收益率下滑了26.4%，标准普尔 500 指数的收益率下滑了 37.2% 时，"道 10"高股利策略收益率却增加了 1.4%！同样地，在 2001 ～ 2002 年，"道 30"下滑了 20.4%，标准普尔 500 指数下滑了 30.2% 时，"道 10"指数仅仅下滑了 9.9%。很明显，股利减缓了市场的衰退，这个特征对投资者来说是一个安慰。

10.7　标准普尔 10（S&P 10）策略

　　"道 10"的一个自然扩展就是把高股利策略运用到另外一组大型股票上，比如标准普尔 500 指数中的 100 家最大的公司。最重要的是，为什么要把挑选收益率最高的 10 只股票的策略局限在道琼斯工业指数中的公司呢？毕竟道琼斯工业指数只占市场股票价值份额的 1/4。

的确，我们发现在标准普尔 500 的最大的 100 只股票中挑选收益率最高的 10 只股票的策略比"道 10 策略"要更好，这些可以在图 10-3 中看出。在 1957 年年底把 1000 美元投资在这些标准普尔 500 指数中的高收益率股票上到现在将积累到 811 000 美元，平均每年收益率比"道 10 策略"高出 1 个百分点。

同"道 10 策略"一样，标准普尔 10 策略再一次显示了股利是熊市的保护伞。从 1998～2002 年，标准普尔 500 指数中最大的 100 只股票的收益率累计下降了 20%，然而，在这段时间内标准普尔 10 的收益率事实上上升了 13%。在 1973～1974 年的熊市期间，当时最大的那 100 只股票的收益率同样也下降了 20%，而此时，标准普尔 10 的收益率保持稳定甚至上升了 6 个百分点。

10.8 核心 10

但是还可能存在比"道 10"或者"标准普尔 10"更好的高收益策略。许多投资者，尤其是那些希望长期投资的投资者，希望收到稳定增长的而不是不断波动的股利。持续增加股利的政策要求管理层去满足股东具体的收益需求。

因此，我们又考查了在最近 15 年里那些没有减少股利的股票中具有最高股利收益率的 10 只股票。选择 15 年是因为在这段时间里任何公司必定经历了至少一次经济衰退。那些没有降低股利的管理层已经展示了他们公司持续的盈利能力以及公司的实力。我之所以把这种策略称作"核心 10"是因为管理层对于股利的许诺可以被看作一个基本的或者核心的策略。

在图 10-3 中我们绘出了通过在道琼斯工业指数和标准普尔 500 指数中选取的具有最高市场价值的 100 只股票中寻找"核心 10"策略的财富累计值。"道核心 10"实际上每年比"道 10"的收益率高出 0.60 个百分点。进一步来讲,"道核心 10"策略允许在年终营业额下降 20%,这不但减少了实现的资本利得而且降低了交易成本。"标准普尔核心 10"策略减少了营业额,但是业绩和"标准普尔 10"一样好。

10.9 校准收益加速器

发放股利的股票在经历过市场周期循环之后表现很好,这是由于进行股利再投资的投资者在熊市期间积累了更多的股份。表 10-2 向我们展示了一只股票在跌价后要经过多少年才能达到价格没有下降时所能达到的同样的收益率。在表 10-2 中假定公司保持发放股利。投资者承担了股票价格的损失,这是由于低廉的价格允许进行股利再投资的投资者积累比股票若没有跌价时他们将积累的股份。这些额外股份的价值最终超过了股价下跌的负效应,从而使得投资者的状况变得更好。

表 10-2   在价格下跌后为持平股利收益率需要的年数／年

| | | \multicolumn{10}{c}{股利收益率} |
		1%	2%	3%	4%	5%	6%	7%	8%	9%	10%
价格下跌	10%	95.8	48.4	32.6	24.7	20.0	16.8	14.5	12.9	11.5	10.5
	20%	90.3	45.6	30.8	23.3	18.9	15.9	13.8	12.2	10.9	9.9
	30%	84.2	42.6	28.8	21.8	17.7	14.9	12.9	11.4	10.3	9.3
	40%	77.6	39.3	26.6	20.2	16.3	13.8	12.0	10.6	9.5	8.7
价格下跌	50%	70.4	35.7	24.1	18.4	14.9	12.6	10.9	9.7	8.7	8.0
	60%	62.2	31.6	21.4	16.3	13.3	11.2	9.8	8.7	7.8	7.2
	70%	52.7	26.9	18.3	14.0	11.4	9.7	8.5	7.6	6.8	6.3
	80%	41.4	21.3	14.6	11.2	9.2	7.9	6.9	6.2	5.6	5.2

正如看到的一样，股利收益率越大，投资者弥补他们的损失所需要的时间越短。令人惊讶的是，表 10-2 显示股价的跌幅越大，投资者需要恢复的时间就越短，这是由于再投资的股利以一个更快的速度在增加。

例如，一只股票开始的时候有 5% 的股利率，如果股票价格下跌 50%，而后保持在低的股价水平，进行股利再投资的投资者将在 14.9 年里弥补他们的损失。这是因为投资者将把他们持有的股票数量翻一番，从而弥补了股票价格的下跌。

菲利普·莫里斯公司就发生了这样的事情。在 1991 年年末，菲利普·莫里斯公司的股利收益率仅仅为 2.8%，但是，伴随着稳定上升的股利和不断下跌的股票价格，它的股利收益率在接下来的 10 年里不断上升，到 2000 年时已经超过了 7%。以高股利积累的额外股份是菲利普·莫里斯公司的股票收益保持高水平的主要原因，即使它在整个 20 世纪 90 年代的业绩都很差。

表 10-3 说明股利是收益的加速器，它展示了如果在表 10-3 中所示的那些年之后，股票价格回到它原来的水平，把收益再投资的投资者将获得利润。从表 10-2 我们得知如果一只股票拥有 5% 的股利收益率，而股价却跌落了 50%，它将在 14.9 年之后获得跟股价一点儿也没有下跌一样的收益。如果在 14.9 年之后，这只下跌了 50% 的股票回到了它原来的价格，那么这只股票的年收益率将上升到 15.24%，这样的收益率将比股价没有下跌所能取得的收益率高出 50%。

表 10-3   价格恢复时的年收益率（%）

		股利收益率									
		1%	2%	3%	4%	5%	6%	7%	8%	9%	10%
价	10%	10.12	10.24	10.36	10.47	10.58	10.69	10.80	10.91	11.01	11.11
格	20%	10.27	10.54	10.80	11.06	11.31	11.56	11.80	12.04	12.27	12.50
下	30%	10.47	10.92	11.37	11.81	12.24	12.67	13.08	13.49	13.89	14.29
跌	40%	10.73	11.44	12.14	12.82	13.49	14.15	14.80	15.43	16.06	16.67

（续）

		股利收益率									
		1%	2%	3%	4%	5%	6%	7%	8%	9%	10%
价	50%	11.09	12.16	13.20	14.23	15.24	16.23	17.20	18.15	19.08	20.00
格	60%	11.63	13.24	14.81	16.35	17.86	19.34	20.79	22.22	23.62	25.00
下	70%	12.54	15.03	17.48	19.87	22.22	24.53	26.79	29.01	31.19	33.33
跌	80%	14.36	18.63	22.82	26.92	30.95	34.91	38.79	42.59	46.33	50.00

在 2003 年后期，当菲利普·莫里斯公司的股价开始回升时，这个收益加速器开始发挥作用。其他许多烟草公司，诸如英美烟草公司等，当它们的股价开始回升时，经历了相似的收益加速。如果这些公司没有支付股利的话，它们的收益将会低得多。

10.10 股份回购

在最近这些年里，很多公司已经习惯于通过在公开市场上购买它们自己的股份而不是发放股利来维持利润。像在前面说明过的一样，尽管最近的立法使得股利利润的税收降低到跟资本利得相同的水平，然而，在把收益交给股东时，股份回购在绝大多数规避税收的方式中仍然是最好的一种办法。利用收益去购买股份代替发放股利使得股价上升，而且，更高的股票价格在股份出售之前是不被征税的。结果，投资者可以延迟股份的征税，如果他们被划分在免税阶层里时，便可以逃避全部的税收。

如果公司回购股份的美元数额跟发放股利一样，那么熊市保护伞和收益加速器将同时发挥作用。如果股票价格下滑，回购的股份数量将随之上升，这便减少了外部股份的数量，也提高了每股收益和股票价格。在股利再投资中，投资者通过积累股份获得收益。当股份回购取而代之时，公司的每股收益将上升从而提高股票价格。在两种情况下，表 10-2 和表 10-3 中的数字仍然成立。

　　看起来股份回购起到了同股利再投资一样的作用，而且还享受税收减免的额外好处。但是，通常的情况不是这样的，实际上，管理层不把回购股份的政策和发放股利等同。[6] 一旦现金股利水平被设置后，管理层通常不愿意降低它的水平。减少股利通常被看作公司发出的一种糟糕信号，当宣布股利减少时，市场上将会出现大量的抛售该股票的现象。

　　与之相反，股份回购通常很偶然。当管理层宣布将回购股份时，通常股票的价格的确会得到改善，但是，股东判断管理层是否实际履行承诺将变得更加困难。从各种研究中可以得知大部分宣布的股份回购最终并没有完成。[7] 通常，管理层会为利润寻找另外的用途，并不是所有的管理层都会按照股东的利益行事。

　　所以，尽管从理论的角度来说股份回购会起到和股利再投资一样的作用，但是，实际上股份回购很少作为股东收益的稳定来源。让投资者自己把管理层回报给股东的股利用于购买股份比管理层代替投资者去做自己能做的投资更加值得信赖。

10.11　美元平均成本

　　一些敏锐的读者或许注意到通过股利再投资增加的收益数额跟投资者采取单位美元平均成本投资策略得到的收益相似。美元平均成本投资策略是在市场上针对某一项投资间或地进行投资。如同股利再投资一样，美元平均成本策略的投资利用这样一个事实，即当股票价格很低并且预期的收益很高时，购买更多的股份。相似地，当股票价格很高并且预期的收益很低时，购买更少的股份。

　　美元平均成本策略能够替代股利再投资策略吗？如果公司是长期的幸存者，答案是肯定的；如果不是，那么在价格下落时购买越来越多的股份将会是一个失败的决策。没有削减股利的公司往往能够成为长期的幸存者,所以它们比较适合刚才讨论的决策方案。股票的投机性越强,公司成为幸存者的机会越小,美元平均成本策略能够带来丰厚回报的机会也就越小。

10.12 其他积累现金的投资

熊市保护伞和收益加速器不仅适用于高股利的股票,也适用于那些向投资者提供大量现金回报的投资。其余的一些投资,比如不动产投资信托或高收益债券等,也具有这个效应。

不动产投资信托公司是从不动产所有者那里获得利润的公司。不动产投资信托公司具有特殊的税收特征,如果它们以股利的形式向股东支付 90% 以上的利润,那么这样的信托是免除公司所得税的。[8] 从 1996 ~ 2003 年,不动产投资信托公司的平均股利收益率为 6.6%,是相同时期内标准普尔 500 指数收益率的 4 倍多。

垃圾债券是由信用度低于投资级别的公司发行的债券。这些债券一般具有比投资级别公司债券和大多数政府债券更高的利率。

来自不动产投资信托公司的股利再投资以及来自垃圾债券的利息支付再投资同样使那些资产成为熊市保护伞和收益加速器。在每个衰退期,公司违约的风险增大时,垃圾债券的价格随之下降。然而那些把利息收入用于再投资的投资者将购买更多的债券,所以,当利率下落和有风险资产与无风险债券之间的利差下降时,这个收益加速器将创造奇迹。

在 20 世纪 90 年代末期,当不动产投资信托公司在科技股兴盛的时代遭到冷遇时,它们提供了特别高的收益率。不动产投资信托公司再度兴起后,额外投资的股份增加了不动产投资信托公司的收益,所以,从 20 世纪 90 年代中期到 2003 年,它们在所有资产类型中拥有最高的收益。

10.13   小结

在过去的 10 年中，由于投资者寻求资本利得，股利被轻视。但是，股票收益的历史揭示了现金股利的重要性。股利不仅仅在熊市中保护投资者，而且当市场重新复苏时，它极大地提高了收益率。

事实上，所有业绩好的股票都发放股利，而且绝大多数的股利收益率在平均收益率之上。

许多股票的收益，比如烟草生产商，已经从现金股利中受益颇多，尽管诉讼的风险已经降低了这些股票的价格。股利再投资也帮助了能源部门。下一章将考查股利和利润的来源，并且讨论怎样去度量它们。

| 第 11 章 |

利　　润

股东收益的基本来源

最近这些年里，大量资本实际上被许多实际状况不如前景预期的公司浪费掉……当帮助投资者进行投资配置的利润报告并不准确时，浪费的金额也陡然增大了。

——艾伦·格林斯潘，2002 年

　　股票市场对这项宣布的期待历时已久。在下午 4 点 15 分，闭市后的 15 分钟，全球最大的微处理器生产者英特尔即将发布它的季度利润报告。华尔街的交易者和分析者们像鹰一般地关注着英特尔的各项数据。英特尔公司被公认为技术部门和整个经济的领导者。

　　宣布的结果通过屏幕得以迅速传播：营业利润为每股 47 美分，以 5 美分超过了预期。但是这些利润不包括并购的相关费用、一次性研发支出以及商誉摊销。经过财务会计标准委员会（FASB）认可的官方利润数据——报告利润，也叫净收入，事实上低于预期水平。

　　但是市场对官方数据关注甚少，把目光主要集中在营业利润上，因为这是分析师和华尔街预测的数据。由于公司盈利超过市场预期，英特尔的股票价格在数小时后的交易中飙升。

　　这里正在发生什么？为什么市场忽略官方利润而关注一个既不能被很好地界定也不被 FASB 认可的数字呢？更重要的是，投资者应该用什么样的利润准则来估计公司的盈利性呢？

11.1　利润准则

　　每一个关注股票的人都谈论利润，因为每个人都知道利润驱动股票价格，但是当经济学家或者分析师开始讨论这些利润的细节时，绝大多数投资者的眼睛开始发呆。关于递延费用、重组费用、预计利润、养老金成本或者雇员的股票期权等的描述要么勾起了投资者对大学会计课程的回忆，要么对他们来说太复杂而不值得计算。出于这样的原因，我将不会怪罪任何想跳到下一章去了解经济和金融市场未来的读者。但是，如果你花费几分钟读读这一章的话，你将会发现一些很有价值的信息，这些信息不仅可以帮助你挑选股票，而且可以帮助你理解一些重要的事实，这些事实影响着公共政策和你的经济来源。

重要问题之一是，雇员的股票期权是否应该被支付，这个问题已经扩展到政治领域，并且在美国参议院中引起了激烈争论。一些高科技公司已经公开宣称，如果这些 FASB 的提议能够通过的话，公司员工将失去这一重要激励，而这种激励对维持美国在高科技上的领导地位是重要的。

另外一个问题是，对于许诺发放退休员工养老金的公司来说，如何对待养老金成本非常重要，它关系到养老金福利是否能够实现。联邦养老基金担保公司（Pension Benefit Guaranty Corporation）是一家由政府主办的公司，它为 5500 万人提供养老金保险，而新闻报告该公司已有巨额赤字。一些人担心不断出现的养老金拖欠可能变成又一场储蓄贷款大失败（savings-and-loan fiasco），浪费掉纳税人成百上千亿美元。

11.2 现在的利润是真实的吗

罗伯特·阿诺特是《金融分析师》期刊（*Financial Analyst Journal*）的编辑，他明确表示相信美国公司的利润数据是带有欺骗性的。在 2004 年和我的一场辩论中，他说：

> 我相信现在报告的利润有大量的虚假成分。如果我们对养老基金利用正确的会计准则的话，标准普尔利润的 15% ～ 20% 将会消失。如果管理层的股票期权被完全支付的话，标准普尔利润的 10% ～ 15% 将会消失。所以，我将坚持认为标准普尔利润的 25% 或者更多是虚构的。

如果利润的 25% 是"虚构的"，那么投资者正在为股票支付的越来越多，超过了他们所认为的，股票市场可预见的前景实际非常糟糕。[1]

相反，我并不认为公司报告的所有利润数据错误地反映了大多数公司的利润。偏差将在两个方面起作用，本章末尾我会加以说明。如果一个人仔细谨慎，利润数据就将指出正确的方向。

但是，这种怀疑论调也有值得同意的地方，投资者确实应该仔细观察公司的利润情况，特别是那些发放雇员股票期权或者有大量养老金义务的公司。标准普尔已经利用核心利润估计使得观察更加容易，核心利润估计是我赞同的一个新概念，在本章的后面我将讨论它。标准普尔核心利润检查揭示出：雇员股票期权集中在高科技公司，而养老金义务在一些老工业公司中出现，比如汽车、航空以及一些能源公司等。

11.3　利润概念

利润，有时候被称作净收入或者利润，是收入与成本之间的差额。但是，利润不仅仅是通过"流入的现金减去流出的现金"来计算的，因为许多成本和收入，比如资本支出、折旧和期货交割等，持续期间长达几年。另外，一些支出和收入是一次性的或叫作或有事项，比如资本利得和损失以及主要的重组等，这些项目不能说明公司具有进步的迹象或者持续的利润，而这在给公司估值时是很重要的。由于这些问题，还没有一个"正确的"利润概念。

公司有两种基本的方式报告它们的利润。净收入也叫报告利润，是被FASB 认可的利润。FASB 成立于 1973 年，是建立会计标准的组织。这些准则被称作公认会计准则或者 GAAP 会计。年度报告以及政府机构中的利润指的就是这种利润。[2]

另外一种是营业利润，这个概念更加普遍。营业利润代表了经营中的收入和支出，忽略了偶尔发生的一次性项目。例如，营业利润通常不包括重组费用（比如，和公司关闭一个工厂或者出售一个部门相联系的费用）、投资收益和损失、存货贬值、并购和分拆相关的支出以及商誉贬值等。

营业利润是华尔街的关注对象和分析师们的预测对象。公司报告的营业利润和分析师预期其报告利润之间的差别在"利润季度"期间驱动着股票，这一般发生在每个季度末过后的几周里。当我们听到 XYZ 公司"击败了华尔街"，这实际上是说它的利润在预测的平均营业利润之上。

在理论上，营业利润给出了一个比报告利润更加准确的关于公司长期可持续利润的信息，但是营业利润的概念还没有被会计行业正式地定义，并且它的核算涉及许多管理层的判断力。当管理层处于击败华尔街利润的压力之下时，他们有动机去"推挤信封"，即排除多于正常的支出（或者纳入更多的收入）。

数据显示报告利润和营业利润之间的缺口不断扩大。在 1970 ～ 1990 年间，平均报告利润仅仅低于营业利润 2%。自从 1991 年以来，营业利润和报告利润之间的差别就越来越大，甚至扩大到了 18%，这是以前的 9 倍。[3] 2002 年，两种利润概念之间的差别扩大到了 67%。

在 20 世纪 90 年代牛市的后期，一些公司，特别是那些高科技公司，被指责排除了太多的支出。例如，思科系统公司划去了公司不能销售出去的存货，并且用高超的会计技术使所得看起来对公司更加有利。

一些公司发展了利润的概念，包含进去了更加极端的假设。亚马逊公司宣布如果忽略了将近 20 亿美元的债务利息，那么形式上公司在 2000 年就是盈利的。这仿佛是在说只要我忽略了自己的抵押支付，我的度假屋并不耗费我的任何东西。很明显，标准必须被加强。

11.4 雇员股票期权的争议

最有争议的问题之一是雇员股票期权的账目。在第 10 章里，我们谈到高科技公司特别是微软公司的期权文化在 20 世纪 80 年到 90 年代形成。雇员股票期权给员工一种以给定价格购买股票的权利，只要他们为公司工作了一段既定的时间。正如我在第 9 章里谈到的，管理层股票期权的扩散开始于 IRS 规定通过期权支付不违反国会规定的报酬限制之后。

我们已经说明了管理层股票期权抑止股利，还有另外一个原因说明为什么股票期权会变得如此普遍。股票期权不仅绕过了管理层报酬限制，而且大多数股票期权在被赋予时，不需要在公司的利润表中算作支出。如果这些期权被执行，那么可能在它们被赋予许多年之后，期权将作为支出。

这种被高科技公司极力支持的惯例，由于几年前 FASB 设定的规则而被认可。董事会的期权头寸在学院界和职业人员之间引发了许多争辩。在 2000 年，FASB 转换了立场——在国际会计标准委员会的领导下，FASB 决定期权在给予时就作为支出。2004 年，作为支出的期权降低了标准普尔 500 利润的 5%，而期权盛行的高科技部门的利润急剧下降。

高科技公司游说国会阻止 FASB 实施这些条款。在国会干涉中，值得谴责的一件事情是，康涅狄格州的议员约瑟夫·利伯曼在 1993 年领导议员们以 88 票对 9 票的所谓无争议结果表达了"议员的意思"，反对 FASB 的提议。经过这次投票后，FASB 放弃了改变规则的主张。

但是，在科技泡沫崩溃之后，FASB 重新提出了这个问题，并且要求公司在 2005 年必须把期权作为支出。在写这本书时，高科技公司仍然在寻求国会的帮助以抵制这个条款。

11.5　为什么股票期权应该作为支出

关于这个问题，FASB 对了，高科技产业和支持它们的政治家们错了。没有人比艾伦·格林斯潘把应该作为支出的期权更当回事了，在这个问题成为焦点之前，他在1992年的年度报告中说："如果股票期权不是报酬的一种形式，那么它是什么？如果报酬不是一种支出，那么它是什么？如果支出不进入利润表中的话，那么它们应该在世界的什么地方？"[4]

期权应该在发行的时候就作为支出，因为利润应该反映公司最可能的可持续利润流——那些可以当作股利发放给股东的利润。如果雇员没有被发放期权，他们的正常现金报酬将通过所放弃期权的价值而增加。无论报酬是通过现金、期权还是单独包装糖块来支付，它都代表了公司的一种支出。

当期权被执行时，公司根据期权条款以折价方式销售新的股份给期权所有者。这些新的股份将减少每股收益，从而被称为利润的稀释。当前股东放弃一部分公司利润给通过期权以低于市场价格购买股份的新股东。

11.5.1　对把期权作为支出的批评

一些人宣称，如果在期权被执行时管理层在公开市场上回购足够多的股份去抵消新发行的股份，那么就不应该把期权作为支出。这样的话，就不存在利润的稀释。但是，这种论断忽略了这样一个事实，将用于回购股份的资金可能已经被分配给股东或者已经被用于增加股东价值上了。

对把期权作为支出的批评同样问及如果期权被当作支出，那么股票价格会下降，从而期权将永远不会被执行，这样的话，将会怎么样呢？在这种情况下，一方面，期权支出将反过来作为一次性所得或者额外所得来核算；另一方面，如果股票价格上升，期权以超过发行时账面记录的支出被执行，那么公司就应该增加一笔额外的支出。

批评同样说，雇员期权不能被合理地估值。但是，这是靠不住的。现代期权定价理论能够估价利润表中其他估计量，诸如资本支出的可使用年限、非流动资产市场价值以及无形资产的减值，也能同样估计期权的价值。

11.5.2　对股东的风险

期权还有一个优点，雇员股票期权的发放减少了对股东的风险。一方面，如果公司经历利润下降，并且股票价格下跌，那么这些期权将会自动中止，如果已经把期权记为支出，公司将把这笔支出转为实现所得。另一方面，如果有好消息，并且股票价格上升，那么这些期权将会被执行，从而由于稀释作用每股利润将下降。

当雇员接受期权而非现金时，他们承受的风险减少了外部股东的风险。这意味着在所有其他条件相同的情况下，向雇员发放价格合理的期权并将期权列入支出的公司其价值要稍高于向雇员发放等价值现金的公司。

但是，这同样意味着对于许多大量发放雇员股票期权的高科技公司，其股票的大部分好处将会被雇员而不是被外部股东获得。在这个期权流行的行业中，这是一个重要的考虑事项，却经常被那些购买股票的人所忽略。

11.5.3　把期权当作支出的公司

在 2004 年中期，标准普尔 500 中的 176 家公司已经决定把期权当作支出，这些公司代表了超过 40% 的市场价值。[5]可口可乐是首批决定消除雇员期权计划的大公司之一。微软公司也在 2003 年中止了雇员股票期权计划，取而代之的是股利发放。

难道沃伦·巴菲特影响了这些事情的发生？巴菲特是可口可乐公司的大股东，并且和微软的董事长比尔·盖茨建立了深厚的友谊。无论原因是什么，专业主张已经明确地朝 FASB 提出的将期权划为支出的方向进行。

雇员也并不需要期权来激励他们为高科技公司工作。很明显，在 20 世纪 90 年代，雇员们认为期权肯定是一条致富之路，但是股市下跌已经粉碎了很多人的这个梦想。对雇员们来说，接受代替现金的期权如同接受彩票形式的支付一样。当他们看到其他人赢的时候，它看起来是个好主意，但是，从长期来看，这些期权是一种许多雇员负担不起的风险。

11.6 基于养老金成本的争论

11.6.1 养老金固定收益计划和固定缴款计划

养老金成本几乎像期权一样富有争议。养老金计划一般有两种主要类型：固定收益计划（DB）和固定缴款计划（DC）。

固定缴款计划在20世纪90年代的牛市时期非常流行，它把雇员和雇主的养老金缴款直接转化成雇员拥有的资产。在这种计划中，公司不保证任何收益。相反，在固定收益计划中，雇主清楚地说明将支付的利润和卫生保健收益，支持这些计划的资产不被个人雇员选择或直接拥有。

根据政府规定，固定收益计划必须有资金支持。这意味着公司必须存储一些资产以备发放与计划相关的预期收益。相反，在固定缴款计划中，由雇员承担在退休时该计划价值达不到退休费用的风险，雇员必须自己决定把手中的美元投资在何处。

在过去的20年里，养老金固定缴款计划普遍流行的原因主要有两个。一个是20世纪90年代的牛市，它使得许多雇员相信他们能够通过自己投资而不依靠公司许诺的收益获得更好的收益。

第二个原因是：在固定缴款计划中，缴款立即被宣布归属，也就是说，立即变成雇员的财产。如果一个雇员离开了公司，他可以带着他的401（k）资产去另外一份工作。相反，在固定收益计划中，需要经过很多年以后收益才属于雇员。如果一个雇员在这些收益分配之前离开了公司，那么他将得不到任何收益。

11.6.2　养老金固定收益计划中的问题和风险

计算资金支持的固定收益计划收益的现行规则在各个公司中普遍适用。FASB 允许公司自行选择其投资组合的资产收益率估计方法，但是通常这些估计都太高了。无论这些收入能否实现，都被贷记到利润之中。进一步来说，如果这些资产的价值跌到养老金负债之下（这些基金被称作资金不足），FASB 允许公司在经过一个较长时期后弥补这个缺口。

政府要求公司建立退休收入基金，但是不要求公司为其他与养老金相关的福利建立基金，特别是健康福利。2003 年，高盛集团的一个分析师估计出三个底特律汽车制造商的卫生保健债务为 920 亿美元，占到了它们市场资本总额的 50% 以上。[6]

绝大多数投资者完全清楚这些没有资金支持的债务已经降低这些汽车制造商的价值，对于其他养老金计划大量资金不足的公司也是如此。2003 年 3 月，25 家被认为有着最严重的养老金发放问题的公司仅仅占标准普尔市场价值的 1.4%。在过去 10 年里，钢铁制造商和航空公司的破产和它们的养老金债务有很大关系。

事实上，由于在过去 20 年里开始的所有养老金计划都是固定缴费养老金计划，所以随着为退休筹资的风险从公司转移到个人，公司面临的养老金问题将会消失。但是，投资者应该密切关注具有大型固定收益计划的公司股票，因为它们可能是公司未来利润的主要索取者。

11.7　标准普尔的核心利润

由于市场对养老金和期权的灰心，同时营业利润的定义被不断扩大，标准普尔据此在 2001 年提出了统一的利润计算方法，他们称这种方法为核心利润。提出这种方法的目标是定义和衡量公司主要业务或核心业务的营业利润，出于其他原因的收入和费用被排除在外。核心利润把雇员股票期权作为费用支出，重新计算了退休金费用，并排除了其他不相关的资本损益、商誉损失和一次性诉讼得失。

绝不能低估这个正确衡量可持续利润方法的重要性。在当今市场上，通常公司出售价格约为每年利润的 20 倍。这意味着公司价值仅有 5% 依赖于接下来的 12 个月里发生的事情，95% 的价格依赖于之后的情况。这就是为什么当我们计算利润时，会计决策应该区分预期不会重复发生的一次性损益和那些影响未来盈利性的项目。这个目标驱使标准普尔去开发核心利润方法。

这是一项不同寻常的勇敢举措，由一个非规定的私有行业公司发起，它拥有世界上最大的复制基准，即标准普尔 500 指数。《纽约时报》把核心利润称作 2002 年最好的创意之一。[7] 沃伦·巴菲特盛赞标准普尔的这个创意，他在一封公开信中声称，"你们的行动是需要勇气的，并且是正确的，将来投资者将会把你们的行动看作里程碑式的事件"。[8]

我同样强烈支持核心利润，并且盛赞这项由戴维·布利策（David Blitzer）、罗伯特·弗里德曼（Robert Friedman）、霍华德·西尔弗布拉特（Howard Silverblatt）和其他人员所做的工作。其中，戴维·布利策是指数委员会的总经理和主席。尽管我对他们关于养老金费用的估计（这是极难的会计事项）有争议，但是我相信核心利润在利润表标准化的道路上迈出了重要的一步，它是一种非常好的衡量公司盈利性的方式。

11.8 利润质量

更好地理解利润质量会给投资者带来利润吗？在绝大多数情况下是的。一种衡量利润质量的方式是测量公司的自然增长，自然增长被定义为账面利润减去现金流量。

拥有高自然增长的公司可能正在操纵它的利润，并且这或许是未来出现问题的预警。同样，拥有低自然增长的公司可能表明它的利润被保守估计了。

理查德·斯隆（Richard Sloan）是密歇根大学的一名教授，他认为高水平的自然增长和随后的低股票收益相关。[9]斯隆发现，从 1962 ～ 2001 年，在具有最高利润质量（最低的自然增长）的公司和具有最低利润质量（最高的自然增长）的公司之间的收益差别是每年 18% 左右。进一步的研究表明，尽管自然增长十分重要，但是在预测未来利润增长时，华尔街的分析师们并不把它考虑在内。[10]

利润估算过程中常常会有估计量，而这些估计量中常存在出于善意的估计。这就是现金流量和股利是公司利润的客观衡量指标的原因，它们应该被补充到利润数据当中。

11.9　利润偏差：上上下下

养老金和雇员股票期权的会计处理高估了公司利润，但是也有些会计法则在相反的方向上起作用。

例如，尽管研究和开发成本有理由作为资本化支出并分期折旧，但是却一直作为费用支出，这意味着研发开支较高的公司的报告利润可能低于其真实利润，比如制药业。

我们以辉瑞公司为例来说明。辉瑞公司拥有全球最大的药品类股票，在 2004 年它是标准普尔 500 中最大的五家公司之一。2003 年，辉瑞公司花费了 76 亿美元在药品的研发上，又花费了近 30 亿美元在厂房和设备上。在当前的会计规则下，辉瑞公司从它的利润中扣除花费在厂房和设备上的 30 亿美元的 5% 以作为折旧，残值将在资产使用寿命期结束后被扣除。

但是，辉瑞公司花费在研发上的 76 亿美元将完全从它的当前利润中扣除。这是由于辉瑞公司的研发在会计中不被视作一种资产，所以当支出发生时，它们必须作为费用。

这样做合理吗？辉瑞公司的研发项目与它的财产、厂房和设备相比，难道不是一种资产吗？考虑到辉瑞公司的价值在很大程度上来自于通过研发支出而得到的专利，这种会计处理方法似乎向辉瑞公司的业绩施加了过多的负面影响。

伦纳德·纳卡穆拉（Leonard Nakamura）是费城联盟储备银行的一名经济学家，他有着相同的意见。他说，"正是这些（研发）支出在推动公司的长期业绩"。[11] 当前利润计算方法少算了具有大量研发工作的产业的未来潜在利润。

另一个利润低估的原因是利息支出的处理方式。当通货膨胀发生时，利息成本提高，从而导致公司债务的真实价值相应减少，但利息支出也要从公司利润中全额扣除。在通货膨胀时期，公司固定债务价格的不断上升带来的影响可能是巨大的。

这一部分可以概括为：并非所有具有争议的会计实践都高估了公司利润。

11.10　最后的话，向未来一瞥

这一章评价了公司利润实践。即使报告利润中的确有一些"错误"，整个经济的利润数据并不会在很大程度上产生误导作用。

计算利润存在很多不确定因素，所以需要密切关注股利。如果一个公司发放股利，那么你知道在获得什么。伪造股利支出要比伪造利润困难得多。

尽管仍然需要对管理层操纵利润数据密切关注，但是，在我们对这些公司说"不"的时候，我们应该知道美国政府在其养老金计划的会计处理上设置了圈套，这些养老金计划不符合任何公司或者管理机构的要求。社会保障和医疗保险部门有很多债务没有资金支持，这些债务以 10 万亿美元计，与之相比，公司的债务额显得很小。与资金短缺的公司养老金计划相比，上述问题给我们的经济带来更大的风险，这是本书下一部分的主题。

第四部分

THE FUTURE FOR INVESTORS

人口危机和未来全球
经济强国的转变

第 12 章

过去仅仅是个序幕吗

股票的过去和将来

仅仅有一盏灯在引导我前进，它就是经验之灯。除了过去之外我不知道还有什么办法能够用来判断未来。

——帕特里克·亨利，1775 年

保罗·萨缪尔森是一位获得诺贝尔奖的经济学家，他也是我读研究生时的导师，他曾经说过："你仅仅有历史这一个样本。"我们经历的历史充斥着各种各样的扭曲和转变，如果我们能够重新运转这个世界，这些扭曲和转变也不会重复出现。

然而，历史是我们拥有的全部。鉴于我们的大脑被设计为通过观察过去来学习，历史就必定有其价值。通过了解市场对过去的事件如何反应，我们就可以更好地洞察市场未来的表现。

带着上述想法，我在 20 世纪 90 年代早期开始搜集美国股票和债券的长期历史数据，希望能够发现一些可以预期未来收益率的特征。我收集的数据表明，从 1802 年开始，在除去通货膨胀之后，充分分散化了的普通股投资组合具有 6.5% ～ 7% 的年收益率。这个发现是我所写的《股市长线法宝》一书的基石。在这本书里，我写道：

> 在过去两个世纪里社会发生了巨大变化，然而股票收益在长期内却是相当稳定的，这令人很吃惊。美国由一个农业经济国转变成一个工业经济国，并且现在正在转变成为一个后工业经济国和科技导向的经济国。世界也从金本位转变成纸币本位。过去需要花费好几个星期才能传遍整个国家的信息，现在可以在瞬间转发并同时传遍整个世界。但是，尽管为股东积累财富的基本因素发生了巨大的改变，股权收益率还是表现出了惊人的持续性。[1]

但是，与过去经济遭遇的所有危机相比，将来可能出现的变化显得更加重要和持久。前所未有的人口老龄化浪潮威胁到我上面所说的长期股权收益率的"惊人的持续性",这种浪潮不久将影响到整个世界经济。退休工人数量的急剧增加,价值上万亿美元的股票和债券等待出售,这将强烈影响到资产的价格,从而使婴儿潮一代想要度过一个长期舒适退休期的希望面临破灭。

在分析这种威胁之前,根据新的历史数据回顾一下与股权相关的历史事件是很重要的。

12.1　历史上的资产收益率

图 12-1 是我从过去关于金融市场收益率研究中选出的最重要的图,它展示了在过去的两个世纪里,股票、长期政府债券、票据、黄金以及美元的累计收益率(包括资本利得、股利和利息),这些收益率除去了通货膨胀的影响。

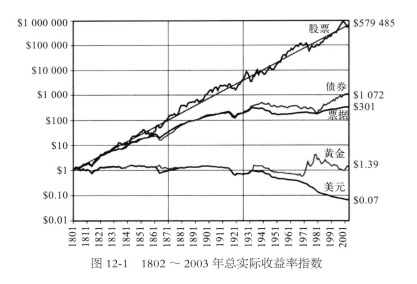

图 12-1　1802 ～ 2003 年总实际收益率指数

1802 年投资在股票上的 1 美元到 2003 年末已经具有 579 485 美元的购买力,这远远超过了债券的 1072 美元和票据的 301 美元。很多投资者喜欢投资的黄金在经过两个世纪后,除去通货膨胀因素之后仅仅值 1.39 美元。通货膨胀的累积效应是巨大的，我们现在持有的 1 美元在两个世纪之前仅仅能购买价值 7 美分的物品。

相对于其他资产，股票的优势是巨大的。投资者会认为，政治危机和经济危机等剧变会使股票偏离长期轨道，但是，促进经济增长的根本动力总会促使股权回归到本来的地位。尽管我们在历史上经历了衰退、战争、金融危机，在 2001 年和 2002 年我们又遭受了恐怖主义的袭击和诽谤，但是，股票收益率的弹性是无可争议的。

12.2　西格尔常量：6.5% ~ 7% 的实际股票收益率

在这些数据中，最重要的统计量就是股票除去通货膨胀后的长期平均收益率，这个收益率在整个观察时期内一直处于 6.5% ~ 7%。这种收益率意味着如果按照购买力来衡量的话，在股票市场上投资者的财富在过去的两个世纪里平均每过 10 年翻了一番。

无论是美国经济发展的早期，即从 1802 ~ 1870 年，还是中期，从 1871 ~ 1926 年，这些时期内的股票收益率、股利以及收益的全面数据都可以获得；无论是从 1926 年以来的时期，这段时间经历了最糟糕的股票崩盘和大萧条，还是从第二次世界大战以来的这段时期，这段时间美国承受了巨大的通货膨胀，上述结论都是成立的。在这些时期里实际股票收益率维持在 6.5% ~ 7%。任何其他资产（债券、票据、黄金以及美元）都没有接近于这个稳定的实际股票收益率。

安德鲁·史密瑟斯（Andrew Smithers）是一位英国的货币经理，斯蒂芬·赖特（Stephen Wright）是剑桥大学教授，他也是《为华尔街估值》一书的作者，当他们把长期股权收益命名为 "西格尔常量" 时，我感到非常荣幸。他们和我一样认为：这个收益率在过去两个世纪里已经完全经历了美国的经济和社会变革，所以非常值得注意。

股权收益率恰好略低于 7% 的原因并不清楚。当然，股票收益率和经济增长、资本数量、股票的流动性以及投资者要求的风险溢价相关。

固定收益资产是投资者投资组合中股票最大的竞争者，其情况不同于股票。债券收益率的实际收益率并不稳定，在除去通货膨胀后，它在过去的两个世纪里稳步下跌。在整个 200 年里，债券的年平均实际收益率是 3.5%，这仅仅是股票收益率的一半。票据和其他短期货币市场资产的年实际平均收益率为 2.9%，而在除去通货膨胀之后，黄金仅仅有 0.1% 的收益率。

12.3 股权风险溢价

哪些因素导致股票收益率超过债券收益率呢？从最基本的层面上来说，股票市场收益率取决于投资者放弃固定收益资产的短期安全并承担股票投资风险的意愿。

承担这种风险并不是免费的，投资者必须得到承担风险的补偿，如同谚语里说的那样，今天放弃手中的一只小鸟是为了明天有机会获得两只。与其他安全投资相比，如政府债券，股票获得的额外收益率被称为股权风险溢价。

在过去的 200 年里，股权风险溢价大约平均为 3%。

12.4 股权收益率的回归平均值

几乎没有人否认，在长期内股票收益率高于债券收益率。但是，由于股票具有很高的波动性，许多人选择避开它们。股票的风险在很大程度上取决于你持有股权的时间。

让我们回到图 12-1 中。根据股票的累计收益率画出一条统计趋势线，注意看实际股票收益与这条趋势线是多么接近。股票市场跟随这种趋势的倾向说明了统计学家称其为股权收益"回归平均值"的原因。回归平均值参照一种变量，该变量在短期内波动很大，但在较长时期内却比较稳定。回归平均序列的一个例子是平均降雨量，它每天都发生很大变化，但是在每个月内却比较稳定。

回归平均完全改变了投资者看待风险的方式，这在图 12-2 中进行了说明。图 12-2 中的柱状图展示了 1802～2003 年中所有 1 年、2 年、5 年、10 年、20 年和 30 年期的股票、债券和票据除去通货膨胀因素后的平均收益率风险（以标准差来衡量）。

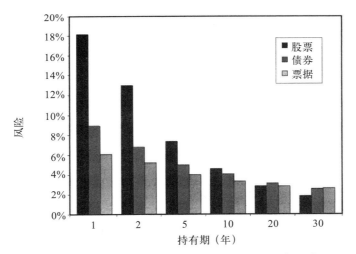

图 12-2　除去通货膨胀因素后的平均年收益率风险

在短期内，股票风险无疑要比债券高。但是，随着持有期增加到 15 年和 20 年，股票风险落到了固定收益资产之后。经过 30 年后，股票风险低于债券和票据风险的 3/4。随着持有期的增加，平均股票收益率风险下降的速度将近为固定收益资产收益率下降速度的两倍。

出现这种结果的原因是通货膨胀率的不稳定性。一方面，通货膨胀对实际债券收益率的影响要远远超过对实际股票收益率的影响。债券许诺支付美元而不是商品或者购买力。最近美国国库券发放了通货膨胀指数债券，这种债券根据通货膨胀来调整债券收益率，但是这些债券只占全部固定收益市场很小的比例。

另一方面，股票是对所有权、机器、工厂和创意等实物资产的要求权。经过一段时间后，这些资产的价格将随着通货膨胀而上升。股票收益率的表现说明，经过一段长期时间后，股票完全抵消了通货膨胀的影响，然而债券由于自身的特征却不能做到这一点。

上述证明支持了这种说法，即由于股票有较高的收益率和较低的长期风险，它们应该成为所有长期投资组合的基石。而债券则被那些希望规避股票市场短期波动的人需要，因此债券收益率要低得多。但是债券并没有对冲掉我们纸币经济中固有的通货膨胀风险，经济中价格水平的长期变化是不可预测的。

12.5 世界范围内的股票收益率

当我在 1994 年出版《股市长线法宝》一书时，一些经济学家提到，我从美国数据中得出的结论可能高估了世界范围的股票收益率。

有几个经济学家强调，在国际范围内研究收益率存在"存活偏差问题"（survivorship bias），造成这种偏差的原因是大多数研究都集中在股票市场成功的美国，而忽略了一些像俄罗斯或阿根廷那样的市场，在那些市场中股票已经衰退或者彻底消失了。[2] 这种偏差说明：美国的股票收益率是特殊的，或许在其他一些国家，股票的历史收益率是比较低的。

有三位英国经济学家调查了 16 个国家在过去一个世纪里的股票和债券的历史收益率，这种方法解决了存活偏差问题。埃尔罗伊·迪姆松（Elroy

Dimson）和保罗·马什（Paul Marsh）是伦敦商学院的教授，迈克尔·斯汤顿（Michael Staunton）是伦敦股票价格数据库公司的董事，他们把其研究成果发表在一本名为《乐观者的胜利：101 年全球投资收益》的书中，这本书严密而又生动地说明了对 16 个国家金融市场收益率的估计。

　　尽管战争、恶性通货膨胀和大萧条等灾难光顾了这些国家中的大多数，但是，这 16 个国家都提供了绝对为正的除去通货膨胀因素后的股票收益率。进一步来讲，在一些经历过战乱的国家，比如意大利、德国和日本，其固定收益资产的收益率却绝对为负，因此，股票相对于其他金融资产的优越性在所有的国家内都成立。

　　图 12-3 展示了这 16 个国家 1900 ～ 2003 年的股票、债券和票据的年平均实际收益率。[3] 股票的实际收益率从比利时较低的 1.9% 到瑞典和澳大利亚较高的 7.5% 不等。美国股票收益尽管非常高，但也并非例外。美国股票收益被瑞典、澳大利亚和南非超过了。世界股票平均实际收益率相较美国的也并不远。[4]

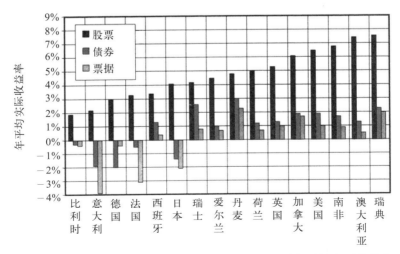

图 12-3　1900 ～ 2003 年国际股票、债券、票据的年平均实际收益率

在分析了所有信息之后，《乐观者的胜利：101年全球投资收益》一书得出结论：“被调查的16个国家同美国的经历一样：股票业绩好于债券……每个国家的股票业绩都优于债券。如果把过去101年作为一个整体来看，仅仅有两个债券市场和一个票据市场的业绩比最糟糕的股票市场好。”[5]

还有，“即使美国和英国取得了好的业绩……也并没有迹象表明它们把其他国家甩到了后面……成功性和存活偏差是合理的，但是在某种程度上被夸大了，并且投资者或许并没有被集中在美国的研究所误导”。[6]

最后一句话极其重要。对于美国股票市场的研究已经超过了世界上的任何一个国家。迪姆松、斯汤顿和马什说明：在美国发现的结果与所有国家的所有投资者有关。美国股票在过去两个世纪里优异的业绩不是特例。对于每个被调查的国家，其股票业绩都以压倒性的优势超过了固定收益资产。国际性的研究已经加强而非削弱了股票的这个属性。

12.6 过去仅仅是个序幕吗

尽管股票有着优异的历史记录，但是仍然有人声称回看过去可能产生误导。他们宣称对股票而言，或者事实上对任何资产而言，最乐观的事情总是出现在市场的最高点，此时，过去的收益是如此的好，但是未来的收益是如此不可测。

有很多事实说明了这个论断。例如，如果在1989年12月测量，日本股票过去的收益率特别高，此时东京证券交易所指数达到39 000点。在20世纪80年代，日本股票的年收益率飙升到将近30%，日本股票在历史风险收益分析的国际投资组合中占了很大比重，特别是日本的银行部门。但是，当时的日本市场却处在熊市的边缘，14年之后，日本的股票收益率低于市场顶峰时收益率的1/4。与之相似，如果你在2000年1月调查美国市场部门的历史收益率，并根据过去的经验来投资，那么你所有的钱无疑将投入到网络股票上，这些股票具有极高的收益率，两年之后，你的每 1 美元剩下 10 美分就算幸运了。

12.7 来自人口问题的挑战

上述预测会不会再次发生错误？婴儿潮出生的人们不久将开始出售其股票和债券，股权的优势将被破坏掉吗？

罗伯特·阿诺特是《金融分析师》期刊的编辑，我已经在第 11 章介绍过他对于利润的怀疑。他坚决认为 2000 ～ 2002 年的下跌仅仅是较长熊市的第一次咆哮。阿诺特说：

> 我认为，来自人口的影响现在正在发生，泡沫的破灭和之后的熊市就是人口问题带来的第一个困境。1975 ～ 1999 年，巨大的牛市把 1 美元变成了 50 美元，它同样受到人口极大的影响。退休人口在接下来的 20 年里将急剧增加，这使资本市场开始面临低收益率。[7]

这些来自人口方面的论断明显向股票上扬提出了挑战。本书下面的三章将把来自人口问题的挑战分成几个小部分，详细讨论其对经济和资本市场的影响。第 13 章将完全陈述一些人口问题的情况。由于退休，发达国家无疑将面临一次工人数量的空前减少。如果这个趋势继续下去的话，工人数量的减少将使美国社会保障和医疗保健计划破灭，并且带来退休年龄的增加和退休期的缩减。最重要的是，这一章说明了不仅社会保险信托基金而且个人资产也将受到老龄化浪潮的威胁。

第 14 章将分析当前应对老龄化浪潮提出的解决方案。我们将逐个考查常规的方案，并发现这些方案存在的缺陷。婴儿潮出生的一代的更多储蓄、发达国家生产率的提高以及移民的增加都不能单独解决这个问题。

　　但是，未来有一种发展将对抗并且压制老龄化浪潮：发展中国家快速的经济增长。我认为中国、印度以及其他新兴市场国家的经济发展确实可以向老龄化国家提供足够的商品和服务，从而给这些老龄化国家的人口提供一个舒适的退休期。

　　我称该方案为全球化的解决方案。全球化的解决方案同时向世界提供了足够的商品，向资本市场提供了足够的买方，从而支持未来的股票价格。

　　为什么我相信这种解决方法将会变成现实呢？这是本部分最后一章的主题——全球化的解决方案：真正的新经济。点燃经济增长的火焰来自信息、知识和观点在大量人口中的扩散。沟通方式的革命和互联网的发展虽然曾经给投资者带来痛苦，但是它将成为世界有史以来最迅速的经济增长的基础。

第 13 章

不能被改变的未来

即将到来的老龄化浪潮

据说现在孕育着未来。

——伏尔泰

当经济学家预测未来的时候，他们和其他职业的人一样，都呈现出来糟糕的记录。约翰·肯尼斯·加尔布雷思（John Kenneth Galbraith）是哈佛大学的经济学名誉退休教授，谈到其职业时，他说："我们有两种做预测的人，一种是不知道（怎么做预测）的，另一种是不知道他们不知道的。"

但是，有种专业人员对未来了解很多：研究人口趋势的人口统计学家。他们能够了解未来的原因非常简单，如果现在有2000万美国人年龄在30～34岁，那么在5年之后，这些人的年龄将在35～39岁，10年之后，同样这批人的年龄将在40～44岁。当然，随着时间的推移，人口死亡率应该被考虑进去，但是到人口变得相当老之前死亡率是很低的。

由于我们了解现在的年龄情况，所以我们可以非常准确地预测未来的情况。在第二次世界大战之后，具体来讲是在1946～1964年，出生率急剧增加，而后变得稳定，然后跌到一个最低水平，婴儿潮转变成为婴儿低谷。

结果，8000万婴儿潮一代的美国人正面临着较长时期的退休期，而此时劳动力却正在减少。

这些事实是不可改变的。这是不能被改变的未来。

13.1 为什么投资者应该关心这个问题

老龄化浪潮的影响巨大。老龄化最明显的影响就是对公共养老金的影响。几年前，美国和其他几个最发达的国家为年老的公民建立了医疗和社会保障计划。从下个10年开始，婴儿潮一代将对这些政府计划产生空前的影响。绝大多数的欧洲国家和日本的境况与美国一样糟糕，它们也处于困境之中，面临着更大的养老金义务。

资本市场上供给和需求隐现的问题使人回想起华尔街一个古老的故事。一位经纪人向他的顾客推荐一只冒风险、利润前景不错的股票，这个投资者便购买了这只股票，在股票价格不断上升的时候买了上千股。之后他额手称庆，给经纪人打了个电话，指示他卖掉他所有的股票。他的经纪人突然回答道："卖掉？卖给谁？你是唯一购买这只股票的人！"

"卖掉？卖给谁？"在接下来的几年里可能会困扰着婴儿潮一代人。谁将是婴儿潮一代人在过去几十年里积累的上万亿美元资产的购买者呢？这代人在 20 世纪后半叶时影响着政治、潮流和媒体，而他们却是老龄化浪潮的一部分，在金融资产方面对经济构成威胁。这个结果不仅对婴儿潮一代退休而言是一场灾难，而且对整个人口经济福利来说也是个灾难。

彼得·彼得森是《灰色的黎明》（*Gray Dawn*）以及 *Running on Empty* 的作者，他发出警告已经好几年了。他警告说："前面有一座要崩塌的冰山，它被称作全球老龄化，它可能导致强国的崩溃。"[1]

彼得森计算出发达国家大约有 35 万亿美元养老金和 70 万亿美元医疗保险的负债。正如他说的，"这给全球带来至少一个'64 万亿美元的问题'"。他警告说，除非有重大举措来应对这个危机，否则"个人生活标准将停滞不前或者下降"。[2]

这些人口现实问题可能给金融市场带来灾难。婴儿潮一代人必须开始销售他们的资产以备退休之需：和孙辈们一起度假、支付医疗费用以及日常起居开支。但是像股票和债券这类资产没有内在的价值——你不能吃掉你的股票证书，只有销售掉这些资产才能实现其价值，但是只有当愿意购买这些资产的人足够多时，你才能把它们卖掉。这些购买者一般来自正在工作的一代人，在过去，这些工作者的数量远远大于要退休工人的数量，然而，由于婴儿潮的影响，现在"X 一代"（Generation Xers，出生于 20 世纪 60 年代末到

70 年代）已经没有足够的财富能够按照婴儿潮一代人支付的价格来消化其股票和债券组合。由于缺乏购买者，这些资产的价格必定将下降，或许将极大地下降。

许多投资者不理解形势的严峻性。一些人认识到当他们退休时可能不会得到医疗和社会保险，但是他们却安慰自己，认为自己拥有的股票、债券和不动产投资组合将保证他们度过退休期。

但是这种信心并没有保障。正如老龄化浪潮将影响政府养老和医疗计划一样，它将影响个人资产的价值。如果老龄化浪潮像悲观者宣称的那样发挥作用，资产的价值将会下跌，退休年龄将会提高，各方面的利益都会被削减。我们在第 12 章讨论的股权收益"非凡的持续性"将成为历史。

由于老龄化浪潮在未来 10 年是投资者财富最大的威胁，这一章我们将详细讨论它的前因后果。我们将说明如果当前趋势继续下去的话，退休年龄将增加多少才能使得退休者能够维持其消费水平。我们也将说明，公众对社会保障信托基金的误解以及为什么在基金资产枯竭之前就会出现问题。最后，我们将讨论如果老龄化浪潮向我们袭来时，投资者应该采取怎样的行动。这一章将逐步分析解决社会保障危机和与老龄化浪潮相关问题的众多"解决方案"。

13.2　不断变老的世界

世界经济的老龄化在几乎每一个发达国家内发生，特别是在欧洲和日本。我们拿德国这个世界第三大经济国为例来说明，目前超过 65 岁的人口约占德国成年人口的 1/5，到 2030 年，该比例将达到一半，工人数量将下降 25%。日本人口将在几年以后达到 1.25 亿的高峰，但是，到 21 世纪中叶，根据较为悲观的政府预测，它将缩减到 1 亿之下，而工人的数量将下降得更多。[3]

图 13-1 说明了日本在 2005 年和在 21 世纪中叶（2050 年左右）的年龄分布情况。这些数据是根据英国人口统计工程提供的人口统计数据而得到的，汇集了有史以来最为广泛的人口数据。日本年龄数据同样可以应用于欧洲国家，比如意大利、西班牙和希腊。

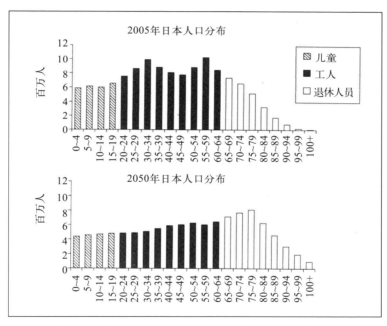

图 13-1　日本在 2005 年和 2050 年的人口分布情况

到 21 世纪中叶，这些国家在 75 ～ 80 岁的人口将增多，超过 80 岁的人口数量几乎等同于在 20 岁以下的人口数量。尽管百岁以上的人在今天已经不再是新闻，但是，到 2050 年，每四个 5 岁以下的孩子将对应一个超过百岁的日本人（很可能是女性）。

图 13-2 是美国的数据，这个数据稍微令人鼓舞一些。生育率，即平均每个妇女生育儿童的数量，是决定人口增长的关键变量。为了保持人口数

量稳定，生育率应该为 2.1，略高于 2 是因为要考虑婴儿和儿童死亡的可能性。

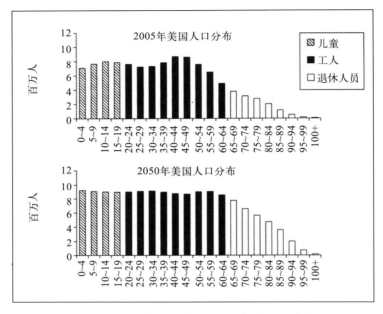

图 13-2　美国在 2005 年和 2050 年的人口分布

美国在婴儿潮之后，即在 1946 ～ 1964 年的生育高峰之后，美国和欧洲的生育率降到了 2 以下。之后，欧洲的生育率继续下降，而美国的生育率基本保持稳定，现在略低于人口替代率。美国生育率稳定的原因是美国婴儿潮出生一代的孩子多于欧洲和日本，同时，具有高生育率的移民提高了美国的人口增长率。但是，现在也存在大量婴儿潮一代的人处于 40 ～ 50 岁，他们正面临退休。

"老龄化"这个用来描述人口趋势的术语，在图 13-1 和图 13-2 中显得更加直观。在 10 年内，婴儿潮一代将开始面临退休、领取养老金、把资产转换为现金从而消费商品、服务，尤其是医疗保健，而后将持续 20 多年。

13.3　工人的匮乏

所有人享用的商品和服务必须由那些正在工作的人提供。把某年产出转移到下一年的能力有限。这就是问题所在：工作人口相对于退休人口急速缩减。看图 13-3，该图说明，在过去 50 年里和接下来的 50 年里日本和美国的工作人口与退休人口的比例变化趋势。[4]

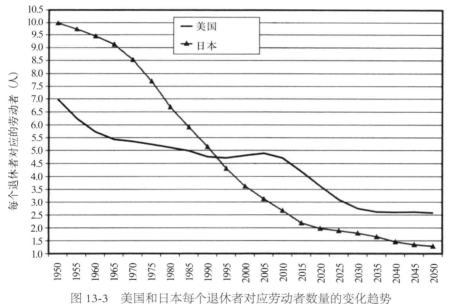

图 13-3　美国和日本每个退休者对应劳动者数量的变化趋势

1950 年的美国，劳动者与退休者的比例为 7。到 2005 年该比例缩减到 4.9，而到 2050 年该比例可能下降到 2.6。日本的问题更加严重，它在 1950 年劳动者与退休者的比例为 10.0，在 2005 年是 3.1，到 2050 年这个数字将可能下降到 1.3，这个数字假定日本的退休年龄提高到 65 岁。如果退休年龄仍然低于 60 岁的话，劳动者数量将下降到退休者数量之下。这种情况同样发生在西班牙、意大利和其他一些欧洲国家。

13.4   生育率的升降

为什么我们会经历这样极端的人口变化呢？这主要归因于经济增长和医疗改善。在最近几年之前，世界还曾是年轻的。当时不仅人口预期寿命很短而且死亡率很高，儿童被视作奖励性财产：他们是会种地、捕鱼和照顾老年人的劳动者。

在北美洲被开发之前的 300 年，带着孩子的寡妇被狂热地追求。1776 年是美国独立之年，亚当·斯密提到妇女"在未来将会稀缺，孩子是结婚的最大动力"。今天，有孩子的单身妇女通常为潜在的对象所不屑。[5]

到了 20 世纪，由于营养和医疗保健条件得以提高，死亡率急剧下降，世界绝大部分地区的人口都增多了。到 1970 年年底，保罗·埃利希（Paul Ehrlich）写了本名为《人口爆炸》（*The Population Explosion*）的畅销书，这本书宣传迅速增加的人口数量将会使世界资源枯竭。

埃利希可以算作现代的托马斯·马尔萨斯。马尔萨斯是 19 世纪英国的一名经济学家，他宣传人口增加将会报复人类使之回到可以维持的水平。马尔萨斯相信世界必定要经历一个恶性循环：每种技术进步将导致更高的食物产出，而这将导致更高的出生率和更多的人口，这些人又将消耗资源直到饥饿迫使人口下降。

但是，生活水平的进步与马尔萨斯和埃利希预测的很不相同。随着经济的发展和收入的提高，成年人决定生育更少的小孩而不是更多。在欧洲，生育率急剧下降，它从 1960 年的多于 2.5 下降到现在的不到 1.4。在其他一些国家，像西班牙、意大利和希腊，生育率已经下降到 1.1 ～ 1.3。在中国，由于实施只生一个孩子的政策，生育率也已经下降，从 20 世纪 60 年代末的 6.1 下降到了 2003 年的 1.8。[6]⊖

生育率下降的原因不难发现。在中国是由于政策要求，但是在其他国家，

⊖　中国目前已经全面放开二孩政策，据《中国统计年鉴 2016》公布的人口抽样调查显示，中国 2015 年的总和生育率仅为 1.05。

由于社会标准发生变化，工作性质从体力劳动向智力劳动转换，使得妇女成为劳动力。伴随着妇女工资的上升，她们待在家里的机会成本和抚养孩子的成本也得以上升。

让孩子们适应今天的高技术工作需要进行昂贵的全面教育。即使学费由政府来支付，父母的支持仍然必不可少。诸如社会保险的政府养老金不断增加，意味着当父母年老时，将更少地依赖孩子，从他们孩子那里得到赡养的可能性也更小。[7] 有子女在读大学的父母已经知道，孩子不再是亚当·斯密在 1776 年所写的那样是一种奖励财产，而是沉重的负担。

13.5 不断延长的寿命

但是，父母现在拥有较少的孩子仅是老龄化浪潮的因素之一。人们现在比以前活得更长，寿命的增加意味着人们过了 65 岁还可以活很长，而 65 岁是历史上普遍接受的退休年龄。

现在长寿已经不是新闻了，因为自从产业革命以来死亡率就一直在下降。直到 20 世纪中期，寿命的延长主要是由于婴儿和儿童死亡的减少。在 1901～1961 年，新出生的男性寿命增加了 20 年，但是 60 岁的男性寿命仅增加了不到两年。[8]

现在，寿命正在通过先进的医疗手段被延长，这些手段能够治疗或治愈老年人的痛苦。如今年龄在 100 岁及以上的人口正在快速增长。这也解释了为什么从 1961 年起 60 岁老人的寿命增加是之前 60 年的 3 倍。展望生物技术和医疗技术的进步，长寿的趋势还会加强。

人类基因组被逐步描绘，这使科学家有希望实现庞塞·德里昂（Ponce de Leon）的梦想"青春之泉"。一些科学家正在辩论是否可以显著延缓甚至停止衰老过程。

詹姆斯·沃佩尔（James Vaupel）是马克斯普朗克人口统计研究所的董事，他在 2000 年夏天观察到，"今天在明尼阿波利斯、东京、博洛尼亚和柏林出生的女孩很可能有一半将作为百岁老人庆祝 22 世纪曙光的来临"[9]。

沃佩尔的估计可能是乐观的，尽管他会告诉你他是"中间主义者"。[10] 绝大多数人口学家认为美国政府对寿命长短的官方估计太低了，如由社会保障管理局和负责健康统计工程的人员所做的估计。例如，社会保障管理局预测：在 2070 年美国人两性寿命都是 81 岁，这仅比目前的 77 岁高出 4 年。

在一次参议院老龄化特别委员会的会议上，詹姆斯·沃佩尔问道："现在美国的寿命预期已经超过日本和法国，那么假设半个世纪之后美国的寿命预期却落后于日本和法国，这现实吗？美国落后于日本和法国十几年这样的假设现实吗？"[11] 这些都是很好的问题。社会保障管理局预测的寿命增加远远低于过去。沃佩尔和他剑桥大学的同事詹姆斯·厄彭（James Oeppen）发现，自 1840 年以来，发达国家的人口寿命一直在以每年 3 个月或者说每 10 年 2.5 年的显著速度增加。[12] 这种增加是稳定的，没有减弱的迹象。如果这种趋势持续下去，出生者的预期寿命到 21 世纪中期将达到 90 岁，到 2070 年将达到 95 岁。此外，年龄超过 85 岁的"老老人"可能多达社会保障管理局预测的 1800 万人的 2 ～ 3 倍。

上述统计数字表明，关于公共养老金和医疗保险计划将要破产的预测很可能大大低估了老龄化问题的影响。

13.6 不断下降的退休年龄

虽然我们活得更长，但我们退休得更早了。过去，男人和女人直到死亡或者生病无法工作时才停止工作。1935 年，当《社会保障法》通过的时候，平均退休年龄是 69 岁，而距离达到预期寿命 65 岁还有 12 年。现在，年龄为

65 岁的劳动者多活了 17.9 年,更多的劳动人口将要退休。[13] 事实上平均退休年龄已经从 69 岁降低到 63 岁。[14] 在过去的 50 年里,退休年龄和死亡年龄之间的差距越来越大,今天许多人表示愿意退休得更早一些。[15]

在欧洲,退休年龄下降得更为严重。在 20 世纪 70 年代早期,欧洲政府把最低退休年龄从 65 岁降低到 60 岁,[16] 当它们这样做的时候,绝大多数国家没有激励措施令考虑退休的人继续劳动。经济合作与发展组织(OECD)的一名研究员发现,在 26 个发达国家的 11 个国家中,一个年龄为 55 岁、工作了 35 年的人得到的养老金和一个比他大 10 岁且多工作 10 年的人一样多。[17] 早退休激励是如此之强,以至于欧洲人几乎全体做出反应。在法国,60 ~ 64 岁的男性劳动力比例从大约 70% 下降到了 20% 之下,在原西德,这个数字从超过 70% 下降到 30%。[18]

随着老龄化浪潮即将来临,问题的关键已经不再是这种趋势是否会持续,而是这种趋势何时被逆转。问题是人们必须再工作多长时间,而不是退休再提前多长时间,如果提前退休,生活水平将下降多少。

13.7　社会保障危机

老龄化浪潮是怎样影响政府养老金计划的呢?我想起很多年前,美国两个最流行的政府计划就是社会保障体系和州际高速公路体系。回顾一下,看来我们的高速公路体系要远远好于我们的退休体系。几乎每个美国人都已经在州际高速公路上行驶过,但是数千万的婴儿潮一代人还必须依靠社会保障和医疗。随着退休将老龄化浪潮推到顶峰,政府养老金系统承受的压力将比州际高速公路最糟糕的交通拥堵还要严重。

我可以描绘出你们中的一些人读到上述观点时的想法,"我不特别关注社会保障问题如何解决,因为我有足够的财富存在退休账户中,我老了就可以用"。但是，事实是，你最好小心些。对社会保障体系的威胁已经涉及所有养老金计划的资产，包括公共的和私人的。社会保障，尤其是社会保障信托基金的问题将直接影响你的财富水平。

13.8 社会保障：一个永远造钱的机器？

让我们回过头来考虑一下：社会保障体系做了什么，哪些政策可以解决上述问题，哪些政策不可以解决这些问题。1935年，在大萧条最严重的时期，《社会保障法》作为罗斯福总统新政法规的一部分被通过。社会保障被设计为一种"量入为出"的体系，这意味着国会决定福利水平，然后调整税率或工资使得税收可以为这些支出提供资金。[19] 这种量入为出的体系在许多年里都没有什么问题。虽然国会扩大了社会保障收益的范围，但是工人数量不断增加，所以只要适度的税率就可以为体系提供资金。结果，退休人员得到的福利通常高于其税收贡献，他们投入到社保体系的金额获得一个极高的收益率。

社会保障体系看起来像一个永远造钱的机器，年复一年地向参与者支付收益，这种收益远远高于他们在私人市场上可以获得的水平。这种体系能够无限制地进行下去吗？无论你信不信，它能。保罗·萨缪尔森是美国第一位诺贝尔经济学奖获得者，他下面写的话说明了这一点：

> 社会保险的美丽之处就在于它在精算方面并不完善。每个达到退休年龄的人被给予的收益远远超过他曾经的贡献，……这怎么可能呢？……在不断增长的人口之下，年轻人的数量总是多于老年人。更重要的是，随着实际收入以每年3%的速度增长，福利所依赖的税基在任何时期都大大超过现在退休这一代人曾经支付的税收……一个人口不断增长的民族是史上最伟大的庞氏骗局（Ponzi scheme）。[20]

　　萨缪尔森提及的庞氏骗局源于查尔斯·庞兹（Charles Ponzi），他是意大利移民，他提供了这样一种具有极高回报率的投资，即把后来投资者所支付的资金付给先前的投资者。当这个诡计被拆穿时，每个人都来提取他们的资金，那么这个计划就破产了。

　　但是，社会保障是一项法律，只要人口和利润是增长的，那么它就是一个可以维持的庞氏骗局。这样，投入体系中的资金总是多于作为收益支出的资金。然而，如果人口和利润不再增长的话，这个游戏也就结束了。

13.9　社会保障信托基金

　　里根总统注意到这个可怕的人口趋势，于 1982 年召集了一批一流人员组成特别小组，来研究这个问题并提供解决方案。这个由艾伦·格林斯潘领导的委员会认识到，婴儿潮一代将给运行良好的随支随收体系带来严重的问题。婴儿潮一代人一旦退休，为了支付他们的退休福利，对年轻工人征收的税率将不得不大幅提高。提高的工资税制造了两代人之间的冲突，而且在工人数量减少的时候，又打击人们成为劳动力。

　　提供的解决方案是废除随支随收体系，把当前的社会保障税收提高到当前福利水平之上，多余部分用来购买美国公债。市场将向这些债券提供利息，将利息置于一个特殊的信托基金里，当婴儿潮一代人退休时，可以出售这个信托基金，从而得到资金。这种方法将避免为了支付退休者福利而向正在工作的人过度征税。

　　国会接受了委员会的建议，并于 1983 年大幅提高社会保障税。如果托管人用 75 年的水平来衡量该计划的偿付能力，那么社会保障信托基金将有足够的债券来保证直至 21 世纪中期社会保障具有偿付能力。

　　然而，在委员会提出建议后的这些年里，生育率下降，生产停滞，寿命的增加超过了委员会的预期水平，这意味着信托基金将无法积累足够的资金来支付承诺的收益。在委员会2004年的报告中，托管人预测，到2018年信托基金将开始出售大量政府债券，到2042年，这些基金将枯竭。在2042年，除非税收大幅提高，否则社会保障支付将削减大约30%。

但是，即便这样的预测也是相当乐观的。实际上社会保障体系信托基金枯竭的日子比2042年更加接近。这是因为为了满足不断上升的福利水平，价值成千上万亿美元的政府债券将不得不在2042年之前在市场上顺利出售。这些来自信托基金的销售将对市场形成打击，因为此时个人投资者也正在努力变现其资产以备退休之用。股票和债券的大量销售将打击市场，对资产价格产生巨大的影响，因此每个以股票和债券形式持有财富的人都必须关注社会保障和老龄化浪潮。

13.10　老龄化浪潮来袭时的投资者策略

如果老龄化浪潮来势凶猛，我们可以想象出它将对资产价格产生重大影响。伴随着退休人员对商品需求的增加和由于工人数量不断减少带来的生产供给减少，通货膨胀将会加剧，这将使支付固定金额利息和本金的常规投资债券成为一项糟糕的投资。[21] 但是，股票也好不到哪儿去。的确，股票能够抵制通货膨胀而优于债券，这是由于公司利润将随着价格的提高而增加，但是工人短缺会给工资带来上升的压力，这便削减了公司利润，从而降低了股权资本收益率。

那么投资者是否应该选择黄金、白银或其他自然资源来抵制通货膨胀呢？答案很简洁——不。正如第12章所讲，贵金属在长期内不能向投资者提供真正的收益。自然资源的公司也好不到哪儿去，土地和能源储备的价值也许跟得上通货膨胀率，但是随着工资相对于资本收益的增加，其利润也将减少。由于人口老龄化使需求降低，不动产的收益也不会更好。

如果老龄化浪潮全力袭击市场的话，最好的投资是防止通货膨胀的国库券（Treasury Inflation-Protected Securities，TIP）。这种证券在 1997 年最初产生于美国，它们保证支付固定利息和本金，这些利息和本金随着价格水平的变化而自动调整。

当 TIP 首次发行的时候，它们除去通货膨胀后的收益率是 3%，略低于股票长期平均实际收益率 6.8% 的一半。在后来股票市场繁华时期，TIP 的收益率增加到 4%，但随后它们下降到 2% 以下。如果老龄化浪潮全力打击市场，预计 TIP 的收益率将会下降得更多。如果所有人争相保护其资本，TIP 实际收益率将可能下降到 0 以下。当然，在正常情况下，TIP 的收益率不如股票和不动产的收益率，但是，如果老龄化浪潮来袭，这些防范通货膨胀的债券将是所有糟糕选择中最好的一个。

为了阻止这种糟糕的情况拖垮经济和金融市场，我们可以做些什么呢？增加储蓄吗？更高的税收？更多的移民？或者其他什么东西，一些更有希望的东西，可以把我们从老龄化的灾难中拯救出来吗？答案将在接下来的两章中给出。

第 14 章

克服老龄化浪潮

哪些政策有效，哪些政策无效

结论？为什么，我已经拥有了一堆结论，它们一无是处。

——托马斯·爱迪生

　　如果事情按照当前的趋势持续发展，那么发达国家将面临更高的退休年龄、更低的生活水平，"老年人"将和"年轻人"展开厮杀，争夺应得的利益。在接下来的 10 年里，投资者和政治家不得不为公共和私人养老金的资金短缺问题寻找解决办法，这些问题将演变为政治冲突。

　　彼得·彼得森是前任商务部部长，他也是畅销书 *Running on Empty* 的作者，他积极倡导三种措施：减少福利、增加税收和建立政府托管的储蓄账户。他富有说服力地写道：

> 改革中的确需要一些牺牲，我们不得不支付更多的税收，同时也必须接受更低的福利。但是，这些牺牲与我们历史上曾遭受过的牺牲相比，与由于我们不能量入为出地生活而使得我们和我们的孩子在明天所遭受的牺牲相比，是多么微不足道啊。[1]

　　但是，这些是解决老龄化危机唯一的方法吗？很明显，减少福利将"解决"这个问题，但是，那是一种失败的解决方法。实际上，很多正在采用的解决方法，比如不断增加的利润税、不断增加的移民以及不断增加的储蓄率，都基本上不能解决问题，而不断增加税收的方案将会使形势变得更加糟糕。

　　理解为什么这些方法不起作用是这一章的主题。但是，请不要陷入绝望之中，还存在一种解决方法，你将看到我们的经济并不像彼得森所宣称的那样 "Running on Empty"。

14.1　为退休年龄建模

为了研究这些方法的影响，我利用从英国人口统计工程中得到的人口数据建立了一个世界经济模型。这个模型假设在一段时期之内，一个经济中的工人生产的产出足够他们自己和退休人员的消费。这个模型说明了为了确保向所有的退休者提供足够的商品，退休年龄应该提升到多少。在考虑到生产增长、消费类型和人口老龄化的假设之后，这个模型提供了一个研究未来世界经济动态的方法。

按照我们现在的分析，工人如果希望在退休后维持原来的生活水平，他们必须延长工作年限。图 14-1 说明了在 2003 年时，为了达到维持相同生活水平的目标，美国人预测自己将不得不再工作多长时间。

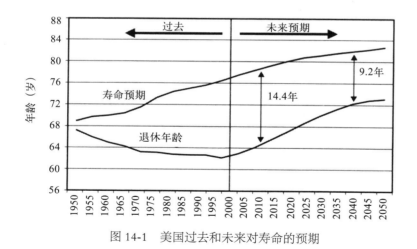

图 14-1　美国过去和未来对寿命的预期

在 2005 ～ 2010 年，在现代历史上已经流行了很久的早退休的趋势被逆转了。而在接下来的数十年里，不仅退休年龄将会被迫从 62 岁延长至 73 岁，而且这种延长将超过人口寿命的延长，因此，工人的退休期将会缩短将近 25%。由于欧洲和日本的人口老龄化问题更加严重，这些地方的工人退休年龄的延长将会更快到来。

这些是基于英国人口学家对寿命延长所做的保守估计。如果寿命如同许多专家预期的那样以一个更快的速度延长，那么美国的退休年龄或许要提升到 80 岁或者更高一些。

14.2 过早退休的结果

尽管一些人把接受增加他们的工作年限作为寿命延长的一个自然结果，但是几乎没有人认识到这些改变将是多么巨大。自从产业革命以来，工人们的工作时间缩短，退休期延长，他们把这些发展当作经济进步的内在收益。

在欧洲，老年人口比美国要多，一些公共和私人养老金在退休者迈入 50 岁时就开始向他们发放退休金。如果退休年龄延长至 70 岁或者更高，那么这将是一个巨大的转变。即使工人接受退休年龄的增加，也还存在一些普遍的问题，比如，老年劳动力在劳动力市场上是否具有竞争力，他们的生产效率是否能够达到年轻工人的水平。

美国的人口发展趋势比欧洲和日本好得多，但是这不应该给美国人带来任何安慰。对许多商品和服务而言，它们的价格在世界市场上决定，欧洲和日本的退休者将是积极的出价者。价格将由世界范围内的退休者对商品的总需求决定，而不仅仅由一个国家的需求决定。

如果美国人仍然坚持在当前的退休年龄即 62 岁退休，将会发生什么？随着婴儿潮一代人把他们的股票、债券和不动产转换为消费商品，资产的真实价格将下跌。退休者将不能从他们的资产销售中得到足够的收入，来维持他们在工作期间达到的生活水平。

我估计，如果维持当前的退休年龄不变，那么在 21 世纪中叶退休的人的生活水平只能达到他们在工作末期生活水平的一半。很明显，没有人愿意接受这种结果，许多人为了提高他们的收入不得不重新参加工作。

最后一个可以维持退休者生活水平的选择是大幅度提高对未来劳动者的税收，把这些资金用于解决退休者的负担。但是，年轻的劳动者会要求知道为什么他们要补贴没有正确地为自己的未来做准备的退休者，这将不可避免地引发两代人之间的冲突，这种冲突将演变为一场大量不工作的退休者和少量劳动者之间令人痛苦的政治斗争。

如果没有采取其他措施的话，这里描述的三种痛苦选择——延长退休年龄、接受更低的生活水平或对未来工作的年轻人增加税收——将是不可避免的。

14.3　更高的生产增长率

提高工人劳动生产率的政策具有消除老龄化浪潮影响的最大潜力。生产率或者每小时工作的产出是衡量我们生活水平的基本标准。[2]生产率的提高能够增加利润，增加工人和退休者可以获得的商品和服务的数量。

生产率提高抵消了老龄化浪潮带来的一系列问题，当工人生产和消费更多的商品的时候，退休者在退休期的消费水平将维持在相对稳定的水平。这意味着生产率提高带来的产出增加可以惠及更广泛的退休者。

政府养老金计划反映了退休者的消费模式。在劳动者工作期间，养老金收益和平均工资相联系，但是，在退休之后，养老金收益仅与通货膨胀水平挂钩，这就是世界范围内的社会保障体系和大多数私人和政府养老金体系的运作方式。[3]生产率的提高像工人数量增加一样抵消了老龄化浪潮引起的人口不平衡。

14.4　生产率提高的源泉

如果生产率是解决老龄化危机的关键，那么采用什么政策可以提高生产率呢？历史上，生产率的提高源自新机器的发明：轧棉机、蒸汽机、铁路、汽车和电话。这些机器的创造需要资本，而资本必然来自储蓄，许多人设想，增加储蓄将刺激资本形成从而促使生产率提高。这就是为什么经济学家建议美国增加储蓄以提高生产率，从而抵消老龄化浪潮的影响。

但是，这种额外储蓄将极大提高生产率的假设在 20 世纪 50 年代中期被麻省理工学院（MIT）的罗伯特·索洛（Robert Solow）教授开创性的工作推翻了，他因这项工作获得了 1987 年的诺贝尔经济学奖。[4] 当我在 MIT 接受经济学博士教育的时候，我在索洛教授的指导下做研究，我感兴趣于他关于资本投资的发现——公司用于生产而购买的所有机器、厂房和设备在历史上对生产率提高的影响很小。

像上面所说的那样，绝大多数经济学家曾经认为增加的资本存量（机器、厂房和其他固定资产的数量）是生产率提高的主要来源，但是，索洛的研究表明，生产率提高主要来自于创新、发现、革新管理观念甚或仅仅是旧想法的清晰化。绝大多数这类来源并不需要大量资本支出或者更高的储蓄。

当我们的"企业家经济"需要资本注入时，无论储蓄率是多少，风险资本家总是能够为具有发展前景的创意吸引到资金。当我们的储蓄率很低时，因特网的发展和光学纤维的革命开始了。日本是世界上储蓄率最高的国家之一，但是它在 20 世纪 90 年代生产率提高缓慢，而有着很低储蓄率的美国却在这方面取得了巨大进展。

日本的经验说明，一国的储蓄有可能过剩，而且过高的储蓄率甚至还会导致生活水平的降低。当我在麻省理工学院学习的时候，这被看作一个古怪的理论，但是最近的证据使我相信，日本的高储蓄率对经济增长的贡献很小。20 世纪 90 年代，日本政府为了刺激经济，在桥梁和公路上大幅度提高公共投资，但是这些投资的收益都很低。同样有证据表明，日本很多的私人部门投资也具有或者负的或者很低的收益率。[5]

如果增加储蓄是人口问题的解决方法,那么日本这个具有最高储蓄率的发达国家应该绝对不用担心它的人口老龄化,可是,事实并不是这样。保罗·休伊特(Paul Hewitt)是一名研究全球老龄化问题的经济学家,他宣称,"日本大多数的经济问题或者直接由人口问题引起,或者正由于人口问题而恶化"。[6]《经济学家》进一步指出,"糟糕的消息是,即使经济增长的步伐加快了一些,日本失控的人口问题仍然可能使它落在别的国家后面"。[7]

如果增加储蓄不是正确的解决办法,那么什么才是呢?保罗·罗默(Paul Romer)是斯坦福大学的经济学家,他也是"新增长"理论的创始人,他认为生产率提高最重要的源泉是观念和发明的存量。我自己的研究支持这种观点。如果没有以前的知识和信息,创新几乎不能进行。事实上,绝大多数创造发明仅仅是对过去创造发明的扩展、联合和重组。

罗默认为,为了刺激创造发明和促进生产率提高,政府应该对研发进行税收补贴,或者更多地把自己的资金直接用到这方面来。但是,政府直接的研发有自身的缺陷。以美国政府向太空计划投入的巨额资金为例,把人类送上月球是一项了不起的科技成果,它使得美国人为自己的国家感到自豪,但是,关于 NASA 太空计划是否带来了重大的私人利益,特别是与把相同数额的资金投入到私人部门的研发中相比时,还是很有争议的。学院研究同样表明,政府部门试图直接把公共资金投入到挑选的"成功"产业中的指示性计划并不成功。[8]

在历史上,从铁路到汽车再到网络,创新的出现都来自于私人部门,投资者认为这些项目能够带来巨大的商业利润,愿意为其提供资金。即便私人资本市场经历了很多起起落落,它们也被证明是最有效的资本配置者。的确,生产率的提高需要资本,但是单单依靠资本的增加并不能取得生产效率的巨大进步。

14.5　生产率提高与老龄化浪潮

基本的结论是，增加的储蓄率至多对生产率产生了适度的影响。此外，为了有效地抵消老龄化浪潮，生产率必须有大幅度的提升。

在美国，保持退休年龄在 63 岁要求劳动生产率每年提高大约 7%，这是个令人惊讶的数字。[9]这个数字是历史上劳动生产率提高速度的三倍，这样的增长率在历史上从未持续过较长时期。即便我们让国内劳动生产率的提高速度达到 3.5%，这是美国从第二次世界大战以来在 10 年时间里曾达到过的最快速度，那么到 2050 年，退休年龄也就仅仅下降 3 年。在美国（和绝大多数发达国家），由于退休收益通过工资和生产率相联系，生产率提高并不能解决老龄化问题。

这种关于发达国家生产率提高对老龄化浪潮的影响的悲观估计被艾伦·格林斯潘和美联储对生产率提高和社会保障体系改革的研究所回应。[10]生产率提高确实决定了工资的购买力，但是已经处于科技前沿的发达国家所能达到的生产率提高速度远远不能满足其解决老龄化危机的需要。

14.6　更高的社会保障税并不是解决方法

许多人相信，老龄化危机可以通过增加工薪税从而增加社会保障信托基金的收入而得以缓解。这种观点认为，如果社会保障信托基金持有更多的政府债券，那么私人投资者持有的政府债券数量将会减少，于是这些投资者可以利用他们的储蓄为效益卓著的私人部门项目提供资金。

这个解决方法带来两个问题。我们已经说明，个人储蓄率的提高不大可能使生产率提高到足以抵消老龄化浪潮的水平，所以，通过信托基金积累资金带来的政府储蓄率的提高同样不大可能起到作用。

　　但是，不断增加的工薪税对经济应付数量不断增加的退休者的能力存在不利影响。这样的税收减少了工人带回家的工资，降低了工人的工作积极性，同时又提高了雇佣成本，也降低了公司雇佣工人的积极性。恰恰当我们需要更多工人的时候，我们却获得更少的劳动力。

　　经济中很多证据说明了收入税和工薪税对工作动机的影响。最近的证据强烈支持工薪税对工作动机有很大负面影响的观点。最近的一名诺贝尔奖得主爱德华·普雷斯科特（Edward Prescott）写了一篇名为《为什么美国人比欧洲人工作得如此之多》的文章。[11] 他在文章中指出，美国人的工作时间不仅比德国人、意大利人和法国人多出 50%，而且美国人一年大约只有 10 天的假期，而欧洲人则有 6 ～ 7 周的假期。普遍的理解是，不同的工作伦理来源于不同的文化。人们普遍认为，欧洲人有着不同的优先次序，相比美国人他们更愿意享受闲暇时光。像《欧洲梦》一书的作者杰里米·里夫金（Jeremy Rifkin）所写的，"美国梦对工作表示出敬意，欧洲梦更加倾向于休闲和玩乐"。[12] 但是，普雷斯科特并不同意这种解释。当前欧洲工资和薪水的税率要远远高于美国，但是，在 20 世纪 70 年代早期，欧洲和美国的税率是相仿的，欧洲和美国的工作时间也大致一样。普雷斯科特发现，工作时间的不断减少直接与工薪税的增加相关。

　　为了证明这一结论，芝加哥大学的史蒂文·戴维斯（Steven Davis）和斯德哥尔摩经济学院的马格努斯·亨雷克松（Magnus Henrekson）在 20 世纪 90 年代中期对富裕国家做了一项计量研究。他们同样发现，高税率与工作人员的数量负相关，也和每个雇员工作的小时数负相关。[13]

　　如果工人发现这些工薪税流向了他们的养老金收益中，或许更高社会保障税收的负面影响将会减少，但是，调查表明工人把工资的减少看作税收，而不是"贡献"。

　　从法律的角度来看，工人们是完全正确的。最高法院审理的两个案件已经证明，社会保障（与医疗）税收并不蕴涵着关于未来收益的权利。1937 年最高法院宣布，"（雇员和雇主）两者的税收收益将像任何其他内部收益税一样添加到国库中，不会以任何方式指定用途"。1960 年，最高法院进一步说明，"为了树立社会保障体系的名誉，一个'累计财产权'的概念将剥夺它根据需要不断调整的灵活和冒失"。[14]

社会保障是一种税收而不是对个人退休账户的贡献，这一认识具有重大的意义。如果把对 87 900 美元（2004 年的水平）的工资征收的 12.4% 的税收直接投入工人的储蓄账户，那么这个账户将可以用做退休生活的资金，甚至能够进行较大额的购买，比如说一个住宅，这对工作和储蓄积极性的影响将是重大的。

尽管我并不相信储蓄率的增加将解决老龄化浪潮引起的问题，但相比通过更高的税收增加政府储蓄，个人账户显然是一个更具吸引力的选择。

14.7 移民

工人数量的减少导致产出不足，移民或许是解决这一问题的答案。如果增加了年轻工人的数量，那么他们在得到养老金收益之前能够提供很多年的劳动服务。

为了保持美国人的退休年龄在 63 岁而需要的移民数量取决于这样一些假设，比如移民的平均年龄、每个工人的家属数量以及工人的技术水平等。假设到达美国的移民平均收入是美国人平均每单位资本收入的一半，那么为了在接下来的 45 年里保持退休年龄不变需要的移民数量超过 4 个亿，这远远超过了美国的当前人口总数。数字如此之高的原因是移民同样也有亲属，同样要利用政府服务，退休后同样需要养老金收益，这使得保障体系面临更大压力。

关于移民政策存在着很多争议，我个人倾向于放开移民管制的法律，但是，没有理由认为移民可以解决发达国家的老龄化问题。

14.8　应该做些什么

解决老龄化危机的传统方法都有严重的缺陷。尽管提高储蓄率是个有价值的目标，但是，它对降低退休年龄的作用很有限。人们经常提到生产率的提高，但事实上这种方法的作用也很有限，这是因为收益自身就与生产率高度相关，这抵消了它解决危机的能力。更高的税收和增加移民同样不是有效的解决方法。正如托马斯·爱迪生在本章前面所说的那样，我认为我们已经发现很多不起作用的结论。

但是，这不意味着我们就放弃了寻找解决老龄化问题的方法。中国、印度和其他发展中国家站在经济迅速增长的边缘，而且与发达国家不同，它们巨大的人口数量有着年龄上的优势。把更多的人口带进生产过程中可以解决老龄化危机。19 世纪和 20 世纪早期需要移民是为了把工人带入到当时最先进的生产技术中，现在，最尖端的资本正在向全球每个角落扩散。

发展中国家的产出现在只占世界产出的很小一部分，它们的增长真的可以抵消老龄化浪潮的影响吗？这将是下一章的主题。

第 15 章

全球化解决方案

真正的新经济

　　一些人把事情看得像它们表现的那样，并问："为什么会这样？"我梦见的事情却不是它们表现的那样，我会问："为什么不是这样呢？"

——乔治·萧伯纳，1949 年

人口的变动（不能被改变的未来）是否注定了发达国家将面临更短和更糟糕的退休期并且投资者将面临不断下降的资产价格？对经济老龄化的分析为我们描绘出一幅糟糕的景象。然而，这种痛苦的结论是由于过于狭隘地看待世界造成的。

在历史上，年轻人创造的财富足够供给他们自己和老年人，这些收入的一部分转化为政府养老金，诸如社会保障计划。但是在富裕国家，老年人大都通过出售他们的资产来为退休生活提供资金。这种年轻人的收入和老年人的资产之间对称地交换就是年轻一代积累财富和退休者保持生活水平的方式。

金融市场允许这种交易在广泛的地理范围内进行。例如，人们不会仅仅因为佛罗里达州没有足够的工人为巨大的退休人口提供商品而担心那里会陷入经济困境。我们知道，佛罗里达州老年人的消费可以通过从其余的 49 个州的年轻人手里进口商品和服务来支撑。此外，佛罗里达州的退休者也可以把他们的资产销售给国家其余部分的年轻投资者。

但是不久之后，老年人将居住在所有的 50 个州以及加拿大、欧洲和日本，当他们退休的时候谁来购买他们的资产呢？

扩大你的视野，把世界看作一个统一的经济体而不是单个的国家，每个国家都试图为它自己的公民提供商品。尽管发达国家正在迅速老龄化，但是世界的其余部分还是非常年轻的。看看图 15-1，它说明了印度、中国和其余发展中国家的人口年龄概况。世界各地的年轻人可以为发达国家的退休者生产商品并且从他们那里购买资产。对于世界 80% 以上的人口而言，老龄化浪潮并不存在。

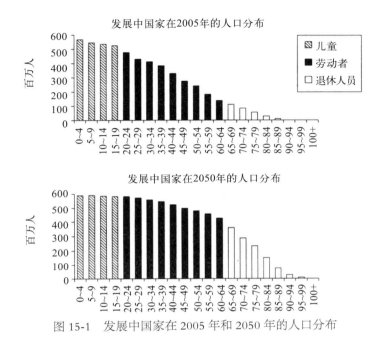

图 15-1　发展中国家在 2005 年和 2050 年的人口分布

　　富裕国家老龄化人口的生活水平可以由发展中国家的年轻劳动力支持吗？现在的答案是不。发展中国家尽管拥有世界人口的 80%，但是它们用美元计算的产出尚不足世界总产出的 1/4。

　　但是，这些年轻的发展中国家正在经历剧变。首先，中国和印度现在已经开始进入持续的高速增长时期。如果可以按照这样的增长水平持续发展下去的话，那么它们将对世界产生重大影响。

　　图 15-2 展示了这些国家需要多高的生产率提高才能对富裕国家的退休年龄产生影响，这种影响是巨大的。

　　一方面，如果发展中国家可以在接下来的数十年里以每年 6% 的速度增长（这种增长率在中国已经持续了很长时间并且印度现在也已经达到）那么婴儿潮一代人的退休年龄仅仅需要适度提高。另一方面，如果发展中国家停止增长，那么美国人的退休年龄将不得不从 62 岁提高到 77 岁。正如我们在图 15-2 中看到的，根据 2003 年左右的预测，发展中国家的增长率每提高一个百分点等同于发达国家退休期增加两年。

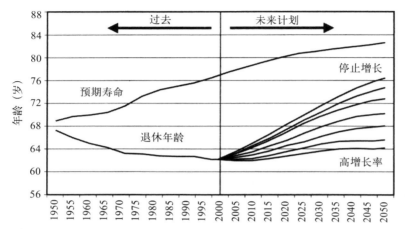

图 15-2 不同增长率的发展中国家对富裕国家未来退休年龄产生的影响

针对老龄化国家的出口将出现爆炸性的增长，这会为发展中国家的经济发展提供动力。这些年轻的国家必须为它们从出口中得到的美元、日元和欧元找到出路。尽管在它们自己的国家经济增长速度很快，它们将发现美国、欧洲和日本的资产由于商标名称和管理、营销以及技术水平而更具吸引力。印度塔塔茶叶公司兼并国际品牌英国得利原味茶叶公司（Tetley Tea）和中国联想兼并 IBM 公司的个人电脑仅仅是冰山的一角。在 21 世纪的下半个世纪里，我们将看到商品和资产的巨大交易，这种交易将不仅使世界经济的中心移向东方，而且将抵消老龄化浪潮对资产价格和退休机会成本的破坏性影响。

我把这种情况称为全球解决方案。

我承认，全球解决方案不是传统智慧，它取决于发展中国家持续的快速增长。怀疑者指出，全球很多地方的快速增长只是暂时的，不久将会停止。在 20 世纪初，阿根廷是世界上最富裕的 10 个国家之一，但是随后就陷入了长期的衰退。在更近一点的时间里，"亚洲虎"——泰国、菲律宾、韩国以及中国台湾地区——在 20 世纪 90 年代末的货币危机中飘摇不定。

然而在今天，不同的事情正在发生。我相信世界正在经历一场巨大的变革。给电信产业投资者带来如此多伤痛的通信革命最终播下了这个全球解决方案的种子。

对历史的研究表明了为什么通信革命对世界范围的增长起到了重要作用。

15.1　创新和发现的传播

让我们先回到遥远的过去。迈克尔·克雷默（Michael Kremer）是哈佛的经济学家，他在极负盛名的《经济学季刊》上写了一篇名为《从公元前 100 万年到公元 1990 年的人口增长和技术进步》。当然，经济产出数据没有延伸那么远，但是各时期的人口数据确实存在。

克雷默令人信服地指出，在历史上大部分时期，人口的数量是经济进步的一个很好的指示器。更高的人口密度将增进思想的交流、更大程度的专业化、更好的工具和更多的产出。一个人和另一个人以及一代人和另一代人之间的交流能力是非常重要的。更多的信息导致更高的生产率，从而养活了更多的人口。

在产业革命之前，生产率提高和人口数量增长的速率十分缓慢。事实上，生产率时有提高，时有降低，二者发生的频度相差无几。也曾出现过一些发明创造，但是其中有许多都在世代繁衍中失传了。例如，据说公元 100 年时的罗马已经有了许多欧洲城市 19 世纪才有的公路、排水道系统和配水系统。[1]

乔尔·莫基尔（Joel Mokyr）是西北大学的经济学和历史学教授，他宣称，"矛盾之处在于，尽管可以预期到这些知识上的损失将在缺乏地理流动性的文明程度低的社会中发生，可是古代文明相对来说较为发达，也具有一定的流动性，各种思想理念通过人口流动和书本得到了传播，然而，许多古代的发现已经不复存在了"。[2]

为什么这会发生呢？为什么重要的发现出现了而后却会丢失呢？有一个原因值得注意：代与代之间缺乏信息交流能力。

15.2　信息交流的重要性

展示交流重要性的证据在历史中重复出现。克雷默发现当人口相互隔离时，他们的生活水平不仅停止增长，而且事实上降低了。当古代英国和欧洲之间的大陆桥在公元前 5500 年被切断的时候，英国的技术水平落到了欧洲后面。相似地，也有证据显示，旧石器时代当日本和亚洲大陆之间的联系被切断之后，日本人是相当原始的。

克雷默相信，人口密度可以促进思想的交流和劳动力的分散，因此它和技术进步有紧密的联系。他认为，在公元前 1 万年左右，冰河世纪极地冰川的融化及其带来的大陆桥的淹没分离了"古老的世界"（亚洲和欧洲）、美洲、澳大利亚大陆、塔斯马尼亚岛和弗林德斯岛（在塔斯马尼亚岛附近的一个小岛）。

发展的历程证实了克雷默的假说：

　　像模型指出的那样，（大约在 1500 年）"古老的世界"有着最高的科技水平。美洲人学习阿芝台克人和玛雅文明的农业、城市和精制的日历。澳大利亚大陆的猎人和采集者是世界第三。塔斯马尼亚岛甚至缺乏澳大利亚大陆的诸如回飞棒、造火器、可以掷的长矛等……弗林德斯岛……最后的继承者在海水上升把他们切断的 4000 年后已经灭亡了——暗示了可能的技术衰退。[3]

耶鲁大学的经济学家威廉·诺德豪斯（William Nordhaus）通过另外的例

子说明了在人类历史上知识遗失的现象是多么严重："伴随着欧洲进入'黑暗年代'，引领人们前进的技术也有了一个明显的退步，这种技术的退步比糟糕的罗马之灯起到的作用还要糟糕。"诺德豪斯描述了中世纪的农民把松树烧成小块的活动，把撕碎的树枝放在嘴中以便把双手腾出来，这可以追溯到史前的实践活动。[4]

令人惊讶的是，这种对一个人的生活如此重要的知识却没有一代接一代地流传下去。即使在相对现代化的时代，这种信息也由于没有记录和传递重要信息的简易方法而丢失。例如，在詹姆斯·林德（James Lind）1746 年出版的《关于坏血病的论文》中就已经提到过新鲜水果在防治坏血病中的重要性。荷兰东印度公司在 17 世纪中叶把柑橘类的植物种在好望角海峡就是为了使它的船员们能够分享这种防治坏血病的食物。然而，像罗伊·波特（Roy Porter）指出的那样，这种治疗方法"继续被重新发现并且丢失"。[5]

15.3　中国：起起落落

中国在过去上千年里的起起落落不但展示了信息交流在新思想产生中的重要作用，也说明了统治者如何打压这些思想而导致它们灭绝。

在 13 世纪和 14 世纪，中国被普遍认为是世界上文明最发达的地区，这种领先一直可以上溯到公元 1 世纪中国发明造纸术的时候。在迈克尔·哈特所写的关于历史上最有影响的 100 个人的畅销书中，他把中国发明造纸术的蔡伦排名为世界历史上第七个最有影响力的人，在约翰·古登堡的前面。直到 18 世纪中期，造纸术才传播到了中东的阿拉伯国家，又过了 400 年欧洲人才学到了这门技术。哈特写道，"仅仅在公元前 2 世纪之前，中华文明较为落后于西方文明。在接下来的几千年里，中国的成就超过了西方任何一个国家和民族。按照很多标准衡量，在大约七八个世纪的时间里，中国都是世界上最先进的国家。"[6] 中国在世界文明中的统治地位明显与这个国家记录和传递知识的能力相关。

但是，这种技术上的领先没有持续下去。莫基尔在《富人的手段》中描述了后来失传的中国人的重大发明。第一个时钟由苏颂在 1086 年发明（水运仪象台），但是当 16 世纪基督教传播进中国的时候，中国人却不得不重新认识时钟。中国人在 9 世纪，即古登堡发明铅活字版印刷术的 500 年前就发明了活字印刷术，但是却没有进行积极的印刷。早在 1090 年中国人就已经使用丝绸摇纱机，但是直到 19 世纪，占中国出口量 25% 的未加工的丝绸却仍然使用人工进行摇纱。中国人在 10 世纪就发明了火药，并把它用在火箭和炸弹上，但是，在 14 世纪中叶他们却不得不向西方重新学习火炮的使用。

为什么会出现这种情况？英国 18 世纪伟大的经济学家大卫·休谟（David Hume）认为，明朝从 1368～1644 年对中国实行的专制统治阻碍了中国的发展："无限制的专制……阻止了所有的进步，并且阻止了人们获得……知识。"[7]明朝统治者更喜欢一个稳定的可以控制的环境，因而压制发明和创造，结果，中国陷入了长期的停滞中。

明朝统治者反对任何会扰乱稳定的事物。尽管中国原来的科技水平远远领先于西方，尽管中国人能够轻易到达美洲，但是他们没有那样做。由于皇帝把海军扩展看作一项"昂贵的冒险"，所以中国在 1433 年之后完全停止了地理发现。[8]

许多和知识相关的书籍在明朝时都消失了。宋应星伟大的技术百科全书——《天工开物》在 1637 年写成，它提供了一个从纺织机到水力学到玉石加工等中国技术的很好总结，但是，这项工作不久就被破坏掉了，主要是由于他的政治观点和统治者不同。[9]

正如莫基尔所说："中国人在可以统治世界的时候退步了。"斯坦福大学的经济学教授查尔斯·琼斯（Charles Jones）总结道："在 14 世纪，中国离工业化只有一步之遥，然而到了 16 世纪，他们的技术明显落在了绝大多数的到访者后面，等到 19 世纪，中国人自己已经无法忍受了。"[10]

15.4 工业革命的先驱：印刷术

迈克尔·哈特把纸的发明者蔡伦放到了印刷术的发明者古登堡的前面，但是，大部分历史学家把印刷术看作一种超过任何其他发明的发明，因为这项发明从根本上改变了信息保存和传递的方式。

在古登堡于 1455 年发明印刷术之前，复制一本书需要花费 6 个月的时间。印刷术使生产率提高了 50 倍，减少了大约 98% 的成本。[11]迈克尔·罗特希尔德在他的《生态学》一书中讨论了促进知识存量迅速增加的印刷术怎样传播信息。到 1500 年，仅仅在古登堡第一次印刷圣经之后 45 年，超过 1000 家出版社已经印制了 35 000 个不同标题的大约 100 万个复本。文字和它所代表的知识从一种只能由少数人得到的奢侈品变成了一种便宜到足够所有人购买的商品。

> 我们不难发现，大约 1500 年之前，重要的发现很少。自从1700 年之前希腊衰退之后，除了印刷术之外，科学和技术进步极其匮乏。但是，在 1500 年之后，当古登堡的技术得到普遍应用时，科学有了一个飞跃的发展，这些科学知识成为现代知识的基础。
>
> 1512 年，开普勒宣称地球是围绕着太阳旋转的。在接下来的 25年里，安东尼·菲茨赫伯特（Anthony Fitzherbert）出版了关于农业的第一本手册，阿尔贝特·杜雷尔（Albert Durer）编辑了第一本德国地理志，柏拉塞萨斯（Paracelsus）出版了第一本关于医学外科的

书，乔治·阿格里科拉（George Agricola）出版了第一本矿物学书籍，安德烈亚斯·维萨里斯（Andreas Vesalius）公布了第一批关于人体的解剖图。[12]

但是，在印刷术发明至少两个世纪之后，这些发现才成为工业革命的基石。在工业革命发生之前，要先发生标志着"开放科学"开始的科学革命和理性时代。

15.5 民族国家间的竞争：欧洲和中国

在科学革命期间，关于自然世界的知识迅速扩散，科学进步和发现被顶尖大学和普通民众共同享有。在西方，几乎不存在与使用理性分析解释自然现象对立的意识形态，17世纪末期欧洲大陆的启蒙运动的传播加强了这种情况。在欧洲不存在类似明朝的意识形态。在西方，民族和国家之间的竞争提供了一个更利于发明的环境，正如大卫·休谟在1777年所观察到的。由于"分散成小的国家可以通过阻止当政者的权力而便于学习"，所以，在中国停止进步的时候，欧洲成功了。[13]

中国的造船禁令并没有出现在欧洲。随着西班牙海外扩张的衰退，荷兰、英国和葡萄牙迅速进入，弥补了空隙。马丁·路德的新教改革引发了宗派之间的竞争。尽管有时候新思想被禁止——想想天主教对哥白尼以太阳为中心的宇宙学说的攻击，但是，由于欧洲的宗教或者政治不起支配作用，新的思想观念不能被完全压制。

贾里德·戴蒙德（Jared Diamond）的《枪炮、病菌与钢铁》一书介绍了克里斯托弗·哥伦布（Christopher Columbus）为他的航海计划寻找赞助者的经历，这恰当地描述了欧洲和中国之间的差别：

> 克里斯托弗·哥伦布出生时是个意大利人，后来效忠于安茹王朝（Anjou）的公爵，再后来效忠于葡萄牙国王。当葡萄牙国王拒绝向他提供向西航行所需的船只时，哥伦布去请求 Medina Sedonia 公爵，被拒绝后，再去求 Medina Celi 伯爵，再被拒，最后跑去西班牙国王那里要船，国王拒绝了他，但最后让他上诉，并予接纳。[14]

如果只有一个国家和民族，哥伦布将筹集不到资金，从而不可能实现发现新大陆的航行。中国古代的专制统治只给了革新者一次机会，而欧洲的竞争性给予了革新者更多的机会。

15.6　工业革命

在 18 世纪的启蒙运动和科技革命之后，人口增长和经济发展开始提速。工业革命给世界经济带来了第一次持续的增长。

为了理解人类历史进程中的这次持续增长离我们多么近，查尔斯·琼斯提供了一个很好的类比。[15] 琼斯说，可以把从公元前 100 万年到现在看作足球场的长度。

人类以猎人和采集者的身份度过了大部分历史，这个时期代表了 100 码中的 99 码⊖。人类直到 1 码线的时候（大约 10 000 年前）才开始发展农业。带来整个 100 万年的人类历史上第一次也是唯一一次经济持续增长期的工业革命实际上仅仅占有"足球场末端一个高尔夫球那样的宽度"。

在 200～300 年前发生了什么导致了生产力的革命呢？两个因素合并到一起就是：有能力接受这些新思想的人的交流能力得到了极大提高。

更加重要的是，这些力量的推动形成了今天真正的新经济。

⊖　1 码 =0.9144 米。

15.7　真正的新经济

在历史上，交流方式是影响经济增长和国民财富的重要因素。这就是为什么交流方式的革命使世界经济的前景变得如此光明。

今天，网络像蔡伦在 1 世纪发明造纸术和古登堡在 15 世纪发明铅活字版印刷术一样发挥了重要作用。全球化的网络是开启全球解决方案的钥匙。

不久，所有曾经被手写和记录的东西（磁带或电影，打印的或者电子的）都会出现在网络上。尽管很多国家还在检查和指导信息，但是随着时间的推移，这将变得越来越困难。在人类历史上，世界创造的知识财富第一次变得唾手可得。

艾萨克·牛顿曾说，"如果说我比别人看得更远一些，那是因为我站在巨人们的肩膀上"。[16] 今天，数亿人（如果不是数十亿人）只需点击一下鼠标，就可以站到巨人们的肩膀上。

15.7.1　创新与网络的未来

网络刺激创新的例子随处可见。《华尔街日报》报道，马宁德拉·阿加瓦尔（Manindra Agarwal）教授是位于坎普尔的印度理工学院的计算机科学家，他最近发现了一个完全决定一个数字是否是素数的关系式——这解决了一个已经困扰了数学家们两百多年的数学问题。[17] 阿加瓦尔教授用来提高他对复杂数字理论理解的重要工具之一是搜索引擎。不需要与全球顶级数学家进行联系，阿加瓦尔教授仅仅是在打开他的电脑后输入他要搜索的东西。在寻找答案的过程中，他可以获得当前最新的信息，这使他最终完成了证明。

Airespace 公司是一家专门生产无线电网络平台的公司，艾伦·科恩（Alan Cohen）是公司的市场营销和生产管理部门副总裁，他讲述了对搜索引擎公司的看法：

如果我可以经营搜索引擎公司，那么我可以发现任何事情。如果配合以无线上网，这便意味着我能够在任何时间和任何地点发现任何东西。这就是为什么我说搜索引擎公司和 Wi-Fi 合作就像是上帝一样。上帝就是无线网络，上帝无所不在，上帝可以看到并且知道任何事情。历史上没有电线的时候，人们求助于上帝。现在，对于世界上的任何问题，你都可以求助于搜索引擎公司，而且，你不需要电线了。[18]

当然，科恩对于搜索引擎公司的评论有情绪化的成分，但是，我们稍微停一下，想一想技术将引领我们到什么地方。不久之后，所有的搜索引擎将启动语音搜索功能，而且它们将被设计成可以回答任何问题，而不仅仅是通过几个相关联的字使网页向前移动来搜索。这些伴以高级导航系统与声音和电子传播的引擎将被嵌入到和今天的电话机一样大的设备里。

微型的耳塞将连接到这些设备上去，这将存取和加工所有的信息并且回答所有的问题。所有已知的信息将完全按照你的意思出现，所有的外语将瞬间被准确地翻译，所以语言将不再是国际交流的障碍。任何人都可以使用到全球的知识储备，利用到别人的知识。

这些数据和电子方面的进步不仅缩短了距离而且节省了时间，使得个人可以联系到世界范围内遇到相同问题的人。这种交流建立了一种反馈的机制：人们贡献得越多，取得的进步越大，这些进步又刺激了更多的发现，这将加速生产力的提高。

15.7.2 中国和印度

任何怀疑世界正在迅速变化的人只需要看看中国最大的城市上海。2004年 6 月，我曾作为沃顿全球毕业生论坛的发言者到过那里。

坐落在黄浦江东畔的浦东新区看起来像明天的城市。在世界任何其他地方，我都不曾看到过这种情况。有着高耸的商业与居民楼房和宽阔的街道，上海明显正在赶超它长期的竞争者香港，并且，它正在走向成功。

当地人喜欢告诉你在 10 年前浦东是一块富饶的稻田。宴会之前的鸡尾酒会是曼哈顿上层人士的社交场所，过去所有人都谈论不动产，许多人预测在一些地方价格将会急剧上升，比如以前法国和英国的商业用地。如果你想开发中国的巨大潜力，上海明显就是这样的地方。

拥有辽阔土地和众多人口的中国显然希望借助网络的力量来发展经济。尽管网络上信息的自由流动将降低权力机构的威信，但政府已经接受了旨在在全国范围内加大互联网影响力的科技方案。正如中国信息产业部长所宣称的：

> 信息在促进产业结构升级、工业化和现代化发展中有着很大的作用……这也是中国共产党中央委员会第一次把信息放在如此高的战略位置上……
>
> 到 2010 年，随着信息资源使用范围的扩大和程度的加深以及信息服务业的不断发展，信息将促进并且满足公众的需求，中国也将成为一个信息化的社会。随着信息产业成为大面积的高科技国家的基础设施，信息产业将成为国民经济中最重要的产业。[19]

这些目标绝不仅仅是中国政府美好的愿望。我注意到现在中国的移动电话使用者数量超过了地球上的任何一个国家，他们在地铁上用他们的电话，这种事情现在在美国的绝大部分地区是不可能实现的。在很多方面，中国的科技水平都要远远领先于发达国家。

摩根士丹利的经济学家史蒂夫·罗奇（Steve Roach）和谢国忠写道："从长远来看，网络将在中国经济发展中发挥巨大作用，网络也会提供很多创造财富的机会，所以，我们对未来的前景充满了信心……网络是中国推进中西部发展的低成本方法，这同时也将促进国际联系……中国将进入美妙的 10 年或 20 年。"[20]

世界顶级的科技公司之一的英特尔同意，当它开发出新技术的时候，这些产品将在中国投入使用。2003 年，英特尔从中国获得了 37 亿美元的收入，或者说它从中国得到了其全部收入的 12%，并且它预测将来的需求将会翻一番。英特尔公司总裁和首席运营官保罗·奥特里尼（Paul Otellini）说："从中国访问回来，我感觉好像拜访了计算机生命力的源泉。"[21]

在印度，信息革命由私人部门领导着。班加罗尔是未来世界经济的原型，而印度 Infosys 技术有限公司是印度软件公司的原型。这家公司的总部建设在一个自足的 29 英亩⊖的土地上，总部有软件开发中心、宿舍区和一个有 40 个屏幕的录像墙，这个录像墙使得 Infosys 技术有限公司的全球供应链（美国的管理者、印度的软件程序员和亚洲的制造者）可以召开一个"虚拟会议"。托马斯·弗里德曼是《纽约时报》的专栏作家，他总结了公司的管理特征：

> 世界上所有的墙都已经被推翻了，所以现在，我们可以使用网络、光纤电信和电子邮件获得高新科技，从而我们可以利用我们的能量和世界上任何公司竞争。作为全球供应链的一部分，我们为印度人、美国人和亚洲人创造利润。[22]

印度有大量的天然优势，英语的广泛使用是其中之一。由于印度位于与美国相对的地球的另一面，所以印度人可以利用时差的优势。当美国人正在结束一天的工作时，印度人开始了他们新的一天。由于网络可以在瞬间传递信息，所以美国人可以把他们正在进行的工作传递给在印度的合作者，这些合作者将在下一个早上把他们的工作发送回来。突然之间，你拥有了 24 小时

⊖ 1 英亩 =4046.856 平方米。

的工作日。

但是印度最好留意它北方的邻居。英语在中国已经开始迅速地推广，而且随着计算机翻译功能的增强，中国将成为印度强有力的竞争者。

15.8　21世纪中叶的世界

中国和印度对未来世界经济的深远影响是必然的。到2050年，中国将拥有15亿人口，将近美国4亿人口的4倍。

当我在中国的时候，我问他们的经济学家和高级政府官员是否有理由否认到21世纪中叶中国将至少达到美国人均资本收入的一半，这将把中国放在和葡萄牙、韩国一样的水平，与美国现在的水平相近。没有一个跟我谈话的人认为这个目标是不可能实现的，事实上一些人认为中国的发展前景甚至可能更加广阔。如果中国达到了那种水平，那么到21世纪中叶，中国的经济规模将几乎是美国的两倍。

这可能吗？非常可能。在过去40年里，日本的人均资本收入由占美国人均资本收入的20%上升到了96%，新加坡由14%上升到了58%。在过去的25年里，韩国的人均资本收入由占美国人均资本收入的17%上升到了将近50%。[23]中国的生产增长率只要每年都超过美国3%，那么这个目标就是可以达到的。通过比较我们看到，在过去25年里，中国的人均资本收入的增长率为7.7%，这几乎超过美国增长率6个百分点⊖。

荷兰格罗宁根大学（University of Groningen）的经济史学家安格斯·麦迪逊（Angus Maddison）教授指出，在19世纪的大部分时间里，中国占到了世界经济总产出的1/3，但是，在20世纪的绝大部分时间里，中国经济衰退了。现在，正在发生的是中国正在挖掘它的潜能以恢复到以前的水平。[24]

⊖　该数据得出的背景为21世纪初。

　　印度经济将和美国的经济规模一样。印度是从比中国更低的起点开始发展的，它需要比美国人均资本收入增长率高出 4% 才能在 21 世纪中叶达到美国人均资本收入的一半，这种增长率仍然在中国过去 25 年的增长率之下。如果印度和中国可以达到那样的增长率，那么在 21 世纪中叶它们联合起来的经济规模将几乎是美国的 4 倍。

15.8.1　不仅仅有中国和印度

　　中国和印度的经济增长前景位居世界前列，但是仅仅依靠它们的增长还不足以完全抵消老龄化浪潮带来的问题。如果没有其他国家的帮助，在我的人口模型中，成功的中国和印度将抵消掉退休年龄增加的一半，使得美国人到 21 世纪中叶可以享受额外的 5 年退休时光。

　　其他国家的前景也是光明的。高盛公司认为，除了中国和印度以外，巴西和俄罗斯在接下来的半个世纪里也将取得显著的增长。[25] 巴西的人口现在占拉丁美洲 5.55 亿人口的 1/3。如果巴西、墨西哥和拉丁美洲的其他国家像高盛认为巴西将可能做到的那样开始它们的赶超时期的话，到 2030 年拉丁美洲的经济规模将超过美国。

　　印度尼西亚拥有世界上第四多的人口数量，它是另一个拥有年轻人口并具有强大发展潜力的亚洲国家。虽然印度尼西亚拥有 2.3 亿居民，人口平均年龄是 26 岁，但是它的人均资本收入仅仅是美国的 9%。许多跨国公司，像可口可乐、联合利华和金宝汤公司（Campbell Soup）已经把印度尼西亚作为向东南亚出口的基地。[26] 我预计随着亚洲经济的快速扩张，这种趋势将会继续下去。

　　具有巨大潜力的地区还有撒哈拉以南的非洲地区。这个地区的人口超过 7.35 亿，或者说是世界人口的 11%，但是它的经济产出仅仅占世界经济产出的 3%。这部分地区有着最年轻的人口和最高的生育率，所以，到 2050 年撒哈拉以南非洲地区的人口数量将达到 18 亿，占世界人口总数的 20%。人口的这种绝对规模意味着对世界而言它的增长路径是很重要的。

15.8.2　贸易赤字和对西方公司的接管

在第 1 章里我提出了发达国家在下半个世纪里将要面临的几个重要问题：谁将生产退休人员需要的商品，谁将购买他们在退休期里的资产？我们在这一章里发现了答案：来自发展中国家的劳动力和投资者。老龄化的人口将会进口他们需要的商品和服务，并通过把他们的股票和债券销售给发展中国家的投资者而获得资金。

这些即将到来的商业模式将会导致美国和其他发达国家贸易赤字的不断增加。但是，这些赤字并不值得关注，因为它们如同佛罗里达州和其他 49 个州进行交易所产生的贸易赤字一样。作为不可避免的人口趋势的一部分，这种情况的出现是不可避免的。人口趋势决定了商品和资产之间的交换，这正是全球解决方案的一个侧面。

因为世界的大部分产出将由发展中国家生产，最终美国、欧洲和日本的大部分资产将由发展中国家的投资者拥有。到 21 世纪中叶，我认为中国人、印度人和其他年轻国家的投资者将得到大多数大型跨国公司的所有权。

有证据表明，这种所有权的空前移动已经开始了。看一下拉克希米·米塔尔（Lakshimi Mittal）的故事，他是出生在印度的一个亿万富翁，他在 2004 年收购了美国的 LTV 公司和伯利恒钢铁公司，从而使他的家族企业成为世界上最大的钢铁生产商。还有一个名为 Wipro 的印度 IT 服务公司，它最近收购了通用电气医疗系统的 IT 部门和一家美国咨询公司。2000 年，印度塔塔茶业公司收购了 Tetley 茶叶公司，成为世界第二大茶叶公司，并把自身规模扩大了一倍。

中国同样在全球兼并收购浪潮中发挥着很大的作用。中国的商标在国外很少有人知道，所以中国的公司正在开始收购传统意义上的全球化商标。最大的收购行为来自中国的计算机领头公司联想。联想在 2004 年通过收购 IBM 的个人电脑业务使得整个产业为之一震，它成了世界第三大 PC 公司，并给中国的制造者们带来了接近 IBM 全球化业务的机会。香港利丰公司，它的业务主要是为像 Kohl 公司和 BBY（Bed Bath & Beyond）公司这样的大公司提供原材料和进行技术加工，它最近收购了设计和制造利维斯（Levi Strauss）主要商标的权利，这些商标在沃尔玛和 Target 销售。[27]

美国公司 Royal Appliance Manufacturing 自从 1905 年以来就在克利夫兰和俄亥俄制造大受欢迎的污垢魔鬼吸尘器，但现在却不得不关闭掉它的美国工厂，而向中国公司付款使其生产它的产品，2003 年，中国的电器公司收购了整个公司和它的商标。[28] 相似地，中国电子公司 TCL 收购了法国公司 Thomson 的商标权，把其商标改为 RCA，并继续成为世界上最大的电视制造商。[29] 这些趋势将会持续到未来。诸如中国石化集团、印度 Infosys 技术有限公司、Wipro 公司、亚洲移动（Asia Mobile）公司、Indotel 公司这样的股票将出现在那些现在只拥有美国和欧洲公司股票的投资者的投资组合里。

资本的美丽之处就在于它可以流动到有着最大利润潜力的最有效的生产者手里。那些不能在全球市场的竞争中获胜的公司将被拥有强大竞争力的公司收购——它们正迅速成为印度人、中国人或者印度尼西亚人的公司。

15.8.3　失去工作和创造工作

我承认，一些政治力量试图设置壁垒以阻止全球市场的一体化，这将会威胁到上文中得出的结论。改变绝对不是那么容易的。在这个进程中无疑会出现失业，但是，历史已经证明，如果我们允许这些改变发生的话，最终将会有更多的工作机会被创造出来。

在 19 世纪末和 20 世纪初，制造业从美国北方转移到了南方，因为在南方劳动力是廉价的。但是在 20 世纪末期，这些工作机会又转移到了日本，而后又转移到了墨西哥，现在它们正在转向中国，在将来，我希望会转移到非洲，但是那些哀叹失去了制造业工作的人没有看到这种大的景象。在 20 世纪 90 年代，美国的贸易从平衡走向了巨额赤字，而此时欧洲和日本仍然有盈余。但是在相同的这段时期内，美国的就业增长率超过欧洲 4 倍，创造出 2000 万个工作岗位，这相当于欧洲和日本的加总。[30] 通过较低的进口价格，美国人把更多的钱留在了自己的钱包里。这种额外的现金增加了对商品和服务的需求，导致了新的工作机会的产生。

此外，绝大部分的工作丢失导致了更高的生产率，而不是一个国家"偷走了"另一个国家的工作机会。美国农民的生产率提高提供了一个很好的例子。在 20 世纪刚到来之际，美国大约 40% 的人口仍然在农场中工作。现在，尽管少于 0.5% 的劳动力在农场中工作，但是美国仍然是世界的食物出口国。[31]

在 1995 ~ 2002 年，全球制造业大约丢掉了 2200 万个工作机会，但同时产出却扩张了 30%。[32] 在这段时期美国失去了 200 万个制造业就业岗位，其他国家失去的岗位更多，然而，无论发生在哪里，技术进步都改变了需求模式和工作的融合。

钢铁产业也出现了相同的情况。尽管钢铁产业和工会代表工人呼吁提高关税以阻止国外廉价钢铁的进入，但是，廉价的外国钢铁最终被证明并不是使美国人失去工作的原因。在 1980 年，美国生产 1 吨钢铁需要 10 个劳动力小时，而 2003 年产业平均标准已经低于 4 个劳动力小时。这意味着无论进口与否，生产相同数量的钢铁的工人数量都将减少 60%。

为保护美国人的工作岗位而增加关税以及设置进口配额是绝对错误的做法。这些措施导致消费者不得不花费更高的成本购买商品，由此造成的损失是巨大的。1984 年的美国政府报告说明，在配额"保护"下，消费者每年为每个纺织工人支付 42 000 美元，为每个汽车工人支付 105 000 美元，为保留在钢铁产业中的每个工人支付 750 000 美元。[33] 这些数字远远超过了这些产业中工人的工资。在每种情况下，如果消费者向失去了工作的工人支付失去的工资而不是接受较高的保护主义成本的话，他们的处境将会更好。对政治家们来说，让美国消费者付出代价是最容易的事情。

15.8.4　是机会，而不是威胁

我们必须把这些发生在全球经济中的变化看作机会而不是威胁。巨大的市场机会等待着那些能够抓住它们的人。发展中国家对基础设施、健康、教育、金融服务、管理和技术等专门知识的需求是巨大的，而且正在不断增长。

正如托马斯·弗里德曼在去班加罗尔旅行过一次后了解到的那样，旧的不去新的不来。弗里德曼访问了一个被称作 24/7 顾客的公司，他看到年轻的印度人回答电话，提供计算机技术支持并且销售信用卡。他询问了公司的创始人尚穆加姆·纳加拉贾（Shanmugam Nagarajan），印度的增长会如何使美国人受益。

> "很好，"纳加拉贾很耐心地回答道，"环顾这间办公室，所有的计算机来自康柏公司，基本的软件来自微软公司，电话来自朗讯科技公司，空调来自 Carrier 公司，甚至连瓶装水都来自可口可乐公司，因为，在印度当人们想喝水时，他们希望找到一个信得过的品牌。"[34]

15.9　我们的未来

世界经济的未来前景是光明的。通信革命已经为世界经济的迅速增长搭

好了舞台。这种增长将允许我们获得一个全球解决方案，这种方案将使老龄化国家的人们享受一段更长而且更繁荣的退休期。

发展中国家的崛起对每个人来讲都是很重要的。如果中国和印度步履蹒跚，那么我们将面临一个糟糕的未来。如果它们成功了，并且如果世界其他的发展中国家都模仿它们的成功模式，那么将会有足够的商品和服务来支持不断变长的退休期，而且不存在任何生活水平的下降。

一些国家已经开始为全球化竞争设置壁垒，但是，所有那些拒绝变化的国家都失败了。信息的自由流动、劳动力的分工以及生产力提高所创造的强大的经济动力总是能够胜过封闭孤立和保护主义的压力。

现在已经没有时间迟疑了。很明显，我们必须鼓励自由贸易，消除关税壁垒，促进国外直接投资以及扩大全球经济一体化。这种收益将远远大于通过帮助我们的经济中那些失去工作而且不能被再训练以获得工作的人所带来的成本。如果我们实行保护主义，把世界经济隔离，那么我们的未来将面临风险。

越来越多的悲观者宣扬经济和金融危机的来临，但是记住全球解决方案：发展中国家的年轻人将是那些生产商品和购买退休者资产的人。这些国家经济的成功不仅对它们自己的人民有利，而且对我们社会的持续繁荣也非常重要。

如果我们重视我们和我们孩子的福利，那么没有任何其他的经济目标更加重要了，我们必须接受这样的未来。

第五部分

THE FUTURE FOR INVESTORS

投资组合策略

第 16 章

全球市场与世界投资组合

现在让我们来讨论成长中的产业。基于世界范围的投资正在增长，因此国际投资组合的构建就是伟大的成长中的产业。

——约翰·邓普顿（John Templeton）

　　我对发展中国家增长前景的乐观预期引出了一个重要的问题：全球化对你的投资组合意味着什么？许多投资者被中国和印度迅猛的增长前景所吸引，反射性地想要从这些高速增长的国家购买股票。

　　但这可能是个错误。回想一下我们在本书第一部分和第二部分提到的增长率陷阱。强劲的增长并不意味着人们能从外国公司那里获得比国内公司更高的回报。正如投资者收益的基本原理所述，真正起作用的是相对于预期的增长，而并不是增长本身。来自国际收益研究的证据强有力地支持了这种观点，这对增长爱好者来说不是什么好消息。

　　不过这并不意味着我们应该忽视外国投资。正好相反，当今世界近一半的资本都在美国境外。忽视外国市场类似于建立了一个只有从字母 A 到 L 为开头的公司的国内投资组合。不平衡的投资组合会在不增加收益的情况下增加风险。

　　但在我们学习怎样去构建国际投资组合之前，我想通过检测中国和巴西这两个国家的状况来再次强调增长和收益之间的差异。这个案例类似于我在本书第 1 章提到过的 IBM 和新泽西标准石油的故事。

16.1　中国和巴西

　　让我们回到 1992 年年底。在全球范围内，经济增长的时机似乎已经成熟。你的投资顾问建议你买中国或巴西的股票，以在这次经济增长中获利。中国是这个世界上人口最多的国家，而巴西则是美洲除了美国以外最大的经济体。这两个国家都有着巨大的经济潜力，哪一个国家有着为你增值财富的最大潜力呢？让我们检测一下过去的记录。

16.1.1　中国

中国的经济增长在 20 世纪 90 年代早期已经起步。中国政府在邓小平的领导下开始执行经济改革计划，1990 年，中国经济已经运转正常，开始高速发展。

那一年深圳和上海的证券交易所开张，这让中国和外国的投资者都兴奋异常。1992 年，上市的股票数量从 20 只增加到 70 只，市场价值总计超过 1000 亿元人民币（200 亿美元）。股票交易量比前一年扩张了大约 30 倍，1992 年 12 月，摩根士丹利开始计算中国股票总收益指数[1]。

经历了一个缓慢的起步过程之后，中国股票在 1993 年下半年开始迅猛增长，引起了美国投资者热切的回应。《新闻周刊》报道：

> 在中国，今年是鸡年。但在美国，1993 年是中国年。在皮奥里亚以外的地方，所有人都把自己的储蓄投进了在繁荣的中国市场上获得收益的共同基金。对于那些还没有获得信息的人，江泽民提供了中国现在是波音最大客户的信息。[2]

那些预言中国经济将会飞速发展的人是对的。在接下来的 11 年里，中国的实际 GDP 增长率平均每年达到了 9.3%，远远超过了世界上其他国家，几乎是美国增长率的 3 倍。2003 年，如果以购买力作为衡量标准，中国已经成为世界第二大经济体，吸引了最多的外国直接投资。

16.1.2　巴西

另一方面，巴西则用经济和政治危机"迎接"20 世纪 90 年代的到来。

1992 年费尔南多·科洛尔·德梅洛（Fernando Collor de Mello）总统被代理司法团体弹劾，被迫辞职。在当年年底巴西经济陷入混乱，通货膨胀率高达 1100%。

事态还在进一步恶化。到 1994 年通货膨胀率已经超过了 5000%，实际产出开始下降。该年 10 月费尔南多·卡多佐（Fernando Cardoso）被选为总统，暂时稳住了通货膨胀，但是 1999 年 1 月增加的预算赤字导致国际储备流失，巴西货币被迫贬值。

这时巴西国内又出现了一系列的腐败丑闻，同时爆发了能源危机，政府下令大范围禁止电力消费。民众对这些事情的不满情绪把路易斯·伊纳西奥·卢拉·达席尔瓦（Luiz Inacio Lula da Silva）（一个反对工党的左翼分子）推上了 2002 年的总统席位。

在这些艰难的年月里，巴西每年的 GDP 增长率只有 1.8%，处于发展中国家的最低水平，还不到中国的 1/5。当中国经济在这 11 年里累计增长了 166% 的时候，巴西只增长了 22%。

巴西巨大的潜力又一次被浪费了。失望的乐观主义者发出哀叹："巴西是未来之国……而且它永远都是。"

16.1.3 判断

那些预言中国经济将比巴西发展得更快的人是对的。实际上，中国在衡量经济产出的每个项目上都将巴西远远地抛在身后。中国的货币很稳定，通货膨胀率低，政局也相对稳定，这些优势都是巴西所不具备的。

但正如图 16-1 所示，股票投资者的收益又是另一回事情了。从 1992 年起，中国经历了世界上最低的股票收益率，投资者眼睁睁地看着他们的投资组合以平均每年大约 10% 的速度收缩。1992 年年末投资在中国的 1000 美元在 2003 年年末缩水到了 320 美元。另一方面，巴西则拥有超过 15% 的年收益率，在 1992 年投资同样的 1000 美元在巴西到 2003 年积聚到了 4781 美元，轻易地打败了美国股票。

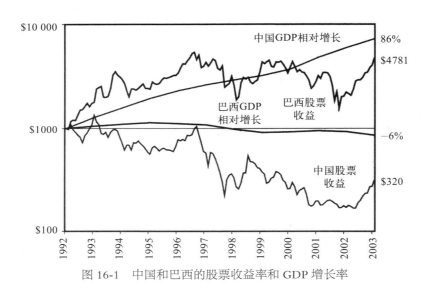

图 16-1　中国和巴西的股票收益率和 GDP 增长率

为什么会出现这种情况？与第 1 章中的解释一样：尽管在每个增长指标上，IBM 都比新泽西标准石油强，但新泽西标准石油的股票收益却比 IBM 的高。低价格、高股利收益是新泽西标准石油股票取得高收益率的制胜法宝，同样，这也是巴西投资者胜过中国投资者的原因。

投资者应该购买发展最迅速的国家的股票——这一传统观念与购买发展最迅速的公司的股票一样，都犯了同样的错误。一方面，中国毫无争议是世界上增长最迅速的国家，但是在中国投资的投资者却由于过高估计中国股票而得到糟糕的收益。

另一方面，1992 年巴西的股票价格很低，而且经济危机使价格在后来的 10 年里一直维持在很低的水平，所以，巴西股票的股利收益率一直很高。耐心的投资者购买的是价值而不是宣传，所以他们获得了最后的胜利。

16.2   传统观念再次出错

经济增长不能带来高的股票收益率，这一点不仅仅表现在巴西与中国的事例上。图 16-2 描绘了 25 个新兴市场经济增长率和股票收益率的情况。[3]那些有着合理定价的市场的国家（例如巴西、墨西哥和阿根廷）尽管经济增长率是最低的，但是它们给投资者带来了最高的收益率。即使我们排除中国（最快的增长率和最低的收益率）和巴西（第二低的增长率和第三高的收益率），这些国家的实际 GDP 增长率和收益率之间仍然呈现负相关的关系。

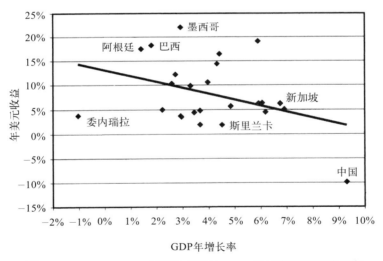

图 16-2   1987 ～ 2003 年新兴市场的 GDP 增长率和股票收益率

这一结论对发达国家同样适用。迪姆松、马什和斯汤顿在他们的代表作《乐观者的胜利：101 年全球投资收益》一书中分析了 16 个国家从 1900 年开始的数据，发现 GDP 和实际股票收益之间存在着负相关的关系。[4]日本有着最高的实际 GDP 增长率，但股票收益却很低。南非有着最低的 GDP 增长率，而股票收益却排名第三，超过了有着更快增长率的美国。澳大利亚和英国的实际 GDP 增长率很低，却有着相对很高的股票收益。增长并不足以保证一个有利可图的投资计划。

16.3　增长与股票收益

这时你可能很困惑，在第 15 章我刚把增长率赞美为发展中国家经济和金融问题的全球解决方案，现在我又声称增长率可能对单个国家的股票收益不利。这些言论看上去很矛盾，但其实并不是这样。增长确实导致了更多产出、更多收入和更强的购买力，这些都趋向于支持股票价格，但是对增长的期望往往制造了太多的兴奋，从而导致了过高估价，特别是在新兴的经济中。

中国的情况正是如此：过多的钱追逐过少的股份。这导致了价格的高估和很低的股票收益。只要有机会，许多中国人都更愿意在美国、欧洲甚至日本投资，但他们不能，这样所有的需求就集中在规模相对较小的一组股票上。

在深圳股票交易所于 1992 年开业的时候，《财富》杂志关于这种混乱情形提出的见解十分深刻：

> 在西方购买股票，你只要拿起电话；在中国购买股票，你必须首先获得一张进入深圳（这个接近香港的经济特区）的许可证，然后带上 100 元或半个月的工资，去排队等上三天，那时你就会被折磨疯了。

> 上百万的群众想要得到购买交易新名单上股票的申请表，不得不动用警察来维持秩序。中国的过多储蓄估计达到了 1 万亿元人民币（1850 亿美元），那些钱塞满了床垫或存入银行只为一年赚取 2%

的利息。老的股票市场在 40 多年前就关闭了，而在新市场中也只有少量股票，难以满足需求。[5]

中国内地企业在香港地区（这里人们可以自由购买股票）的标价比同样的股份在深圳或上海的标价便宜许多。

随着股份所有权限制的解除，中国人将能购买外国股票和债券。中国的股票价格将会变得更加合理，中国对外投资的需求将会增加。当"老人潮"袭击发达国家的时候，中国投资者将会成为美国、欧洲和日本退休人员所需要的愿意购买金融资产的人。

16.4　世界投资组合

你的股票投资组合应该在国外市场分配多少资产？在回答这个问题之前，让我们首先看一下表 16-1 里的数字，它说明了在世界各主要地区设立总部的公司分别拥有多大比例的市场价值。

2004 年 9 月 17 日，摩根士丹利世界指数（它包含了每个国家和地区大部分最大的、流动性最强的公司）拥有的市场价值高达 19.2 万亿美元。在美国设立总部的公司占据世界市场价值的 52.3%；在发达的欧洲地区设立总部的公司的价值

表 16-1　2004 年 9 月 17 日世界权益价值分布

地　　区	百分比（%）
北美	54.9
美国	52.3
加拿大	2.6
欧洲发达地区	27.8
英国	10.2
法国	3.8
德国	2.7
欧洲其他发达地区	11.1
日本	9.1
亚洲（包括大洋洲）发达地区（除去日本）	3.2
澳大利亚	2.0
中国香港特别行政区	0.7
新加坡、新西兰	0.5
新兴市场	4.9
韩国	0.9
中国台湾地区	0.5
中国大陆	0.4
巴西	0.4
墨西哥	0.3
印度	0.3
俄罗斯	0.2
其他新兴市场	1.9

占了 27.8%；在日本占了 9.1%；在亚洲（包括大洋洲）发达地区（中国香港特别行政区、新加坡、澳大利亚和新西兰）占了 3.2%；加拿大则占了 2.6%。以上提到的国家和地区的人口占世界总人口数量的 13%，但是在这些国家和地区设立总部的公司的市场价值占全世界公司总市场价值的 95.1%。其他国家和地区的人口占了世界人口的 87%，然而总部设在这些国家和地区的公司只占世界公司总市场价值的 4.9%。

金融理论告诉投资者应该持有范围尽可能广的投资组合，每个国家和地区以其市场价值作为权重，以达到最大程度的多样化。如果遵循这些理念，那么美国投资者持有的股票投资组合里将有大约一半的资产来自美国以外的公司。

16.5 本国股权偏爱

但是事实上大部分投资者的投资组合构成并不基于市场价值的分布。现有的数据显示，美国投资者（包括专业的和私人的）持有的股票中仅有 14% 由非美国公司发行，比指数比例的 1/3 还少。[6]这种不愿意投资国外资产的做法称为本国股权偏爱。这种偏爱为什么会存在呢？

有以下原因：①币值波动带来的附加风险，因为大部分外国公司在它们的初级市场上都是用外国货币报价的；②海外投资的交易成本更高；③投资者更了解国内公司，所以更愿意购买国内公司股票。

币值波动似乎能合理地解释为什么人们倾向于购买国内货币标价的股票。国家间的汇率非常不稳定。从 1997 ～ 2001 年 7 月，美元相对于一篮子外国货币上涨了 35%，但相对于 2003 年高峰时期却下降了 30%。如果在 1997 年美国人购买了外国股票，那么他们就不得不面临在趋势好转前长达 4 年的外国货币贬值的困境。

尽管短期内汇率会波动，但强有力的证据显示，长期来看外国股票收益能够抵偿币值的变化。在长期，汇率变动取决于国家间的相对通货膨胀率，而股票收益会为通货膨胀率的相对差异做出补偿。

巴西和中国的情况恰好阐明了这一点。一方面，自从 1992 年起，巴西货币相对于美元贬值了 80 多倍，但巴西股票的增值完全补偿了货币的贬值。巴西股票的价格维持得很好，因为当通货膨胀来临时，投资者就会转向投资有形资产，例如不动产、贵重金属和股票。因为工资总是滞后于通货膨胀，货币贬值对外国投资者的影响被高涨的产品价格和增加的利润空间抵消。

另一方面，中国在过去 10 年里对美元一直维持着非常稳定的汇率（1995 年它固定在 1 美元兑换 8.25 元人民币的水平上），而它给投资者带来的收益十分糟糕。看来币值稳定并不能保证好的市场表现。

另外两个过于倚重国内股票的原因（交易成本和对国外股票的不熟悉）的重要性在逐年下降。国际基金的交易成本下降得很快，而且国际外汇交易和指数共同基金的年费并不比美国市场上的指数化产品高出许多。不仅如此，现在的投资分析一般都涵盖了国外公司和国内公司，所以美国公司和外国公司的信息差距将会大幅度缩小。

16.6 国际市场间日益紧密的联系

近来另一种观点得到了那些国内股票偏好者的青睐：世界股票市场收益间的关系越来越紧密了。多样化有价值是因为一些股票上涨时另一些股票会下跌。如果股票收益间的关系日益紧密，那么多样化带来的利益就会减少。

世界股票收益间的关系的确是紧密了。图 16-3 显示了从 1970 年起美国和世界上其他国家的每年股票市场 9 年移动平均收益的相关系数。当相关系数接近于 0（或为负）时，多样化的优势就能显现出来。但是当关系达到一致时，所有市场都合为一体，我们无法再从多样化中获得好处。你们能看到，从 1996 年起相关系数就一直稳定上升，在 2003 年达到了 0.75。

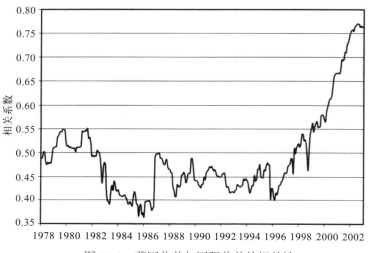

图 16-3　美国收益与国际收益的相关性

　　世界金融市场间的关系越来越紧密，这并不令人吃惊。信息革命让金融市场间的联系越发密切，一个市场的交易者能对其他市场的信息和进展做出反应。东京今天的交易经常受美国昨天交易的影响；欧洲同时关注美国和日本市场的动态；而美国开市前（before-market）交易又被欧洲影响。对事件的反应和投资者情绪的短期波动在过去只限制在单个市场上，而现在却会影响全世界的市场，就像体育场里全场滚动的人浪。

　　然而，市场间渐强的联系不应该阻止投资者进行投资的国际多样化。在美国，第 4 章强调过的 10 个部门中有许多部门的收益间的关系非常密切，但我从没听说过有人建议我们不应该投资工业部门——因为它与材料部门联系很紧密。更重要的是，一个公司把总部设立在哪里，这对投资者而言将会越来越无关紧要。

16.7　部门多样化与国家多样化

最成功的企业将会是那些预想到上部分所述全球经济变化的公司，它们将会在全球任何地方设立总部。事实上，"外国投资"这个由公司在何处设立总部来定义的术语只是过去的遗物。为什么我们要区分公司在哪里设立，而忽略它们在哪里生产和出售它们的产品呢？

可口可乐公司、埃克森美孚公司、阿尔特里亚集团（前身是菲利普·莫里斯公司）、德州仪器公司和英特尔在海外的销售量至少占到了全部销售量的2/3，但它们依旧被划为美国公司。与此类似，联合利华是荷兰公司，雀巢是瑞士公司，本田和索尼是日本公司，HSBC（汇丰控股有限公司）来自英国，而事实上它们是在国际市场上购买、销售、生产产品和服务的全球性公司。对标准普尔500指数而言，超过20%的销售来自于国外市场，当全球解决方案真正得以实现时，这个比例肯定还会上升。

摩根士丹利一份名为《工业全球化》的报告附和了这些观点："我们认为地域分布已经过时了；事实上，研究表明在解释结果时全球产业影响力已经超过了国家影响力。"[7] 正如讨论部门收益的那一章提到的，这份报告认为投资者应该把他们的资产分配策略更显著地集中在全球部门上。不幸的是，全球部门投资仍然十分困难，因为目前还没有形成一系列完整的全球部门投资产品。[8]

16.8　推荐分配

在考虑了所有因素后，我推荐国外股票应该占股票投资组合的40%，略低于外国股票在世界市场上所占的份额。这是依据风险—收益分析得来的，这种分析考虑到了币值波动，而且视角比金融市场的标准风险分析更加长远。

投资者也许会盲从大众，对外国股票不够重视。经济学家约翰·梅纳德·凯恩斯敏锐地指出："世间的智慧告诉我们惯例性地失败比非惯例性地成功要好。"[9] 如果你做了和其他人一样的投资，而这个投资失败了的话，你还可以去怜悯别人，痛苦总是喜欢同伴，但若是你做了别人都没做的投资，而这个投资失败了的话，你就必须独自承担失败的后果，而且得不到别人的同情。[10]

虽然跟随大众带来了一些心理上的安慰，但这也要付出代价的。金融市场的传统观念通常是错误的。我们知道，未来属于全球市场经济，利润将流向那些能够抓住这次增长机会的公司。我们应该把钱投进国际市场里运作，而不用在乎公司的总部设立在哪里。

16.9 怎样投资海外

投资者应该怎样为他们的股票投资组合购买外国公司的股票呢？投资全球指数基金是达到国际多样化的最好途径。指数基金能让投资者以非常低的成本获得这些有代表性的指数的收益。

指数基金非常流行，而且应该还会持续下去，因为它们能以最低的成本获得很高的收益。有许多文章都指出，积极管理的股票共同基金表现很糟。约翰·博格（先锋集团的创始者，指数产品的世界领导者）关于这个话题也论述了许多，就像我在《股市长线法宝》[11] 一书中所做的一样。下面提到的指数基金在 2004 年中期就能使用了，但投资者应该对即将能使用的新产品持谨慎态度。

在美国以外最流行的指数是由摩根士丹利资本指数集团创造的。先锋国际股票指数基金（VGTSX）也是以这些摩根士丹利指数为基础，它是包含最广泛的非美国指数基金，包括欧洲发达国家[12]（大约占基金的 60%）、环太平洋地区[13]（占大约 30%）和一个新兴市场指数（占基金的 10%）的股票。欧洲、环太平洋地区和新兴市场共同基金也可以分开购买。

除了新兴市场部分以外，先锋国际基金是基于代表了欧洲、澳大利亚和远东的摩根士丹利 EAFE 指数建造的。EAFE 指数构成了这个最有名、使用最广泛的发达国家股票的非美国指数。[14]

虽然外国股票市场指数投资比美国的价格高，但已经不再昂贵。先锋国际股票指数每年收取 0.36% 的费用，是先锋标准普尔 500 和总股票市场指数基金规定费用的两倍。[15]

先锋无疑是成本最低、最大的指数共同基金的提供者。然而，2004 年夏天，波士顿富达共同基金（Fidelity Mutual Funds），世界上最大的共同基金集团，废除了严格的规章条例，宣布其主要的指数基金将会把每年的费用减少至 0.10%，比先锋的规定费用还要低。

这种竞争对投资者有利。但投资者要警惕：规定费用可能与实际费用不同，而且先锋已经通过其所有权交易技术抵消了大部分规定费用。对于长期投资者而言，极细微的差异也要算进去。

16.10　交易所交易基金

近年来，一项革命性的产品，交易所交易基金（exchange-traded funds，ETF，或叫做交易型开放式指数基金）声名大噪，因为这种基金的费用很低，是指数产品的简单复制。与共同基金相比，ETF 能在交易日内的任何时候购买和售出。ETF 的年费甚至低于指数共同基金的规定费用，但这种基金的购买和售出都需要交纳佣金。

摩根士丹利 EAFE 指数为那些寻觅交易所交易基金的投资者设计了一种交易活跃的流动性很强的 ETF（交易代码 EFA），每年收取 0.35% 的费用。新兴市场 ETF 是一种独立的基金（交易代码 EEM），每年收取 0.78% 的费用。

不幸的是，我们北方的邻国加拿大并没有包含在 EAFE 指数中，因为它与美国股票的联系太过紧密。但是我们不应该忽视加拿大，它是诸如 Inco、加拿大铝业公司（Alcan）、Newmont 矿业公司之类公司的母国，标准普尔 500 指数在 2001 年清除非美国公司的时候将这些公司剔除。我们可以通过购买占世界股票市场 2.6% 的加拿大交易所交易基金（交易代码 EWC）来完成国际市场非美国的部分。

16.11　国内指数化

对于面向美国的股票，最好的指数产品是道琼斯威尔逊股票市场指数（Dow Jones Wilshire Total Stock Market Index）。这个指数是一种以股本为权重的指数，包含了所有在美国主要指数中交易的股票。建立于 1992 年 4 月的先锋股票市场基金遵循的就是威尔逊指数，它的平均收益（包括所有费用）每年只比收益基准少 0.19%。[16]

先锋在禁止其指数共同基金的买入卖出方面有着非常严格的政策。为了满足那些想要这么做的投资者，先锋创建了一组名为 VIPER（先锋指数股票数据分享）的交易所交易基金。每只先锋 VIPER 基金计为该公司著名指数基金的一类股份，这也包括先锋股票市场基金（VTI）在内。

相比覆盖了部分市场的指数例如标准普尔 500 指数，为什么我更偏好股票市场基金呢？有两个原因。第一，我希望获得更大程度的多样化，所以增加小、中型的股票就显得非常重要，这些股票占了美国股票市场的 20%，却没有包含在标准普尔 500 指数中。第二，投资者必须提防将自己的财富与那些非常有名的、被广泛复制的，却只覆盖一部分市场的指数相联系。正如我们在第 2 章讨论的，这些指数事先就会宣布哪些股票会增加或被删除，这会让投机者在了解情况之前就购买股票，抬高这些股票的价格，使那些"指数化"投资者处于不利的地位，而如果是一个联系所有股票的基金，这种事就不会发生。

然而，对那些喜欢自己决定资产分配的人来说，他们可以把小、中盘指数添加到标准普尔 500 指数中去，以获得整个市场或使投资组合倾向于更小或更大的股票。标准普尔 400 中盘指数（包含了 7% 的美国股本）和标准普尔 600 小盘补充（包含了 3% 的指数）都能添加到标准普尔 500 指数中形成标准普尔 1500，这个指数包含了 90% 的美国可交易市场。标准普尔监控了整个美国市场，并依据市场股本、行业表现和流动性在指数里挑选股票。

另外，投资者也可依据流行的拉塞尔指数（Russell）投资。相对于标准普尔指数而言，拉塞尔指数几乎只依据市场价值来选择股票。[17] 拉塞尔 3000 包含了所有交易市场上 3000 只最大的股票，占据美国所有可交易股票价值的 97%。拉塞尔 1000 包含了 1000 只市场价值最大的股票，而拉塞尔 2000 则由 3000 只属于拉塞尔领域的股票中的 2000 只最小的股票构成，是一个非常流行的小型股指数。拉塞尔有许多交易所交易基金。[18]

对那些喜欢 ETF 的人来说，两个最流行的交易所交易基金是代表标准普尔 500 指数的"蜘蛛"（spiders，以 S&P Depository Receipts 的缩写 SPDR 命名）基金和代表纳斯达克 100 的称"立方体"（cubes，以订单符号 QQQ 命名）基金，"立方体"是一个包含了在纳斯达克交易的 100 只最大的非金融股票的高科技指数。"蜘蛛"和"立方体"非常流行，它们的日交易量经常超过纽约交易所和纳斯达克的股票日交易量。另一个很流行的交易所交易基金名为"钻石"（diamonds，以符号 DIA 命名），它代表了历史悠久的道琼斯工业平均指数。

16.12　投资组合核心的国际指数化

这一章介绍了一种拥有股权的国际方式。这一方式强调了以外国公司股票的形式持有股票资产很大一部分（大约 40%）的重要性。这个世界性的指数化股票投资策略是投资组合的核心。

我们还知道，增长率陷阱适用于单个国家，也适用于单个公司。快速增长的国家例如中国不一定拥有表现最好的股票。在一个大范围基础上达到多样化是从全球增长中获得收益的关键。在下一章我们将会讨论投资者可以运用怎样的策略来补充这个指数化核心，以获得更高的收益。

第 17 章

未来策略

D-I-V 指标

好的想法如果没有付诸实施，并不比美梦更好。

——拉尔夫·沃尔多·爱默生，1836 年

17.1　从指数化到 D-I-V 指标

当我向投资者做关于股票市场的演讲时，经常会被问到两个问题："婴儿潮出生的人退休的时候，经济会发生什么样的改变？我的投资会受到怎样的影响？"和"从长期看我应该购买什么股票？"

我为写作这本书而做的研究表明，未来对股票投资者而言是光明的。发展中国家的增长将提供足够的产品和对股票足够的需求，以抵消发达国家老龄化危机的影响。股票未来的表现将很轻易地超过债券、贵金属和其他那些用来对付通货膨胀的资产。

第二个问题，"从长期看我应该购买什么股票？"自从进行这本书的研究之后，我对这个问题的回答发生了改变。以前，我建议投资者把他们的钱投入指数基金，这些基金追逐那些包含大量普通股的市场指数。因为有确凿的证据显示，积极的股票管理者和共同基金在除去费用后并没有低成本指数基金表现得好，我曾经相信指数化是投资者积累财富的最好方法，而现在我确信还有更好的策略。

不要曲解我的意思，我依旧相信指数化是股票投资组合的核心。在第 16 章中我说明了指数化对世界市场的重要性，但是我对于标准普尔 500 指数公司、产业业绩、首次公开上市和股利的研究表明，投资者可以通过采用本书中分析的策略来补充他们的投资组合，以获得更好的收益。

我将我的研究成果提炼为三个"指标"，为了便于记忆将它们命名为 D-I-V。D-I-V 指标能够帮助投资者找到构建股票投资组合的集中策略。

股利（Dividends）：购买那些拥有可持续现金流并将这些现金流以股利形

式返还给投资者的股票。

国际化（International）：认识到那些将使经济力量的平衡从美国、欧洲、日本移动到中国、印度和其他发展中国家的力量。

估价（Valuation）：积累那些相对于其预期增长而言有着合理价格的公司股票，避免首次公开发行股票、热门股票和其他那些被普遍认为"必须"投资的公司和产业。

17.2　股利

17.2.1　高股利策略

本书强调了股利对获得较高股票收益的重要性。公司管理层的首要目标是最大化股东现在和将来的现金流。在股票市场的大部分历史时期，股利的发放是对管理层很好的约束，而且我相信，支付丰厚股利的股票在未来会取得很高的收益。

表 17-1 总结了在第 9 章和第 10 章提到的股利策略的风险和收益情况，所有的这些策略都击败了标准普尔 500 指数和道琼斯工业平均指数。

收益—风险比率用来测量每单位风险获得的额外收益，在这里所有的收益—风险比率都比指数化策略下的结果要好。[1]

在这些股利列表中哪些公司最经常出现？答案是提供高股利收益的大型综合石油公司。如果选择标准普尔 500 指数中股利最高（前 20%）的公司，那么荷兰皇家石油公司在 29 年中都能位列其中，而且在这 29 年里它的年收益率达到了 17.11%，这比该公司股票的"购买—持有"投资组合从 1957 年到现在的平均年收益率高出了 3 个百分点。埃克森美孚公司也在这个名单上待了 23 年之久，在那段时期它的收益率每年达到近 20%，比该公司股票的"购买—持有"投资组合的收益率高出 6.5%。美孚石油（现在已经与埃克森美孚石油公司合并）在名单上长达 16 年，这段时期它的股票每年收益率为 18%。

表 17-1　1957 ～ 2003 年股利策略

策略	种　类	累计量 / 1000 美元	年收益率（%）	风险（%）	收益—风险率（%）
标准普尔 10	标准普尔 500 指数 100 只最大股票中 10 只最高收益的股票	816 620	15.69	17.70	0.645
标准普尔核心 10	标准普尔 500 中 15 年里从没有减少股利的 100 只最大的股票中 10 只最高收益的股票	811 593	15.68	18.20	0.628
道琼斯核心 10	道琼斯中 15 年来从没有减少股利的股票中 10 只最高收益的股票	596 084	14.90	15.82	0.654
道琼斯 10	10 只收益最高的道琼斯工业股票	493 216	14.43	15.38	0.654
最高收益者	标准普尔 500 中前 20% 最高收益的股票	462 750	14.27	19.29	0.530
标准普尔 500 指数	标准普尔选出的 500 个最大的美国公司的指数	130 768	11.18	17.02	0.405
道琼斯 30 平均指数	道琼斯工业指数中 30 只股票的指数	183 460	12.00	16.64	0.458

　　石油股票对道琼斯和标准普尔的股利策略来说也很重要。新泽西标准石油（现在的埃克森美孚石油公司）在道琼斯 10 策略中也创纪录地停留了 38 年之久——从 1957 ～ 2003 年。

　　高股利收益策略中经常出现的另一种产业是烟草制造公司，例如菲利普·莫里斯公司和富俊公司（从前的美国烟草公司）。菲利普·莫里斯公司从来没有减少过股利支付，在它位于核心 10 策略中的 13 年里该公司股票每年的收益率达到了近 32%。

　　高股利收益策略为什么表现得如此之好？这与投资者收益的基本原理有关。该原理说明，股票收益并不由利润增长情况单独决定，而是取决于实际的利润增长与市场预期增长的对比。投资者对许多支付股利的股票的利润增长前看显得过于悲观，导致了低于合理水平的股票价格和高于平均水平的收益率。对那些支付股利的股票而言，价格的低估导致了更高的股利率，投资

者能在一个低估的价位上积累更多的股票。在第 10 章描述过的收益加速器会
在这些股票上显示出它的魔力。

支持股利的证据不仅存在于美国。迪姆松、马什和斯汤顿（《乐观者的胜
利：101 年全球投资收益》的作者）发现在英国那些有最高股利收益的股票业
绩比那些最低股利收益的股票好，正如我在美国发现的一样。它们之间的差
异是巨大的，在过去的 103 年里每年的收益率相差达到 3%。[2] 我确定，未来
的研究将会发现股利的优异表现在别的国家也同样存在。

17.2.2　股利策略的执行

道琼斯 10、标准普尔 10 和它们的相关核心策略只包含 10 只股票，所以
即使是单个投资者也可以执行这些策略。对那些不愿意购买个股的投资者而
言，他们也可以选择那些执行道琼斯 10 策略或者其他类似策略的投资信托。

道琼斯 10、道琼斯核心 10、标准普尔 10 和标准普尔核心 10 的 2004 年投
资组合名单中的公司在表 17-2 中就能找到。道琼斯有 4 个公司在标准普尔的名
单中也出现了：SBC 通信公司、阿尔特里亚集团、通用汽车和摩根大通银行。

表 17-2　2004 年道琼斯 10、道琼斯核心 10、标准普尔 10 和标准普尔核心 10 股利策略的成员

公　　　司	道琼斯策略——2004 年的公司			
	交易代码	股利收益率（%）	道琼斯 10 的成员	道琼斯核心 10 的成员
SBC 通信公司	SBC	5.41	√	√
阿尔特里亚集团	MO	4.85	√	√
美国电话电报公司	T	4.68	√	√
通用汽车	GM	3.75	√	
摩根大通银行	JPM	3.70	√	√
默克公司	MRK	3.20	√	√
杜邦公司	DD	3.05	√	√
花旗集团	C	2.88	√	√
通用电气	GE	2.58	√	√
埃克森美孚公司	XOM	2.44	√	√
国际纸业公司	IP	2.32		√

（续）

公　　司	标准普尔策略——2004 年的公司			
	交易代码	股利收益率（%）	标准普尔 10 的成员	标准普尔核心 10 的成员
SBC 通信公司	SBC	5.41	√	√
阿尔特里亚集团	MO	4.85	√	√
Verizon 通信公司	VZ	4.39	√	√
百时美施贵宝公司	BMY	3.92	√	√
通用汽车	GM	3.75	√	
摩根大通银行	JPM	3.70	√	√
华盛顿共同基金	WM	3.49	√	√
雪佛龙德士古公司	CVX	3.31	√	√
南方贝尔集团	BLS	3.25	√	√
先灵葆雅公司	SGP	3.25	√	√
陶氏化学公司	DOW	3.22		√

必须强调的是，这个名单每年都在改变，当你阅读本书的时候，很可能这些股票中的一些已经不在这些股利策略里了。你可以在网上找到现在构成道琼斯 10 策略的、被称为"道琼斯狗股"的公司。

虽然现在只有少数的与股利相关的指数基金，但我确信当更多的投资者认识到股利的力量时，会出现更多类似的投资工具。

17.2.3　不动产投资信托

不动产投资信托是购买和管理不动产或不动产贷款的公司。只要这些信托公司的净营业收入中有90%以股利的形式发放给投资者，它们就不用缴税。出于这个原因，投资不动产信托股票的股利收益非常高。在我写下这段文字的时候，不动产投资信托的股利率是标准普尔 500 指数 1.7% 股利率的 3 倍多。

不动产，特别是私家房产，通常被视为区别于公司股票的一个单独的资产类别，但是商业房产、工业房产和多户家庭使用的房产都是非常可观的资产，都有公开交易的证券。2004 年中期，公开交易的不动产投资信托拥有商业不动产近 4 万亿美元资产中的 4000 多亿美元资产。这些不动产投资信托的股票市场价值大约达到 2250 亿美元。

我相信不动产投资信托会是平衡的股票投资组合的一部分，特别是那些更倾向于持有高股利率股票的投资组合。市场上有许多不同的指数基金产品，例如先锋的 REIT（VGSIX）和两个单独的交易所交易基金——iShares 道琼斯美国不动产指数基金（IYR）和 street TRACKS Wilshire REIT（RWR）。

17.3　国际化

我说过我希望在下半个世纪能看到发达国家和发展中国家相对财富的巨大转移。在第 16 章中，我建议投资者将资产的很大一部分投入一个指数化的世界投资组合里。对那些基于美元的投资者，我建议他们将资金的 60% 投资于以美国为总部的公司，40% 投资于总部不在美国的公司。

强有力的证据显示，过分倚重快速增长国家的公司是错误的投资行为，因为这些公司的股票特别容易受增长率陷阱的影响。然而，我相信那些为全球经济做出贡献的公司对投资者来说特别有吸引力。

表 17-3 列出了 20 家最大的非美国公司，这些公司营业收入的很大一部分来自于许多不同的国家。投资这些全球性公司的一种选择是购买标准普尔全球 100 交易所交易基金（IOO），这种基金复制了 100 家跨国公司的表现，它选择了那些建立于世界各地的拥有庞大市场价值的公司，这些业务全球化的公司很大一部分营业收入来自于许多不同的国家。目前这种基金的年费是 0.4%。另一种全球性指数是道琼斯全球巨人（Dow Jones Global Titans，DGT）50 指数，该指数以 50 家最大跨国公司的市场价值为权重进行编制。

表 17-3　20 家最大的非美国公司（以市场价值排名），2004 年 9 月

排名	公司名称	部门	总部设立所在国家
1	英国石油	能源	英国
2	汇丰控股有限公司	金融	英国
3	沃达丰集团	电信	英国
4	Total	能源	法国
5	葛兰素史克公司	卫生保健	英国
6	诺华制药	卫生保健	瑞士
7	荷兰皇家石油公司	能源	荷兰
8	丰田公司	非必需品部门	日本
9	雀巢	日常消费品	瑞士
10	UBS	金融	瑞士
11	阿斯利康公司	健康护理	英国
12	西班牙 Telefonica 公司	电信	西班牙
13	巴克莱银行	金融	英国
14	西门子	工业	德国
15	诺基亚	信息技术	芬兰
16	巴黎银行	金融	法国
17	西班牙国家银行	金融	西班牙
18	三星电子	信息技术	韩国
19	Banco Bilbao 银行	金融	西班牙
20	佳能公司	信息技术	日本

在 2004 年，这个名单上还没有中国和印度的公司，但中国公司（例如中国移动、和记黄埔企业有限公司、恒生银行和中国石油）和印度公司（例如 Infosys 公司、Reliance 实业公司、Wipro 公司等）加入这些国际巨头的行列只是一个时间问题。

股利和估价标准对国际公司来说同样也很重要。在第三部分我们谈到了股利对公司管理过程的重要性。因为公司会计的国际标准有很多种，所以存在一个关于公司利润的切实证据是很重要的。股利就是这种证据，它对外国公司和美国公司来说同样重要。

投资者在购买国际股票，尤其是新兴国家股票的时候要避免掉入增长率陷阱。投资者不应该忽视价格而盲目选择那些增长迅速的公司。不管公司增

长的有多么迅速，价格总要有一个限度。不管任何时候，公司的管理质量和在核心竞争力范围之内发展产品的能力永远都是决定投资者成败的关键因素。

17.4　估价

如果有人对购买股票时价格的重要性提出质疑，那么 1999 ～ 2000 年的网络和科技泡沫的经历会消除一切疑问。在购买股票时，估价永远都是重要的。

表 17-4 总结了在本书中讨论的估价策略。三种策略基于对全球部门基金的投资，这些基金与第 4 章提到过的能源、卫生保健和日常消费品产业相联系。其中一种策略在第 3 章介绍过，它选择投资标准普尔 500 指数中市盈率最低的那 20% 的股票。另一种策略选择标准普尔 500 指数原始公司中幸存下来的表现最好的股票，我称这些股票为旗舰企业。我还要重述一下沃伦·巴菲特的投资业绩，首先是合伙企业，然后是伯克希尔 – 哈撒韦公司。

表 17-4　1957 ～ 2003 年估价策略

策　　略	种　　类	累计量 / 1000 美元	年收益率（%）	风险（%）	收益—风险率（%）
巴菲特 / 伯克希尔	对沃伦·巴菲特合伙公司和伯克希尔 – 哈撒韦公司的投资	51 356 784	26.59	33.53	0.753
最佳幸存者	对原始标准普尔 500 指数里 20 个表现最佳的、幸存下来的股票的投资	840 291	15.76	18.92	0.619
最低市盈率股票	标准普尔 500 指数里 20% 最低市盈率的股票	425 703	14.07	15.92	0.600
卫生保健	对标准普尔 500 指数中卫生保健部门的投资	375 969	13.76	21.64	0.467
日常消费品	对标准普尔 500 指数中日常消费品部门的投资	319 776	13.36	18.52	0.500
能源	对标准普尔 500 指数中能源部门的投资	221 230	12.45	18.01	0.459
标准普尔 500 指数	标准普尔里 500 个最大的美国公司股票的指数	130 768	11.18	17.02	0.405

17.5 部门策略

17.5.1 石油

毫无疑问，在下一个 50 年里我们会在发掘可替代能源方面取得大的进展，但世界对石油及其提炼物的需要绝不会突然减少。发展中国家对石油的需求是巨大的，中国和印度每创造一单位 GDP 所消耗的能源比发达国家要多。当这些国家的经济扩张时，这种需求一定还会增加。

自从标准普尔 500 指数创建以来，指数中的石油部门就一直保持 12.45% 的收益率，比整个指数还要高一个百分点。石油部门的股票与经济中其他部门的相关性极小，这意味着石油股票可以用于对冲风险：如果它们的价格上升，会不利于经济的增长，对诸如美国这种石油进口国而言伤害尤其大，但是价格的上升会帮助那些持有大量石油储备的石油生产者。能源部门收益的反周期表现对投资者而言是一个非常有价值的多样化工具。

除了美国的大公司例如埃克森美孚公司和雪佛龙德士古公司以外，国际部门还包括 BP 石油、法国的 Total、荷兰皇家石油公司、荷兰壳牌贸易与交通公司以及意大利的 ENI。

17.5.2 卫生保健与日常消费品

在过去半个世纪里经济中表现最好的两个部门是卫生保健与日常消费品部门，它们每年的收益率分别达到了 13.76% 和 13.36%，超过标准普尔 500 指数两个百分点以上。在第 3 章中我指出，业绩最佳的股票中有 90% 都来自于这些部门。

交流方式的革命使得消费者的偏好注定会被全球媒体所左右。今天旅行的人将会吃惊地发现，消费者尤其是处于高收入阶层的人们购买的东西非常相似，北京、新德里和圣彼得堡的高级购物商场看上去也惊人的相同。

很多人都哀叹文化的同质化。随着商务和娱乐性质的全球旅行开始盛行，人们既在寻找独特的东西，也在追逐那些熟悉的事物。很多人在购买 Gucci 包和梅赛德斯汽车的同时，也在向外国游客展示自己国家特有的历史和文化。

名牌制造商赖以生存的名声和信任在发展中国家得到了很高的尊重，没有理由相信这种趋势不会持续下去。虽然许多名牌公司把总部设在美国，但仍有生产酒精饮料例如 Johnnie Walker、Seagrams、Guinness 的英国帝亚吉欧公司（Diageo）和瑞士的雀巢公司等非美国名牌公司的存在。

毫无疑问，卫生保健行业面临着挑战。开发新药的成本飞速增长，诉讼的威胁大量充斥，来自无商标药物的价格压力依旧沉重。然而，人口的老龄化将会确保将来对卫生保健行业的需求：药品、医院、疗养院和医药设备，而且那些延缓衰老进程的医学治疗也肯定会增加。

美国卫生保健产业的产出占了美国总产出很高的比率，很难想象这个部门占 GDP 的比例会在未来的几十年里下降。只要对这个部门的估价离历史平均水平不太远，在下个 50 年里卫生保健公司很有可能比市场的表现还要好。在制药部门有许多外国巨头，例如英国的葛兰素史克公司和阿斯利康公司、瑞士的诺华制药和罗氏公司（Roche）。

17.5.3　最低市盈率策略

每年 12 月 31 日最低市盈率策略都会对标准普尔 500 指数进行分类，并对 100 只（20%）最低市盈率的股票投资。目前还没有模仿这种策略的直接投资产品，但我相信这种投资产品在未来将会出现。

这种策略的收益比股利收益策略所取得的收益稍微低一点，但它每年仍然比标准普尔 500 指数高了近 3 个百分点，而且它的收益—风险比率更高。荷兰皇家石油公司 44 年来一直是这个策略的一部分。当价格在市场上被严重低估时，许多公用事业和非必需消费品行业的股票就会出现在这个名单上。

低市盈率策略与高股利收益策略非常类似。在短期内投资者经常对坏消息反应过度，以至于让股票价格低于其真实价值。只要公司仍然在赢利，这些过度的反应就会表现为低的市盈率，投资者才得以有机会买入价格被低估的股票。

17.5.4 最佳幸存者

表现最好的股票幸存者囊括了从标准普尔500指数原始公司中幸存下来的20只表现最好的股票。这些都是我们在第3章鉴别过的禁得起时间考验的公司：它们把股利收益维持在接近指数平均值的水平，市盈率比平均值稍微高一点，通过有效而坚定的管理在全球范围内扩展市场。这些公司都是在过去半个世纪里取得成功的经得起考验的公司。

应该注意的是，这个名单上的公司并不是由一个在过去46年（以2003年为基准）都可以供投资者遵循的清晰的策略产生的，因为这意味着人们必须在1957年就能知道20个表现最好的幸存者会是谁。但是，它确实指出了如果投资者成功地找到了在本书中描述的经得起考验的公司，那么他们在将来能够获得什么样的收益。

17.5.5 伯克希尔–哈撒韦公司

我的名单上少不了沃伦·巴菲特的投资机器——伯克希尔–哈撒韦公司。值得注意的是，巴菲特在1957年启动他的投资合伙企业，同年标准普尔500指数创立了。1000美元的投资投入假定为无成本的标准普尔500指数基金里，在2003年年底将会累积超过130 700美元，每年收益率为11.18%；1000美元如果与沃伦·巴菲特一起投资的话，今年的价值将超过51 356 000美元，每年收益率为26.59%。

巴菲特遵循了在本书中所提到的所有合理有效的投资实践原则。他对股东非常忠诚，任何时候都留心估价，而且拒绝那些"传奇性"的股票、首次公开发行股票和那些在他能力范围外的公司。但伯克希尔不支付股利。在第

9 章我详细说明过为什么股利的支付对巴菲特的投资者来说不像对其他公司的投资者那样重要。

如果人们都对巴菲特的投资才干抱有极大的热情，那么伯克希尔的股价就会超过资产的潜在价值（把巴菲特未来更高的投资能力也考虑进来）。这种情况偶有出现，但较高的股票收益显示，沃伦的魔法还会如往常那样超过市场的预期，而且巴菲特自己就是那个会问是否该购买伯克希尔－哈撒韦公司股票的人——他会诚实地告诉你他觉得股价是不是被高估了。

17.6　指数化和收益的增加

身为投资者必须做的第一个决定就是股票投资组合中应该有多大比例与国际市场挂钩，多大比例应该遵循收益提高策略。没有一种比例能够适用于每个投资者。我的建议是股票投资组合的 50% 投入一个国际性的指数投资组合，另外 50% 遵循收益提高策略，但是精确的比例依赖于每个投资者的一系列特有因素。

其中一个因素是税负。因为许多收益提高策略有更高的股利收益，能实现更多资本利得，所以账目上的税负情况，不管是应征税还是合理避税，是一个重要的因素。收益增加策略通常来说更适合合理避税账目。虽然这个建议在现在没有那么重要，但在近期进行议会税法改革、降低股利收入的税率后，许多投资者将希望获得能合理避税的资本利得。

另一个重要的因素是投资者达到满意的水平。没有哪个策略能够保证出众的业绩，相反，每个策略都会在一段时期内表现落后市场。如果在这些时期投资者不满意的话，那么这些策略在投资组合中所占的比重将会降低，更多的资产会被用来指数化。这些都是每个投资者与其金融规划者共同做决定的问题。在不承担风险的情况下，我们不可能获得高于平均值的收益，甚至纯粹的股票指数化有时也会比固定收益资产表现得差。在历史上，股票收益比债券要高出很多，其中一个原因就是投资者对这种风险的规避。

17.7　总的股票投资组合

我们现在总结一下在第 15 章和第 16 章里给出的建议，这些建议只适用于投资组合中股票资产的分配。[⊖]

我没有对每一个收益提高策略的精确安排做出建议，因为这有赖于市场环境和每个投资者的风险承受能力，但是向每个收益提高策略分配 10% ～ 15% 的权重是合理的（见表 17-5）。

表 17-5　股票基金的配置

股票持有：100%
世界指数基金：50%
美国公司股票：30%
非美国公司股票：20%
收益提高策略：50%（每个策略 10% ～ 15%）
■ 高股利策略
● 最高股利收益的股票
● 道琼斯 10、标准普尔 10、道琼斯和标准普尔核心 10 策略
● 不动产投资信托
■ 全球公司
● 标准普尔全球 100 指数
● 道琼斯全球巨人指数
● 多样化跨国股票公司
■ 部门策略
● 石油和自然资源
● 制药业
● 名牌日常消费品
■ 相对增长率而言的低价
● 最低的市盈率
● 最佳幸存者（相对于预期的增长率）
● 伯克希尔 – 哈撒韦公司

⊖　投资组合分配与股票的比例超出了本书的范围（参考《股市长线法宝》一书）。

17.8 小结

预测金融市场的收益从来就是一件困难的事情，但接下来的半个世纪对那些着眼于未来的人提出了特殊的挑战。这个世界将会同时面临两股巨大的力量：富国的老龄化和发展中国家的高速增长。

幸运的是，这两股力量一前一后，阻止老人潮使未来的退休者陷入无法出售股票和债券的泥沼。知识的迅速扩散让世界产出得以增长，由此产生的买家将会支持我们的金融市场在这个世纪良好地运行。

迅猛的技术变革将会帮助那些使用最新技术生产新的产品和服务的公司吸引投资者，但大多数这些新行业中的"传奇性"股票会令投资者失望。历史证明，那些较为平和的、经得起考验的、管理上坚持成功的原则并在扩张的全球市场上销售产品的公司将会是更好的投资对象。

未来的经济将会稳步增长，与全球股票市场相联系的投资策略毫无疑问会给投资者带来满意的收益。在本书中提到的策略很有可能会令投资者的收益增长更多，这些策略基于投资者"喜新厌旧"的内在倾向。

一些人认为，一旦这些成功的基于价值的策略被广为知晓，股票价格将会调整，优势将会消失。我不同意这种观点。沃伦·巴菲特在 1985 年就说过："在 35 年里我从未见过价值投资的趋势。看来人类有把简单事情复杂化的坏习性。"

事实上，成功的长期投资并不困难。在过去，避免增长率陷阱、坚持经得起考验的公司就能为投资者带来好的收益。毫无疑问，这些策略在将来也会是投资者的好帮手。

标准普尔 500 指数原始
公司的完整历史和收益

在附录 A 末尾，你将能够发现按照从 1957 年 2 月 28 日到 2003 年 12 月 31 日累计收益率排名给出的每个原始标准普尔 500 指数中公司的历史收益率。

我们首先描述业绩最好的 20 只股票，包括所有被兼并的公司和进行资产重组的公司（尤其关注菲利普·莫里斯公司和 RJR 纳贝斯克公司），然后我们讨论 1957 年市值最高的 20 只股票的收益率。

A.1 借力提升：完全派生投资组合中业绩最好的 20 家公司

表 A-1 列出了完全派生投资组合中业绩最好的 20 家公司，包括那些已经兼并了其他公司的公司和那些完好无缺幸存的公司。令人惊奇的是，这些公司中的 2/3 出现在排名的前列不仅是由于它们自己的成功，而且还因为它们依靠了其他成功的公司。这些投资成功并不需要任何投资者积极参与；进行兼并的公司自动为被兼并公司创造了信誉。

表 A-1　完全派生投资组合中业绩最好的 20 家公司

收益率排名	1957 年的市场资本总额排名	原来的名称——2003 年的名称（—兼并；> 名称变动）	总积累额（美元）	年收益率（%）
1	215	Philip Morris>Altria(2003)	4626.40	19.75
2	473	Thatcher Glass—Rexall Drug (1966)>Dart Industries (1969)—Dart & Kraft (1980) >Kraft (1986) —Philip Morris (1988)>Altria (2003)	2742.27	18.42
3	447	National Can—Triangle Industries (1985) —Pechiney SA (1989)	2628.72	18.31
4	485	Dr Pepper—Private (1984) —Dr Pepper 7-Up (1993)—Cadbury Schweppes (1995)	2392.22	18.07

（续）

收益率排名	1957 年的市场资本总额排名	原来的名称——2003 年的名称（—兼并；＞名称变动）	总积累额（美元）	年收益率（%）
5	458	Lane Bryant—Limited Stores (1982) ＞ Limited Inc.(1982)	1997.87	17.62
6	259	Celanese Corp.—Private(1987) — Celanese AG (1999)	1520.68	16.93
7	65	General Foods—Philip Morris (1985) ＞ Altria (2003)	1467.10	16.85
8	197	Abbot Labs	1281.33	16.51
9	234	Warner-Lambert-Pfizer(2000)	1225.25	16.40
10	299	Bristol-Myers＞Bristol-Myers Squibb (1989)	1209.44	16.36
11	433	Columbia Pictures-Coca-Cola (1982)	1154.27	16.25
12	487	Sweets Co. ＞ Tootsie Roll Industries（1966）	1090.96	16.11
13	274	American Chicle—Warner-Lambert (1962)—Pfizer (2000)	1069.50	16.06
14	143	Pfizer	1054.82	16.03
15	83	Coca-Cola	1051.65	16.02
16	267	California Packing Corp—Del Monte (1978)—R.J.Reynolds Industries (1979)—Private (1989)—RJR Nabisco Holdings (1991)—Philip Morris (2000) ＞Altria（2003）	1050.10	16.01
17	348	Lorillard—Loew's Theatres (1968) ＞ Loew's (1971)	1026.20	15.96
18	66	National Dairy Products—Dart &Kraft (1980) ＞Kraft (1986)— Philip Morris (1988)＞Altria(2003)	1011.39	15.92
19	117	Merck	1003.41	15.90
20	218	Standard Brands—Nabisco Brands (1981)—R.J.Reynolds Industries (1985) ＞ RJR Nabisco (1986) — Private (1989)—RJR Nabisco Holdings (1991) —Philip Morris (2000) ＞ Altria (2003)	1002.98	15.90

　　失败者可以成为成功者，例如撒切尔玻璃制造公司（Thatcher Glass）的投资者。这是一家牛奶瓶制造厂，它在 20 世纪 50 年代早期即美国婴儿潮早期是有利润的，可能很多读者已经能够回想起小时候的这些牛奶瓶，因为撒切

尔公司是第一个牛奶瓶制造者，而且在当时占有很大的市场份额。

人们可能认为继续持有这家公司的股票将是一场灾难。生育高峰发生在1957 年，而后开始迅速降低，婴儿潮变成了婴儿缺乏。玻璃制的牛奶瓶逐渐消失，迅速被上蜡纸板牛奶纸盒所代替，这种纸盒更加便宜、更轻并且更加方便，而到了 2003 年，撒切尔玻璃制造公司的产品仅仅在 eBay 的怀旧部门中可以发现，大约一个瓶子需要几美元。

但是，这并不意味着那些在接下来的 47 年里购买并且持有撒切尔玻璃制造公司股票的投资者没有得到任何好处。这家公司后来被 Rexall Drug 收购了，而这是一个突飞猛进的产业，Rexall Drug 公司在 1980 年收购了卡夫食品公司，最终在 1988 年被菲利普·莫里斯公司收购。[1] 如果一个投资者在1957 年拥有撒切尔玻璃制造公司 100 股股票，那么现在他将拥有菲利普·莫里斯公司 140 000 股股票，这大约价值 1600 万美元！

你可能会说这是多么幸运的事情啊。但是，这样的运气并不是唯一的：原始标准普尔 500 指数中业绩最好的 20 家公司中的 13 家都依靠其他公司的帮助产生了这样的结果。撒切尔玻璃制造公司过去是标准普尔 500 指数中业绩第二的公司，这不仅仅是因为它自己的表现，还因为后继者的表现。

那些正在进行兼并的公司在下半个世纪毫无疑问将成为全球性公司。完全派生投资组合中将近 15% 的公司由那些总部设在美国国外的公司组成。伊莱克斯（Electrolux）是一家瑞典公司，它是全球家用电器最大的生产商，它收购了艾默生无线电公司（Emerson Radio）；英国石油公司（British Petroleum）收购了以前的陶氏化学公司、阿那孔达铜业公司（Anaconda Copper）、阿科公司（Atlantic Richfield）和阿莫科公司（Amoco）；澳大利亚新闻公司（Australian News）收购了 20 世纪福克斯公司（Twentieth Century Fox）；帝亚吉欧公司是一家英国公司，它是世界酒精饮料的最大生产商，它收购了利吉特集团的食品公司以及烟草部门，这仅仅列举了一部分。

A.2 雷诺烟草公司和菲利普·莫里斯公司：获胜公司的培养

撒切尔玻璃制造公司由于被菲利普·莫里斯公司收购而变成了标准普尔500指数中业绩最好的第二家公司，但是撒切尔玻璃制造公司不是仅有的一家从被主要的烟草制造商收购中获益的公司：在原始标准普尔500指数中有四家公司完全是由于菲利普·莫里斯公司以及它的前任公司的收购而成为业绩最好的20家公司之一。

菲利普·莫里斯公司的完整故事比较复杂，但是由于其股票业绩优异，所以它的故事值得一听。由于进行了收购活动，菲利普·莫里斯公司持有了原始标准普尔500指数中10家公司的主要股份。令人惊异的是，所有这10家公司的业绩都要比市场好。

战后时期美国主要有两家烟草制造商，即菲利普·莫里斯公司和雷诺烟草公司。菲利普·莫里斯公司不仅仅制造了万宝路这个全球最成功的商标，而且还生产Parliament、Merit、Virginia Slims和L&M（利吉特&迈尔斯公司的王牌商标，菲利普·莫里斯公司在1999年收购）等商标。雷诺烟草公司的骆驼、Winston、Doral以及Salem排在了商标排名的前10名。

随着抽烟者的减少和反对烟草制造商的法律活动的增加，这两家公司使用大量现金收购了其他一些产业的公司，特别是食品产业。1985年，菲利普·莫里斯公司收购了通用食品公司，雷诺烟草公司收购了纳贝斯克的商标，形成了雷诺·纳贝斯克公司（RJR Nabisco）。[2] 纳贝斯克商标（Nabisco Brands）通过先前的兼并收购活动，吸收了另外两家标准普尔500指数中的公司，包括在1971年对Cream of Wheat和在1981年对标准商标（Standard Brands）的收购。雷诺烟草公司也在1965年收购了Penick & Ford公司，在1979年收购了德尔蒙食品公司（Del Monte Foods），这家公司在1978年收购了加利福尼亚包装公司（California Packing）公司。雷诺系列的所有这六家公司，包括雷诺公司自己，每年都以 2% 的收益率击败市场，而其中业绩最好的加利福尼亚包装公司和标准商标公司都以高于 5% 的收益率击败了市场。

1988 年，菲利普·莫里斯公司以 135 亿美元收购了卡夫食品公司。下一年，雷诺·纳贝斯克公司被 KKR 集团收购，这成为历史上最大的杠杆收购案例。KKR 集团为雷诺·纳贝斯克公司支付了 290 亿美元，3 年后，也就是 1991 年，它以雷诺·纳贝斯克控股公司（RJR Nabisco Holdings）的形式把公司的一部分销售给了大众。[3,4]

雷诺·纳贝斯克控股公司在 1999 年把资产从雷诺烟草公司中抽离出来，但是由于与纳贝斯克公司相比 RJR 是纳贝斯克控股公司的一个更小的份额，股东的主要投资还是在纳贝斯克控股公司中。纳贝斯克公司后来被菲利普·莫里斯公司在 2001 年收购（见图 A-1）。

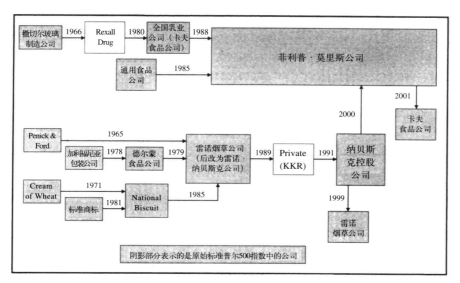

图 A-1　菲利普·莫里斯公司自 1957 年以来的公司并购

在这个收购之后，菲利普·莫里斯公司又把通用食品公司、卡夫食品公司和纳贝斯克公司联合成为一个公司，称作卡夫食品公司。菲利普·莫里斯公司把卡夫食品公司 16% 的股份（超过了 80 亿美元）在 2001 年的一个 IPO 中销售了出去。

由于通用食品公司是菲利普·莫里斯公司的直系公司，该公司成为原始标准普尔 500 指数公司中第七位业绩最好的公司，它每年向股东提供 16.85% 的收益率，这超出了标准普尔 500 指数的收益率 6 个百分点。卡夫食品公司原来的母公司是美国全国乳业公司（National Dairy Products），它就是我在第 1 章中提到的 1950 年 50 家最大的公司中收益率最高的公司。美国全国乳业公司的业绩在原始标准普尔 500 指数公司中排第 18 位。

结果，菲利普·莫里斯公司就成为原始标准普尔 500 指数公司中的 10 家公司的继承公司：其中 6 家来自 RJR 系列，还有通用食品公司、卡夫食品公司、撒切尔玻璃制造公司和菲利普·莫里斯公司自己。所有这 10 家公司最后的业绩都超过了标准普尔 500 指数，其中 4 家公司排在了 20 只业绩最好的原始股票中。

A.3 1957 年 20 家最大公司的业绩

前 20 名公司中有多数公司（第 3 章中表 3-1 和表 A-2）在开始时期规模非常小。1957 年，完全派生投资组合中业绩最好的 20 家公司中，没有一家公司的规模超过市场份额的 65%。因为标准普尔 500 指数像大多数平均数一样是按照资本额权重建立的，所以了解大股票的业绩是很重要的。

表 A-2 显示的答案是"非常好"。1957 年，20 家规模最大的公司占有标准普尔 500 指数市场价值的 47%，20 家公司等权重的投资组合向投资者提供了 11.40% 的收益率，这与完全派生投资组合的业绩相同，超出了标准普尔 500 指数的收益率很大一部分。

表 A-2　原始标准普尔 500 指数中 20 家规模最大公司的收益率

收益率排名	1957 年的市场资本总额排名	原来的名称——2003 年的名称（—兼并；＞名称变动）	1 美元的积累额（包括剥离的资产）（美元）	年收益率（%）
1	12	荷兰皇家石油公司	398.84	13.64
2	14	壳牌石油公司—荷兰皇家石油公司（1985）	323.96	13.14
3	13	纽约州美孚石油公司＞美孚石油公司（1966）—埃克森美孚公司（1999）	322.41	13.13
4	16	印第安纳标准石油公司＞Amoco（1985）—BP Amoco（1998）	285.31	12.83
5	2	新泽西标准石油公司＞埃克森石油公司（1972）＞埃克森美孚石油公司（1999）	254.00	12.55
6	5	通用电气公司	220.04	12.21
7	6	Gulf Oil＞Gulf—雪佛龙公司（Chevron）（1984）＞雪佛龙德士古（Chevron Texaco）（2001）	214.12	12.14
8	11	IBM（International Business Machines）	196.50	11.94
9	10	加利福尼亚标准石油公司＞雪佛龙公司（1984）＞雪佛龙德士古（2001）	172.29	11.62
10	15	Sears, Roebuck	151.51	11.32
11	8	Texas Co.＞Texaco（1959）—雪佛龙德士古（2001）	128.63	10.93
12	20	菲利普斯石油公司＞ConocoPhillips（2002）	119.61	10.76
13	1	美国电话与电报公司＞美国电话电报公司（1994）	107.16	10.50
14	7	Union Carbide & Carbon＞Union Carbide（1957）—Dow Chemical（2001）	86.20	9.98
15	4	杜邦	41.82	8.30
16	3	通用汽车	41.47	8.28
17	17	美国铝业公司（Aluminum Company of America）＞Alcoa（1999）	37.74	8.06
18	19	伊士曼柯达公司（Eastman Kodak）	35.33	7.91
19	9	美国钢铁公司＞USX Corp (1986)＞USX Marathon（1991）＞Marathon Oil（2000）	8.25	4.61
20	18	伯利恒钢铁公司	0.001	−13.54

A.4　石油的统治

1957 年，20 家最大的公司中的 9 家出现在能源部门，这是排在制造业

（原材料）之后的第二大部门。令人惊异的是，尽管石油部门迅速萎缩，但是在20家最大的公司中业绩最好的5只股票却都来自于石油产业。

排在第一位的是荷兰皇家石油公司，这是一家成立于荷兰的公司。2002年，当标准普尔500指数清除外国公司时，它被删掉了。业绩排名第二的是壳牌石油公司，这是一家美国公司，它在1985年被荷兰皇家石油公司收购。在1957年后的47年里荷兰皇家公司向投资者提供了13.6%的收益率，壳牌石油公司提供了13.1%的收益率，这都远远超过了标准普尔500指数的收益率。

壳牌公司和荷兰皇家公司共存了很长一段历史时期，这起码要追溯到1892年。当时壳牌运输与贸易公司（Shell Transport & Trading）是一家设在伦敦的公司，它建造了世界上第一艘油轮，该油轮的第一次航行就把4000吨的俄罗斯煤油运到了新加坡和曼谷。

此时，荷兰皇家公司正在亚洲开采油田，它拥有自己的石油船队。1903年，由于面临着来自标准石油信托公司（Standard Oil Trust）和约翰·戴维森·洛克菲勒（John D. Rockefeller）的激烈竞争，这两家欧洲公司认为它们最好合并它们的业务。荷兰皇家公司和壳牌运输公司（Shell Transport）仍然是独立的公司，它们在1907年组成了荷兰皇家壳牌集团公司（Royal Dutch Shell Group），其中荷兰皇家公司占有60%的份额，壳牌公司占有40%的份额。

原来排名在三、四、五名的石油公司是美孚石油公司（Socony Mobil）（它起初放弃了Socony（纽约州标准石油公司）的名称，后来和埃克森石油公司进行了兼并），印第安纳标准石油公司（它后来被兼并进了英国石油阿莫科公司）以及新泽西标准石油公司，这家公司后来在1972年改名为埃克森公司。在接下来的46年里，这些公司的业绩都以每年2%～3%超过了标准普尔500指数。

海湾石油公司、加利福尼亚标准石油公司和得克萨斯公司最终合并成了雪佛龙德士古公司，这些公司的业绩都超过了标准普尔 500 指数。而此时，菲利普斯石油公司成了康菲石油公司（Conoco Phillips）的一部分，它略微超过指数一点。

业绩最好的 20 家公司中，有 11 家属于基本原料业和制造业的股票，如美国联合碳化物公司（现在是陶氏化学公司的一部分）、杜邦系统、通用汽车公司和美国铝业公司等，都远远落后于市场的业绩。如果美国钢铁公司没有进行收购且转型为马拉松石油公司（Marathon Oil）的话，它将给投资者带来更糟的收益。伯利恒钢铁公司曾经是世界上仅仅落后于美国钢铁公司的第二大钢铁制造商，它在 2001 年不得不宣告破产，它也是原始标准普尔 500 指数公司中排名前 20 的公司中唯一无力向投资者提供资金的公司。

说到这里我们很容易得出结论，标准普尔 500 指数投资组合的业绩与石油部门的高收益相关，它们组成了原始指数市场价值的 1/4。但是，这不是事实。即使除去所有来自石油部门的公司，原始股票的标准普尔 500 投资组合的业绩也仍然将超过标准普尔 500 指数。

标准普尔 500 指数
原始公司的收益

　　表 B-1 说明了公司名称的改变、公司兼并和发生的年份。它假定对每个公司投资 1 美元，并且用所有股利再次投资，而且保留所有子公司。如果公司变为私人所有，私营化的基金就投资于标准普尔 500 指数基金，股利也要再投资。如果私营企业再次公有化，这个指数基金的累积量就用来购买新发行的公司股票。正如第 2 章所述，这些公司包括所有派生公司投资组合。

　　表 B-1 详细显示了母公司及其派生公司每 1 美元的积累收益及所占百分比。表 B-1 还包括每个公司在 1957 年 2 月 28 日的市场资本总额的排名。

表 B-1　原始标准普尔 500 指数公司的收益

1957 年 3 月 1 日对每个标准普尔 500 指数公司投资 1 美元的结果
2003 年 12 月 31 日测量的收益

收益排名	市场资本总额排名	原始名称—2003 年名称（—兼并；＞名称变动）	积累总额（美元）	总百分比（%）	年收益率（%）
1	215	Philip Morris＞Altria（2003）	4626.40	100.0	19.75
2	473	Thatcher Glass—Rexall Drug（1966）＞Dart Industries（1969）—Dart& Kraft（1980）＞Kraft（1986）—Philip Morris（1988）＞Altria(2003)	2742.27	100.0	18.42
		Altria	2701.27	98.5	
		Premark（1986）—Illinois Tool Works（1999）	30.43	1.1	
		Tupperware（1996）	10.57	0.4	
3	447	National Can—Triangle Industries（1985）—Pechiney SA（1989）	2628.72	100.0	18.31
4	485	Dr Pepper—Private（1984）—Dr Pepper7-Up（1993）—Cadbury Schweppes（1995）	2392.22	100.0	18.07
5	458	Lane Bryant—Limited Stores（1982）＞Limitd Inc.(1982)	1997.87	100.0	17.62
		Limited	1399.23	70.0	
		Too（1999）	158.52	7.9	
		Abercrombie（1998）	20.33	1.0	

（续）

收益排名	市场资本总额排名	原始名称—2003 年名称 （—兼并；＞名称变动）	积累总额 （美元）	总百分比 （%）	年收益率 （%）
6	234	Warner-Lambert—Pfizer (2000)	1225.25	100.0	16.40
		Aventis	1131.83	92.8	
		Celanese AG (1999)	88.33	7.2	
7	65	General Foods—Philip Morris (1985)＞ Altria (2003)	1467.10	100.0	16.85
8	197	Abbot Labs	1281.33	100.0	16.51
9	259	Celanese—Hoechst AG (1987)—Aventis (1999)	1220.16	100.0	16.39
		Aventis	1131.83	92.8	
		Celanese AG (1999)	88.33	7.2	
10	299	Bristol-Myers＞Bristol-Myers Squibb (1989)	1209.44	100.0	16.36
		Bristol-Myers Squibb	999.26	82.6	
		Zimmer Holdings (2001)	210.18	17.4	
11	433	Columbia Pictures-Coca-Cola (1982)	1154.27	100.0	16.25
		Coca-Cola	1146.51	99.3	
		Columbia Pictures (1988)—Sony (1989)	7.76	0.7	
12	487	Sweets Co.＞Tootsie Roll Industries (1966)	1090.96	100.0	16.11
13	274	American Chicle—Warner-Lambert (1962)—Pfizer (2000)	1069.50	100.0	16.06
14	143	Pfizer	1054.82	100.0	16.03
15	83	Coca-Cola	1051.65	100.0	16.02
		Coca-Cola	1044.57	99.3	
		Columbia Pictures (1988)—Sony (1989)	7.07	0.7	
16	267	California Packing Corp—Del Monte (1978)—R.J.Reynolds Industries (1979)—Private (1989)—RJR Nabisco Holdings (1991)—Philip Morris (2000)＞Altria (2003)	1050.10	100.0	16.01
		Altria	659.90	63.2	
		R.J.Reynolds Tobacco (1999)	373.10	35.5	
		Sealand (1984)—CSX Corp (1986)	17.10	1.6	
17	117	Merck	1032.64	100.0	15.97
		Merck	949.69	254.5	
		Medco Health Solutions (2003)	82.95	485.1	
18	348	Lorillard—Loew's Theatres (1968)＞Loew's (1971)	1026.20	100.0	15.96

1957 年 3 月 1 日对每个标准普尔 500 指数公司投资 1 美元的结果
2003 年 12 月 31 日测量的收益

（续）

1957 年 3 月 1 日对每个标准普尔 500 指数公司投资 1 美元的结果
2003 年 12 月 31 日测量的收益

收益排名	市场资本总额排名	原始名称—2003 年名称 （—兼并；＞名称变动）	积累总额（美元）	总百分比（%）	年收益率（%）
19	66	National Dairy Products—Dart&Kraft (1980)＞Kraft (1986)—Philip Morris (1988)＞ Altria (2003)	1011.39	100.0	15.92
		Altria	970.38	95.9	
		Premark (1986)—Illinois Tool Works (1999)	30.43	3.0	
		Tupperware (1996)	10.57	1.0	
20	218	Standard Brands—Nabisco Brands (1981) —R.J.Reynolds Industries (1985)＞RJR Nabisco (1986)Private (1989)—RJR Nabisco Holdings (1991)—Philip Morris (2000)＞ Altria (2003)	1002.98	100.0	15.90
		Altria	640.73	63.9	
		R.J.Reynolds Tobacco (1999)	362.26	36.1	
21	298	Richardson Merrell—Richardson Vicks (1981)—Procter & Gamble (1985)	992.50	100.0	15.87
		Procter & Gamble	893.13	90.0	
		Smuckers (2002)	8.14	0.8	
		Dow Chemical (1981)	91.23	9.2	
22	421	Houdaille Industries—Private (1979)	950.02	100.0	15.77
23	474	Reeves Brothers—Private (1982)	941.87	100.0	15.74
24	342	R.H.Macy—Private (1986)	922.48	100.0	15.69
25	409	Stokely-Van Camp—Quaker Oats (1983)—Pepsi (2001)	873.83	100.0	15.56
		PepsiCo	813.10	93.1	
		Fisher-Price (1991)—Mattel (1993)	60.73	6.9	
26	216	PepsiCo	866.07	100.0	15.54
		PepsiCo	761.09	87.9	
		Tricon Global Restaurants (1997)＞ Yum Brands (2002)	104.97	12.1	
27	481	McCall—Norton Simon (1968)—Esmark (1983)—Beatrice Foods (1984)—Private (1986)	798.48	100.0	15.34
28	239	Colgate-Palmolive	761.16	100.0	15.22
29	60	R.J.Reynolds Industries (1985)＞RJR Nabisco (1986)—Private (1989)—RJR Nabisco Holdings (1991)—Philip Morris (2000)＞Altria (2003)	743.83	100.0	15.16

（续）

<table>
<tr><td colspan="6">1957 年 3 月 1 日对每个标准普尔 500 指数公司投资 1 美元的结果
2003 年 12 月 31 日测量的收益</td></tr>
<tr><td>收益
排名</td><td>市场资本
总额排名</td><td>原始名称—2003 年名称
（—兼并；＞名称变动）</td><td>积累总额
（美元）</td><td>总百分比
（%）</td><td>年收益率
（%）</td></tr>
<tr><td></td><td></td><td>Altria</td><td>467.44</td><td>58.5</td><td></td></tr>
<tr><td></td><td></td><td>R.J.Reynolds Tobacco (1999)</td><td>264.28</td><td>35.5</td><td></td></tr>
<tr><td></td><td></td><td>Sealand (1984)—CSX Corp (1986)</td><td>12.11</td><td>1.6</td><td></td></tr>
<tr><td>30</td><td>275</td><td>Crane Co.</td><td>736.80</td><td>100.0</td><td>15.14</td></tr>
<tr><td></td><td></td><td>Crane</td><td>491.55</td><td>66.7</td><td></td></tr>
<tr><td></td><td></td><td>Medusa Corp (1988)—Southdown (1998)—
Cemex SA (2000)</td><td>235.26</td><td>31.9</td><td></td></tr>
<tr><td></td><td></td><td>Huttig Building Products (1999)</td><td>9.98</td><td>1.4</td><td></td></tr>
<tr><td>31</td><td>441</td><td>Consolidated Cigar—Gulf&Western
Industries (1968)>Paramount Communications
(1989) Viacom (1994)</td><td>697.82</td><td>100.0</td><td>15.01</td></tr>
<tr><td></td><td></td><td>Viacom</td><td>694.26</td><td>99.5</td><td></td></tr>
<tr><td></td><td></td><td>GW Land/Private (1969)</td><td>3.56</td><td>0.5</td><td></td></tr>
<tr><td>32</td><td>376</td><td>Penick&Ford—R.J.Reynolds Tobacco
(1965)> RJR Nabisco (1986)—Private(1989)
RJR Nabisco Holdings (1991)—Philip Morris
(2000)> Altria (2003)</td><td>694.81</td><td>100.0</td><td>15.00</td></tr>
<tr><td></td><td></td><td>Altria</td><td>436.63</td><td>62.9</td><td></td></tr>
<tr><td></td><td></td><td>R.J.Reynolds Tobacco (1999)</td><td>246.87</td><td>35.5</td><td></td></tr>
<tr><td></td><td></td><td>Sealand (1984)—CSX Corp (1986)</td><td>11.31</td><td>1.6</td><td></td></tr>
<tr><td>33</td><td>303</td><td>Bestfoods—Corn Products (1958)>C P C
Int'l (1969)>Best Foods (1998)—Unilever
(2000)</td><td>688.20</td><td>100.0</td><td>14.97</td></tr>
<tr><td></td><td></td><td>Unilever</td><td>659.64</td><td>95.9</td><td></td></tr>
<tr><td></td><td></td><td>Corn Products International (1998)</td><td>28.56</td><td>4.1</td><td></td></tr>
<tr><td>34</td><td>296</td><td>Paramount Pictures—Gulf&Western
Industries (1966)>Paramount Communications
(1989) Viacom (1994)</td><td>673.56</td><td>100.0</td><td>14.92</td></tr>
<tr><td></td><td></td><td>Viacom</td><td>670.12</td><td>99.5</td><td></td></tr>
<tr><td></td><td></td><td>GW Land (1969)*</td><td>3.44</td><td>0.5</td><td></td></tr>
<tr><td>35</td><td>443</td><td>General Cigars>Culbro (1976)—General
Cigar Holdings (1997)—Swedish Match (2000)</td><td>668.28</td><td>100.0</td><td>14.90</td></tr>
</table>

（续）

1957 年 3 月 1 日对每个标准普尔 500 指数公司投资 1 美元的结果
2003 年 12 月 31 日测量的收益

收益排名	市场资本总额排名	原始名称—2003 年名称（—兼并；> 名称变动）	积累总额（美元）	总百分比（%）	年收益率（%）
		Swedish Match	256.88	59.3	
		First Financial Caribbean (1988)—Doral Financial (1997)	396.07	38.4	
		Griffin Land and Nurseries (1999)	15.34	2.3	
36	471	Virginia Carolina Chemical—Socony Vacuum Oil (1963)>Mobil (1966)—ExxonMobil (1999)	655.05	100.0	14.85
37	439	Congoleum-Nairn—Bath Industries (1968)>Congoleum (1975)—Private(1980)	647.19	100.0	14.82
38	378	Truax-Traer Coal—Consolidation Coal (1962)—Continental Oil (1966)>Conoco (1969)—DuPont (1981)	642.82	100.0	14.80
		DuPont	496.29	77.2	
		Conoco (1999)—Conoco Phillips (2002)	146.54	22.8	
39	374	American Agricultural Chemical—Consolidation Coal (1963)—Continental Oil (1966)>Conoco (1969)—DuPont (1981)	640.72	100.0	14.80
		DuPont	494.66	77.2	
		Conoco (1999)—Conoco Phillips (2002)	146.06	22.8	
40	432	Amalgamated Sugar—National City Lines (1982)—Private (1985)	636.88	100.0	14.78
41	277	Heinz	635.99	100.0	14.78
		Heinz	566.10	89.0	
		Del Monte（2002）	69.88	11.0	
42	148	Corn Products>C P C Int'l (1969)>Best Foods (1998)—Unilever (2000)	619.00	100.0	14.71
		Unilever	604.31	97.6	
		Corn Products International (1998)	26.63	4.3	
43	188	Wrigley	603.88	100.0	14.65
44	72	American Tobacco>American Brands (1969)> Fortune Brands (1997)	580.03	100.0	14.55
		Fortune Brands	348.98	60.2	
		Gallaher Group (1997)	231.05	39.8	

（续）

收益排名	市场资本总额排名	原始名称—2003 年名称（—兼并；> 名称变动）	积累总额（美元）	总百分比（%）	年收益率（%）
		1957 年 3 月 1 日对每个标准普尔 500 指数公司投资 1 美元的结果 2003 年 12 月 31 日测量的收益			
45	329	Electric Auto-Lite—Eltra (1963)—Allied Corp.(1979)—Honeywell International (1999)	572.28	100.0	14.52
		Honeywell International	541.26	94.6	
		Henley Group (1986)—Wheelaborator Group (1989)—Waste Management(1998)	16.75	2.9	
		Fisher Scientific (1987)—Wheelaborator Group (1989)—Waste Management(1998) Henley Manufacturing (1987)—Private (1989)	14.28	2.5	
46	467	Bohn Aluminum&Brass (1963)—Gulf& Western Industries (1966)>Paramount Communications (1989)—Viacom (1994)	571.01	100.0	14.51
		Viacom	568.09	99.5	
		GW Land (1969)*	2.92	0.5	
47	328	Flintkote—Genstar (1980)—Imasco (1986)—British American Tobacco (2000)	562.93	100.0	14.48
48	226	Quaker Oats—PepsiCo (2001)	556.73	100.0	14.45
		PepsiCo	518.04	93.1	
		Fisher Price (1991)—Mattel (1993)	38.69	6.9	
49	403	Gulf Mobile&Ohio RR—Illinois Central RR (1972)—Illinois Central Industries> Whitman (1988)>PepsiAmericas (2001)	552.70	100.0	14.43
		PepsiAmericas	59.86	10.8	
		PetInc (1991)—Grand Metropolitan (1995)>Diageo (1997)	236.32	42.8	
		Illinois Central (1990)—Canadian National Railway (1998)	151.33	27.4	
		Hussman International (1998)—Ingersoll Rand (2000)	86.12	15.6	
		Midas (1998)	8.21	1.5	
		Prospect Group (1989)—Private (1997)	3.16	0.6	
		Banctec (1990)—Private (1999)	3.28	0.6	

（续）

收益排名	市场资本总额排名	原始名称—2003 年名称 （—兼并；> 名称变动）	积累总额 （美元）	总百分比 （%）	年收益率 （%）
		Sylvan Food Holdings (1990)>Sylvan (1994)	1.46	0.3	
		Knowledge Universe (1992)*	2.38	0.4	
		Forschner Group (1990)>Swiss Army Brands (1990)—Victorinox (2002)	0.58	0.1	
50	180	Kroger	546.79	100.0	14.41
51	255	Schering—Schering-Plough (1971)	537.05	100.0	14.36
52	178	Container Corp. of America—Marcor (1968)— Mobil (1976)—ExxonMobil (1999)	519.54	100.0	14.28
53	31	Procter&Gamble	513.75	91.3	14.26
		Procter&Gamble	509.11	99.1	
		Smuckers (2002)	4.64	0.9	
54	164	Swift>Esmark (1973)—Beatrice Foods (1984)—Private (1986)	513.12	100.0	14.25
55	227	Hershey Foods	507.00	100.0	14.22
56	345	Norwich Pharmacal>Morton Norwich Prods (1969) >Morton Thiokol (1982)> Thiokol (1989)>Cordant Tech (1998)— Alcoa (2000)	498.99	100.0	14.19
		Alcoa	238.54	47.8	
		Morton International (1989)—Rohm& Haas (1999)	195.94	39.3	
		Autoliv (1997)	64.51	12.9	
57	262	American Broadcasting Co.—Capital Cities ABC (1986)—Walt Disney Co.(1996)	493.89	100.0	14.16
58	304	Storer Broadcasting—Private (1985)	493.21	100.0	14.16
59	453	Royal Crown Cola—Private (1984)	489.91	100.0	14.14
60	435	Spiegel—Beneficial Financial Corp (1965)> Beneficial (1998)—Household International (1998) HSBC Holdings (2003)	478.56	100.0	14.08
61	372	Wesson Oil—Hunt Foods (1967)—Norton Simon (1968)—Esmark (1983)—Beatrice Foods (1984)—Private (1986)	476.58	100.0	14.07
62	428	Howmet—Pechiney SA (1975)	472.27	100.0	14.05

1957 年 3 月 1 日对每个标准普尔 500 指数公司投资 1 美元的结果
2003 年 12 月 31 日测量的收益

（续）

收益排名	市场资本总额排名	原始名称—2003 年名称 （—兼并；＞名称变动）	积累总额 （美元）	总百分比 （%）	年收益率 （%）
		Pechiney SA	201.62	42.7	
		Pfizer (1970)	270.65	57.3	
63	76	American Home Products＞Wyeth (2002)	461.19	100.0	13.99
64	241	Chicago Pneumatic Tool—Danaher Corp (1986)	455.23	100.0	13.96
65	133	Safeway Stores—Private (1986)—Safeway Stores (1990)	453.03	100.0	13.95
66	93	C.I.T.Financial—RCA (1980)—General Electric (1986)	449.43	100.0	13.93
67	412	Merganthaler Linotype—Eltra (1963)—Allied (1979)—Honeywell International (1999)	444.54	100.0	13.90
		Honeywell International	420.43	94.6	
		Henley Group (1986)—Wheelaborator Group (1989)—Waste Management (1998)	13.01	2.9	
		Fisher Scientific (1987)—Wheelaborator Group (1989)—Waste Management(1998)			
		Henley Manufacturing (1987)—Private (1989)	11.09	2.5	
68	437	Elliot Co.—Carrier Corp (1978)—United Technologies (1979)	434.87	100.0	13.85
69	285	Sunshine Biscuits—American Tobacco (1966) ＞American Brands (1969)＞Fortune Brands (1997)	426.33	100.0	13.80
		Fortune Brands	256.50	60.2	
		Gallaher Group (1997)	169.82	39.8	
70	236	Columbia Broadcasting System＞CBS Inc. (1974).—Westinghouse (1995)— Viacom (2000)	425.17	100.0	13.80
71	12	Royal Dutch Petroleum	398.84	100.0	13.64
72	400	Mohasco Industries＞Mohasco Corp.(1974)—Private (1989)—Mohawk Industries (1992)	398.78	100.0	13.64
73	118	Texas Gulf Sulphur—Société Nationale Elf Aquitaine (1981)—Total Fina Elf (1991)	395.86	100.0	13.62

1957 年 3 月 1 日对每个标准普尔 500 指数公司投资 1 美元的结果
2003 年 12 月 31 日测量的收益

（续）

收益 排名	市场资本 总额排名	原始名称—2003 年名称 （—兼并；> 名称变动）	积累总额 （美元）	总百分比 （%）	年收益率 （%）
74	322	Amstar—Private (1984)	390.51	100.0	13.59
75	198	General Mills	388.43	100.0	13.58
		General Mills	297.78	76.7	
		Kenner Parker Toys (1985)—Tonka (1987)—Hasbro (1991)	6.12	1.6	
		Crystal Brands (1985)	0.00	0.0	
		Darden Restaurants (1995)	84.52	21.8	
76	327	Beechnut Life Saver—Squibb Beechnut (1968)>Squibb (1971)—Bristol-Myers Squibb (1989)	388.30	100.0	13.58
		Bristol-Myers Squibb	308.99	79.6	
		Zimmer Holdings (2001)	68.43	17.6	
		Westmark International (1987)>Advanced Tech Labs (1992)>ATL Ultrasound (1997)—Philips NV (1998)—Koninklijke Philips Elec (1999)	8.04	2.1	
		Spacelabs Medical (1992)—Instrumentarium (2002)	2.33	0.6	
		Sonosite (1998)	0.51	0.1	
77	252	McGraw-Hill	386.60	100.0	13.56
78	132	Consolidation Coal—Continental Oil (1966)>Conoco (1969)—DuPont (1981)	379.75	100.0	13.52
		DuPont	293.18	77.2	
		Conoco (1999)—Conoco Phillips (2002)	86.57	22.8	
79	354	Dixie Cup—American Can (1957)> Primerica (1987)—Primerica Corp New (1988)>Travelers (1994)>Travelers Group (1995)>Citigroup (1998)	374.98	100.0	13.49
		Citigroup	369.25	98.5	
		Travelers Property Casualty (2002)	5.73	1.5	
		Transport Holdings (1995)—Conseco (1996)	0.00	0.0	
80	278	Melville Shoe>Melville (1976)>CVS (1996)	370.66	100.0	13.46

1957 年 3 月 1 日对每个标准普尔 500 指数公司投资 1 美元的结果
2003 年 12 月 31 日测量的收益

（续）

		1957 年 3 月 1 日对每个标准普尔 500 指数公司投资 1 美元的结果 2003 年 12 月 31 日测量的收益			
收益排名	市场资本总额排名	原始名称—2003 年名称 （—兼并；> 名称变动）	积累总额（美元）	总百分比（%）	年收益率（%）
		CVS	365.33	98.6	
		Footstar (1996)	5.33	1.4	
81	388	Magnavox—North America Philips (1975)—Philips NV (1987)	367.19	100.0	13.44
82	478	Kayser Roth—Gulf&Western Industries (1975)>Paramount Communications (1989)—Viacom (1994)	359.42	100.0	13.39
83	282	Worthington—Studebaker Worthington (1967)—McGraw Edison (1979)—Cooper Industries (1985)	353.25	100.0	13.35
		Cooper Industries	340.99	96.5	
		Gardner Denver (1994)	12.26	3.5	
84	142	National Biscuit>Nabisco Brands (1971)—R.J.Reynolds Industries (1985)>RJR Nabisco (1986)—Private (1989)—RJR Nabisco Holdings (1991)—Philip Morris (2000)>Altria (2003)	352.43	100.0	13.34
		Altria	221.48	62.8	
		R.J.Reynolds Tobacco (1999)	125.22	35.5	
		Sealand (1984)—CSX Corp (1986)	5.74	1.6	
85	240	Marathon—American Can (1957)> Primerica (1987)—Primerica New (1988)> Travelers (1994)>Travelers Group (1995)> Citigroup (1998)	346.66	100.0	13.30
		Citigroup	341.36	98.5	
		Travelers Property Casualty (2002)	5.30	1.5	
		Transport Holdings (1995)—Conseco (1996)	0.00	0.0	
86	344	Amsted Industries—Private (1986)	344.31	100.0	13.28
87	14	Shell Oil—Royal Dutch Petroleum (1985)	323.96	100.0	13.14
88	367	Masonite—US Gypsum (1984)>USG (1984)	322.67	100.0	13.13
		USG	0.57	0.2	
		AP Green (1988)—Global Industrial Techs (1998)—RHI (2000)	105.85	32.8	

（续）

收益排名	市场资本总额排名	原始名称—2003 年名称（—兼并；＞名称变动）	积累总额（美元）	总百分比（%）	年收益率（%）
		Timber Realization (1982)—Private (1983)	216.25	67.0	
89	402	Canada Dry—Norton Simon (1968)— Esmark (1983)—Beatrice Foods (1984)— Private (1986)	329.28	100.0	13.18
90	13	Socony Vacuum Oil>Mobil (1966)—ExxonMobil (1999)	322.41	100.0	13.13
91	307	Beatrice Foods—Private (1986)	312.98	100.0	13.05
92	286	Motorola	310.30	100.0	13.03
93	79	American Can>Primerica (1987)— Primerica New (1988)>Travelers (1994) >Travelers Group (1995)>Citigroup (1998)	309.07	100.0	13.02
		Citigroup	304.35	98.5	
		Travelers Property Casualty (2002)	4.72	1.5	
		Transport Holdings (1995)—Conseco (1996)	0.00	0.0	
94	405	Daystrom Inc.>Schlumberger (1962)	308.05	100.0	13.02
		Schlumberger	216.87	70.4	
		Transocean Sedco Forex (1999)> Transocean (2002)	91.18	29.6	
95	426	Hall Printing—Mobil (1979)—ExxonMobil (1999)	305.35	100.0	12.99
96	141	North American Aviation>North American Rockwell (1967)>Rockwell Int'l (1973) Rockwell Int'l New (1996)> Rockwell Automation (2002)	300.60	100.0	12.96
		Rockwell Automation	129.97	43.2	
		Meritor Automovtive (1997)> Arvinmeritor (2000)	24.11	8.0	
		Conexant Systems (1999)	41.14	13.7	
		Rockwell Collins (2001)	105.38	35.1	
97	336	Cannon Mills—Private (1982)	300.28	100.0	12.95
98	77	RCA—General Electric (1986)	300.01	100.0	12.95
99	156	Parke Davis—Warner-Lambert (1970)—Pfizer (2000)	299.80	100.0	12.95

（续）

收益排名	市场资本总额排名	原始名称—2003 年名称（—兼并；> 名称变动）	积累总额（美元）	总百分比（%）	年收益率（%）
100	389	Miami Copper—Tennesse (1960)— Cities Services (1963)—Occidental Petroleum (1982)	298.52	100.0	12.94
		Occidental Petroleum	296.63	99.4	
		IBP (1991)—Tyson Foods (2001)	1.89	0.6	
101	310	Equitable Gas>Equitable Resources (1984)	291.07	100.0	12.88
102	442	Cream of Wheat—National Biscuit (1971)> Nabisco Brands (1971)—R.J. Reynolds Industries (1985)>RJR Nabisco (1986)-Private(1989)-RJR Nabisco Holdings (1991)—Philip Morris (2000)>Altria (2003)	288.85	100.0	12.86
		Altria	181.52	60.5	
		R.J.Reynolds Tobacco (1999)	102.63	35.5	
		Sealand (1984)—CSX Corp (1986)	4.70	1.6	
103	16	Standard Oil of Indiana>Amoco (1985)— BP Amoco (1998)	285.31	100.0	12.83
		BP Amoco	262.02	91.8	
		Standard Oil of New Jersey (1957 ~ 1963) >Exxon (1972)>ExxonMobil (1999)	20.02	7.0	
		Cyprus Minerals (1985)>Cyprus Amax (1993)> Phelps Dodge (1999)	3.27	1.1	
104	460	Bayuk Cigars—Private (1982)	282.73	100.0	12.81
105	362	Associated Dry Goods—May Department Stores (1986)	279.05	100.0	12.78
		May Department Stores	249.50	82.0	
		Payless Shoe Source (1996)	29.55	9.7	
106	107	Borg Warner—Private (1987)—Borg Warner Automotive (1993)>Borg Warner (2000)	278.99	100.0	12.78
		Borg Warner	265.64	95.2	
		York International (1986)—Private (1988)—York Int'l New (1991)	13.35	4.8	
107	266	ACF Industries—Private (1984)	278.81	100.0	12.78

1957 年 3 月 1 日对每个标准普尔 500 指数公司投资 1 美元的结果
2003 年 12 月 31 日测量的收益

（续）

1957 年 3 月 1 日对每个标准普尔 500 指数公司投资 1 美元的结果
2003 年 12 月 31 日测量的收益

收益排名	市场资本总额排名	原始名称—2003 年名称 （—兼并；> 名称变动）	积累总额 （美元）	总百分比 （%）	年收益率 （%）
108	173	Deere	276.78	100.0	12.76
109	422	United Electric Coal—General Dynamics (1966)	274.78	100.0	12.74
		General Dynamics	274.76	100.0	
		Houston Natural Gas (1968)—Internorth (1985)>Enron (1986)	0.02	0.0	
110	174	Household Finance>Household International Inc. (1981)—HSBC Holdings (2003)	271.70	100.0	12.71
		HSBC Holdings	255.77	94.1	
		Schwitzer (1989)—Kuhlman (1995)—Borg Warner Automotive (1998)> Borg Warner (2000)	10.56	3.9	
		Scottsman Industries (1989)—Private (1999)	3.89	1.4	
		Enljer Industries (1989)—Zurn Industries (1997)—US Industries (1998)	1.49	0.5	
111	209	Rockwell Standard—North American Rockwell (1967)—Boeing (1986)	270.13	100.0	12.70
112	281	Pitney Bowes	268.50	100.0	12.68
		Pitney Bowes	253.08	94.3	
		Imagistics International (2001)	15.42	5.7	
113	101	Kimberly-Clark	267.58	100.0	12.68
114	184	Otis Elevator—United Technologies (1976)	266.20	100.0	12.66
115	311	Twentieth-Century-Fox—United Television (1981)—News Corporation (2001)	264.41	100.0	12.65
116	91	Tidewater Oil—Getty Oil (1967)— Texaco (1984)—Chevron Texaco (2001)	261.66	100.0	12.62
117	315	ArcherDaniels-Midland	258.35	100.0	12.59
		ArcherDaniels-Midland	245.53	95.0	
		National City Bancorporation (1980)—Marshall &Isley (2001)	12.82	5.0	
118	423	Spencer Kellogg—Textron (1961)	258.28	100.0	12.59
119	176	American Standard—Private (1987)	255.54	100.0	12.57

（续）

		1957 年 3 月 1 日对每个标准普尔 500 指数公司投资 1 美元的结果 2003 年 12 月 31 日测量的收益			
收益 排名	市场资本 总额排名	原始名称—2003 年名称 （—兼并；＞名称变动）	积累总额 （美元）	总百分比 （％）	年收益率 （％）
120	2	Standard Oil of New Jersey>Exxon (1972)> ExxonMobil (1999)	254.00	100.0	12.55
121	181	Beneficial—Household International (1998)	250.03	100.0	12.51
122	283	Columbian Carbon—Cities Service (1962)— Occidental Petroleum(1982)	247.76	100.0	12.49
		Occidental	246.19	99.4	
		IBP(1991)—Tyson Foods(2001)	1.57	0.6	
123	245	Eaton	246.36	100.0	12.48
		Eaton	223.07	90.5	
		Axcelis Technologies Inc(2001)	23.30	9.5	
124	106	Consolidated Natural Gas—Dominion Resources(2000)	242.17	100.0	12.44
125	414	American Brake Shoe>ABEX—Illinois Central RR(1968)—Illinois Central Industries> Whitman(1988)>PepsiAmericas(2001)	241.77	100.0	12.43
		PepsiAmericas	25.43	10.5	
		PetInc(1991)—Grand Metropolitan(1995)> Diageo(1997)	100.38	41.5	
		Illinois Central (1990)—Canadian National Railway (1998)	64.28	26.6	
		Hussman International (1998)— Ingersoll Rand(2000)	36.58	15.1	
		Midas(1998)	9.12	3.8	
		Prospect Group(1989)—Private(1997)	1.34	0.6	
		Banctec(1990)—Private(1999)	1.39	0.6	
		Sylvan Food Holdings (1990) >Sylvan (1994)	0.62	0.3	
		Knowledge Universe (1992)*	2.38	1.0	
		Forschner Group (1990)>Swiss Army Brands (1990)—Victorinox(2002)	0.25	0.1	
126	411	Bliss EW—Gulf&Western Industries (1968)— Paramount Communications (1989)— Viacom(1994)	241.52	100.0	12.43

（续）

1957 年 3 月 1 日对每个标准普尔 500 指数公司投资 1 美元的结果
2003 年 12 月 31 日测量的收益

收益排名	市场资本总额排名	原始名称—2003 年名称（—兼并；> 名称变动）	积累总额（美元）	总百分比（%）	年收益率（%）
		Viacom	240.29	99.5	
		GW Land (1969)*	1.23	0.5	
127	292	Cutler-Hammer—Eaton (1979)	238.77	100.0	12.40
		Eaton	216.19	90.5	
		Axcelis Technologies Inc (2001)	22.58	9.5	
128	73	Montgomery Ward—Marcor (1968) —Mobil(1976) —ExxonMobil(1999)	238.57	100.0	12.40
129	94	Southern Pacific—Santa Fe Southern Pacific (1984)—Burlington Northern Santa Fe(1995)	233.80	100.0	12.35
		Burlington Northern Santa Fe	143.71	61.5	
		Santa Fe Energy—Devon Energy(1997)	11.56	4.9	
		Catellus Development(1990)	11.30	4.8	
		Monterey(1995)—Texaco(1997)> Chevron Texaco(2001)	25.53	10.9	
		Santa Fe Gold(1994)—Newmont Mining(1997)	41.70	17.8	
130	29	Minnesota Mining&Manufacturing> 3M (2002)	233.78	100.0	12.35
		3M	229.61	98.2	
		Imation (1996)	4.16	1.8	
131	305	Marshall Field—Private (1982)	233.62	100.0	12.35
132	200	National Gypsum—Private (1986)	233.00	100.0	12.34
133	28	Continental Oil>Conoco (1979)— DuPont (1981)	232.96	100.0	12.34
		DuPont	179.85	77.2	
		Conoco(1999)—Conoco Phillips(2002)	53.11	22.8	
134	116	Boeing	229.29	100.0	12.31
135	401	Admiral—Rockwell International (1974)> Rockwell Automation(2002)	225.04	100.0	12.26
		Rockwell Automation	94.83	42.1	
		Meritor Automovtive (1997) > Arvinmeritor (2000)	17.59	7.8	

（续）

		1957 年 3 月 1 日对每个标准普尔 500 指数公司投资 1 美元的结果 2003 年 12 月 31 日测量的收益			
收益排名	市场资本总额排名	原始名称—2003 年名称（—兼并；> 名称变动）	积累总额（美元）	总百分比（%）	年收益率（%）
		Conexant Systems (1999)	24.50	10.9	
		Mindspeed Technologies (2003)	11.24	5.0	
		Rockwell Collins (2001)	76.88	34.2	
136	225	Martin-Marietta—Lockheed Martin (1995)	223.83	100.0	12.25
137	314	Yale&Towne—Eaton Manufacturing (1963)	222.01	100.0	12.23
		Eaton	201.02	90.5	
		Axcelis Technology (2001)	20.99	9.5	
138	5	General Electric	220.04	100.0	12.21
139	162	Associates Investments—Gulf&Western Industries(1969)—Paramount Communications (1989)—Viacom(1994)	217.92	100.0	12.18
		Viacom	216.80	99.5	
		GW Land(1969)*	1.11	0.5	
140	232	Crucible Steel—Colt Industries(1968)—Private(1988)	217.31	100.0	12.18
141	6	Gulf Oil>Gulf—Chevron(1984)> Chevron-Texaco(2001)	214.12	100.0	12.14
142	261	Denver Rio Grande—Western Rio Grande Industries(1970)—Private(1984)	211.30	100.0	12.11
143	464	American Crystal Sugar—Private(1973)	208.44	100.0	12.08
144	92	Atlantic Richfield—BP Amoco(2000)>BP(2001)	205.97	100.0	12.05
145	64	Continental Can—Continental Group (1976)— Private(1984)	203.54	100.0	12.02
146	375	St.Louis-San Francisco—Burlington Northern (1980)>Burlington Northern Santa Fe(1995)	201.93	100.0	12.00
		Burlington Northern Santa Fe	121.79	60.3	
		Burlington Resources(1989)	73.71	36.5	
		El Paso Natural Gas(1992)>El Paso Energy (1998)>El Paso(2001)	6.43	3.2	
147	189	Illinois Central RR—Illinois Central Industries (1964) > IC Industries (1975)> Whitman (1988) > PepsiAmericas(2001)	199.64	100.0	11.97

（续）

收益排名	市场资本总额排名	原始名称—2003 年名称（—兼并；＞名称变动）	积累总额（美元）	总百分比（%）	年收益率（%）
		PepsiAmericas	21.46	10.7	
		PetInc(1991)—Grand Metropolitan (1995)>Diageo PLC(1997)	84.71	42.4	
		Illinois Central(1990)—Canadian National Railway(1998)	54.24	27.2	
		Hussman International(1998)—Ingersoll Rand(2000)	30.87	15.5	
		Midas(1998)	2.94	1.5	
		Prospect Group(1989)—Private(1997)	1.13	0.6	
		Banctec(1990)—Private(1999)	1.17	0.6	
		Sylvan Food Holdings(1990)>Sylvan (1994)	0.52	0.3	
		Knowledge Universe*	2.38	1.2	
		Forschner Group(1990)>Swiss Army Brands (1990)—Victorinox AG (2002)	0.21	0.1	
148	339	Gimbel Brothers—Private(1973)	198.90	100.0	11.96
149	233	Westinghouse Air Brake—American Standard (1968)—Private(1988)	198.58	100.0	11.96
150	272	American Stores—Albertsons(1999)	197.99	100.0	11.95
151	205	Pullman—Wheelaborator Frye(1980)—Allied (1983)—Honeywell Int'l(1999)	197.65	100.0	11.95
		Honeywell International	178.81	90.5	
		Henley Group(1986)—Wheelaborator Group(1989)—Waste Management(1998)	5.53	4.3	
		Fisher Scientific(1987)—Wheelaborator Group (1989)—Waste Management(1998)			
		Henley Manufacturing(1987)—Private (1989)	4.72	2.4	
		Pullman Transportation(1982)>Pullman Peabody (1985)>Pullman(1987)— Private(1988)	8.59	2.8	
152	196	Square D—Private(1991)	197.51	100.0	11.95
153	340	Beckman Instruments—SmithKline Beckman (1982)—SmithKline Beecham (1989)—Glaxo SmithKline(2000)	197.13	100.0	11.94

（续）

收益排名	市场资本总额排名	原始名称—2003 年名称（—兼并；> 名称变动）	积累总额（美元）	总百分比（%）	年收益率（%）
		Glaxo SmithKline	172.02	86.6	
		Allergan(1989)	11.46	5.8	
		Allergan Specialty Therapy(1998)— Allergan (2001)			
		Advanced Medical Optics(2002)	0.65	0.3	
		Beckman Instruments New(1989)> Beckman Coulter(1998)	13.01	6.6	
154	11	International Business Machines	196.50	100.0	11.94
155	382	South Puerto Rico Sugar—Gulf& Western Industries(1967)—Paramount Communications (1989)—Viacom(1994)	196.31	100.0	11.93
		Viacom	195.30	99.5	
		GW Land(1969)*	1.00	0.5	
156	90	United Aircraft>United Technologies (1975)	195.65	100.0	11.93
157	488	Firth Carpet—Mohasco Industries(1962)— Private(1989)—Mohawk Industries(1992)	193.17	100.0	11.89
158	46	Monsanto Chemical>Pharmacia(2000)— Pfizer(2003)	192.72	100.0	11.89
		Pharmacia	174.95	83.9	
		Monsanto New(2002)	17.49	8.4	
		Solutia(1997)	0.28	0.1	
159	335	Scovill Manufacturing—First City Industries (1985)—Private(1989)	191.91	100.0	11.88
160	349	Raytheon	189.77	100.0	11.85
161	295	Armour Co.—Greyhound(1970)>Dial (1991)> Viad(1996)	188.27	100.0	11.83
		Viad	86.61	43.8	
		Dial New(1996)	98.94	50.1	
		GFC Financial(1992)>Finova Group(1995)	2.73	1.4	
162	493	Cond é Nast—Private(1965)	187.16	100.0	11.82
163	288	Mack Truck—Signal Oil&Gas(1967)— Signal (1968)—Allied Signal (1985)— Honeywell Int'l(1999)	186.47	100.0	11.81

1957 年 3 月 1 日对每个标准普尔 500 指数公司投资 1 美元的结果
2003 年 12 月 31 日测量的收益

（续）

收益排名	市场资本总额排名	原始名称—2003 年名称 （—兼并；> 名称变动）	积累总额 （美元）	总百分比 （%）	年收益率 （%）
		Honeywell International	176.36	94.6	
		Henley Group(1986)—Wheelaborator Group(1989)—Waste Management(1998)	5.46	2.9	
		Fisher Scientific(1987)—Wheelaborator Group (1989)—Waste Management(1998)			
		Henley Manufacturing(1987)—Private(1989)	4.65	2.5	
164	54	Consolidated Edison	185.54	100.0	11.80
165	271	Schenley Industries—Glen Alden(1971)—Rapid American(1972)—Private(1981)	184.29	100.0	11.78
166	351	Laclede Gas	182.54	100.0	11.76
167	150	International Telephone&Telegraph> ITT Corp(1983)	181.81	100.0	11.75
		ITT Industries	48.96	26.0	
		ITT Hartford Group(1995)>Hartford Financial Services(1997)	80.12	42.6	
		ITT Nev(1995)—Starwood Hotels(1998)	38.74	20.6	
		Rayonier(1994)	13.99	7.4	
168	212	Texas Gulf Producing—Sinclair Oil (1964)—Atlantic Richfield(1969)—BP Amoco(2000)	178.78	100.00	11.71
169	223	Foremost Dairies—McKesson(1994)	174.67	100.0	11.65
170	36	Ford Motor	173.49	100.0	11.64
		Ford	102.53	59.1	
		Associates First Capital (1998) — Citigroup(2000)	63.43	36.6	
		Travelers Property Casualty(2002)	2.80	1.6	
		Visteon(2000)	4.73	2.7	
171	353	Studebaker Packard—Studebaker Worthington(1967)—McGraw Edison (1979)—Cooper Industries(1985)	173.44	100.0	11.64
		Cooper Industries	167.42	96.5	
		Gardner Denver(1994)	6.02	3.5	

1957 年 3 月 1 日对每个标准普尔 500 指数公司投资 1 美元的结果
2003 年 12 月 31 日测量的收益

（续）

收益排名	市场资本总额排名	原始名称—2003 年名称 （—兼并；> 名称变动）	积累总额 （美元）	总百分比 （%）	年收益率 （%）
172	356	Moore McCormack Resources— Southdown (1988)—Cemex(2000)	173.42	100.0	11.64
173	10	Standard Oil of California>Chevron (1984)>Chevron Texaco(2001)	172.29	100.0	11.62
174	41	American Cyanamid>American Home Products (1994)>Wyeth(2002)	171.49	100.0	11.61
		Wyeth	163.51	95.3	
		Cytec Industries(1994)	7.98	4.7	
175	301	Brooklyn Union Gas — Keyspan Energy(1998)	170.23	100.0	11.59
176	98	Campbell Soup	169.47	100.0	11.58
		Campbell Soup	169.47	100.0	
		Vlasic Foods International(1998)	0.00	0.0	
177	364	Ruberoid—General Aniline&Film Corp (1967)> GAF Corp(1968)—Private(1989)	169.44	100.0	11.58
178	385	American Enka>Akzona(1970)—Akzo (1989)> Akzona Nobel(1994)	167.75	100.0	11.56
179	416	Bath Iron Works—Bath Industries (1968)—Congoleum(1975)—Private(1980)	166.06	100.0	11.53
180	387	Clevite Corp.—Gould(1969)—Nippon Mining(1988)	164.62	100.0	11.51
181	153	Peoples Gas Light Coke>Peoples Gas (1968)> Peoples Energy(1980)	163.89	100.0	11.50
		Peoples Energy	105.63	64.4	
		Midcon(1981)—Occidental Petroleum (1986)	57.60	35.1	
		IBP(1991)—Tyson Foods(2001)	0.67	0.4	
182	477	Diamond T Motor Car>DTM(1958)	163.23	100.0	11.49
		Oliver(1960)>Cletrac(1960)—Hess Oil and Chemical(1960)>Amerada Hess(1969)	29.58	18.1	
		Murray(1960)>Wallace Murray(1965)—Household International (1981)—HSBC Holdings (2003)	125.81	77.1	

1957 年 3 月 1 日对每个标准普尔 500 指数公司投资 1 美元的结果
2003 年 12 月 31 日测量的收益

（续）

收益排名	市场资本总额排名	原始名称—2003 年名称 （—兼并；> 名称变动）	积累总额 （美元）	总百分比 （%）	年收益率 （%）
		Schwitzer(1989)—Kuhlman(1995)—Borg Warner Automotive(1998)>Borg Warner(2000)	5.19	3.2	
		Scottsman Industries(1989)—Private (1999)	1.91	1.2	
		Enljer Industries(1989)—Zurn Industries (1997)—US Industries(1998)	0.73	0.4	
183	363	Cooper Industries	163.09	100.0	11.49
		Cooper Industries	156.75	96.1	
		Gardner Denver(1994)	6.34	3.9	
184	452	Crown Cork&Seal	159.18	100.0	11.43
185	125	Florida Power>Florida Progress Group (1982)—CPL Energy(2000)>Progress Energy (2000)	158.05	100.0	11.42
186	123	Bendix—Allied(1983)>Allied Signal (1985)>Honeywell Int'l(1999)	156.45	100.0	11.39
		Honeywell International	147.47	94.3	
		Henley Group(1986)—Wheelaborator Group (1989)—Waste Management(1998)	4.56	2.9	
		Fisher Scientific(1987)—Wheelaborator Group (1989)—Waste Management(1998)			
		Henley Manufacturing(1987)—Private (1989)	3.89	2.5	
		Facet Enterprises(1976)—Pennzoil Company (1988) >Pennzenergy(1998)— Devon Energy (1998)	0.24	0.2	
		Pennzoil Quaker State(1998)—Royal Dutch Petroleum(2002)	0.28	0.2	
187	58	Atchison,Topeka,Santa Fe—Santa Fe Industries(1970)—Santa Fe Southern Pacific (1984)—Burlington Northern Santa Fe(1995)	154.55	100.0	11.36
		Burlington Northern Santa Fe	95.00	61.5	
		Santa Fe Energy (1991) — Devon Energy(1997)	7.64	4.9	

表头

1957 年 3 月 1 日对每个标准普尔 500 指数公司投资 1 美元的结果
2003 年 12 月 31 日测量的收益

（续）

收益排名	市场资本总额排名	原始名称—2003 年名称 （—兼并；＞名称变动）	积累总额 （美元）	总百分比 （%）	年收益率 （%）
		Catellus Development(1990)	16.87	10.9	
		Monterey (1995) — Texaco (1997)＞ChevronTexaco(2001)	7.47	4.8	
		Santa Fe Gold (1994) — Newmont Mining(1997)	27.56	17.8	
188	15	Sears Roebuck	151.51	100.0	11.32
		Sears	33.59	22.2	
		Dean Witter Discover(1993)—Morgan Stanley(1997)	60.44	39.9	
		Allstate(1995)	57.48	37.9	
189	53	Cities Service—Occidental Petroleum (1982)	150.72	100.0	11.30
		Occidental Petroleum	149.77	99.4	
		IBP(1991)—Tyson Foods(2001)	0.95	0.6	
190	294	Oklahoma Natural Gas＞Oneok(1980)	150.53	100.0	11.30
191	390	Mercantile Stores—Dillards(1998)	149.82	100.0	11.29
192	126	Southern Railway—Norfolk Southern (1982)	146.25	100.0	11.23
193	291	Gardner-Denver—Cooper Industries (1979)	146.07	100.0	11.23
		Cooper Industries	141.00	96.5	
		Gardner Denver(1994)	5.07	3.5	
194	469	Emerson Radio&Phonograph—Nat'l Union Electric(1966)—Electrolux AB(1975)	145.66	100.0	11.22
		Electrolux AB	131.72	90.4	
		SAPA AB(1997)	13.94	9.6	
195	404	Federal Paper Board — International Paper(1996)	144.80	100.0	11.21
196	290	Missouri Pacific—Mississippi River Fuel＞Missouri Pacific(1976)—Union Pacific(1982)	143.16	100.0	11.18
		Union Pacific	117.22	81.9	
		Anadarko Petroleum(1995)	25.93	18.1	
197	155	May Department Stores	143.09	100.0	11.18
		May Department Stores	127.94	89.4	

1957 年 3 月 1 日对每个标准普尔 500 指数公司投资 1 美元的结果
2003 年 12 月 31 日测量的收益

（续）

<table>
<tr><td colspan="6">1957 年 3 月 1 日对每个标准普尔 500 指数公司投资 1 美元的结果
2003 年 12 月 31 日测量的收益</td></tr>
<tr>
<td>收益
排名</td>
<td>市场资本
总额排名</td>
<td>原始名称—2003 年名称
（—兼并；> 名称变动）</td>
<td>积累总额
（美元）</td>
<td>总百分比
（%）</td>
<td>年收益率
（%）</td>
</tr>
<tr><td></td><td></td><td>Payless Shoe Source(1996)</td><td>15.15</td><td>10.6</td><td></td></tr>
<tr><td>198</td><td>461</td><td>Intertype—Harris Seybold(1957)> Harris Intertype(1957)>Harris(1974)</td><td>143.01</td><td>100.0</td><td>11.18</td></tr>
<tr><td></td><td></td><td>Harris</td><td>128.89</td><td>90.1</td><td></td></tr>
<tr><td></td><td></td><td>Harris Computer Systems (1994) > Cyberguard (1996)</td><td>12.45</td><td>8.7</td><td></td></tr>
<tr><td></td><td></td><td>Lanier Worldwide(1999)—Ricoh(2001)</td><td>1.68</td><td>1.2</td><td></td></tr>
<tr><td>199</td><td>352</td><td>Peninsular Telephone—GTE(1957)—Verizon Communications(2000)</td><td>141.73</td><td>100.0</td><td>11.16</td></tr>
<tr><td>200</td><td>498</td><td>Jacob Ruppert—Private(1963)</td><td>137.84</td><td>100.0</td><td>11.09</td></tr>
<tr><td>201</td><td>211</td><td>Texas Pacific Coal&Oil—Private(1963)</td><td>137.72</td><td>100.0</td><td>11.09</td></tr>
<tr><td>202</td><td>358</td><td>Continental Baking—International Telephone &Telegraph(1968)>ITT(1983)</td><td>136.42</td><td>100.0</td><td>11.07</td></tr>
<tr><td></td><td></td><td>ITT Industries</td><td>36.73</td><td>26.9</td><td></td></tr>
<tr><td></td><td></td><td>ITT Hartford Group(1995)>Hartford Financial Services(1997)</td><td>60.12</td><td>44.1</td><td></td></tr>
<tr><td></td><td></td><td>ITT Nev(1995)—Starwood Hotels(1998)</td><td>29.07</td><td>21.3</td><td></td></tr>
<tr><td></td><td></td><td>Rayonier(1994)</td><td>10.49</td><td>7.7</td><td></td></tr>
<tr><td>203</td><td>337</td><td>Washington Gas Light > WGL Holdings (2000)</td><td>135.16</td><td>100.0</td><td>11.04</td></tr>
<tr><td>204</td><td>369</td><td>Harris Seybold>Harris Intertype(1957)> Harris (1974)</td><td>134.79</td><td>100.0</td><td>11.04</td></tr>
<tr><td></td><td></td><td>Harris</td><td>121.48</td><td>90.1</td><td></td></tr>
<tr><td></td><td></td><td>Harris Computer Systems (1994) > Cyberguard (1996)</td><td>1.58</td><td>1.2</td><td></td></tr>
<tr><td></td><td></td><td>Lanier Worldwide(1999)—Ricoh(2001)</td><td>11.74</td><td>8.7</td><td></td></tr>
<tr><td>205</td><td>85</td><td>Southern</td><td>134.18</td><td>100.0</td><td>11.03</td></tr>
<tr><td></td><td></td><td>Southern</td><td>133.57</td><td>99.5</td><td></td></tr>
<tr><td></td><td></td><td>Mirant(2001)</td><td>0.61</td><td>0.5</td><td></td></tr>
<tr><td>206</td><td>182</td><td>New England Electric System— National Grid Transco(2001)</td><td>132.61</td><td>100.0</td><td>11.00</td></tr>
<tr><td>207</td><td>38</td><td>Pittsburgh Plate Glass>PPG Industries (1968)</td><td>129.00</td><td>100.0</td><td>10.93</td></tr>
</table>

（续）

收益排名	市场资本总额排名	原始名称—2003 年名称（—兼并；＞名称变动）	积累总额（美元）	总百分比（%）	年收益率（%）
208	134	Liggett Group—Private(1979)—Grand Metropolitan(1991)>Diageo(1997)	128.81	100.0	10.93
209	256	Combustion Engineering—Private(1989)	128.78	100.0	10.93
210	8	Texaco Co>Texa(1959)—Chevron Texaco (2001)	128.63	100.0	10.93
211	149	Baltimore Gas&Electric—Constellation Entergy Group(1999)	126.93	100.0	10.90
212	398	Alco Products>Citadel Industries(1965)—Private(1965)	126.84	100.0	10.89
213	102	Public Service Electric and Gas—Public Service Enterprise(1986)	126.18	100.0	10.88
214	202	Dayton Power&Light>DPL(1986)	126.15	100.0	10.88
215	56	Olin	126.06	100.0	10.88
		Olin	26.47	21.0	
		Squibb Beechnut(1968)>Squibb(1971)—Bristol-Myers Squibb(1989)	74.90	59.4	
		Westmark International (1987) > Advanced Tech Labs(1992)>ATL Ultrasound (1997)Philips(1998)—Koninklijke Philips Elec(1999)	1.95	1.50	
		Spacelabs Medical (1992) —Instrumentarium(2002)	0.56	0.4	
		Sonosite(1998)	0.12	0.1	
		Zimmer Holdings(2001)	16.59	13.2	
		Primex Technologies(1997)—General Dynamics(2001)	5.47	4.3	
216	323	Philco—Ford(1961)	122.49	100.0	10.81
		Ford	71.02	58.0	
		Associates First Capital(1998)—Citigroup(2000)	46.01	37.6	
		Travelers Property Casualty(2002)	2.03	1.7	
		Visteon(2000)	3.43	2.8	
217	158	Seaboard Oil—Texaco(1958)—Chevron Texaco(2001)	121.32	100.0	10.79

表头标题：1957 年 3 月 1 日对每个标准普尔 500 指数公司投资 1 美元的结果 2003 年 12 月 31 日测量的收益

（续）

1957 年 3 月 1 日对每个标准普尔 500 指数公司投资 1 美元的结果
2003 年 12 月 31 日测量的收益

收益 排名	市场资本 总额排名	原始名称—2003 年名称 （—兼并；> 名称变动）	积累总额 （美元）	总百分比 （%）	年收益率 （%）
218	171	Cincinnati Gas&Electric>Cinergy(1994)	120.60	100.0	10.77
219	20	Phillips Petroleum>Conoco Phillips(2002)	119.61	100.0	10.76
220	399	Celotex—Jim Walter Corp (1964) — Private (1988)—Walter Industries	119.04	100.0	10.74
221	50	Union Pacific Railroad>Union Pacific (1971)	118.20	29.6	10.73
		Union Pacific	96.79	81.9	
		Union Pacific Resources(1995)—Anadarko Petroleum(2000)	21.41	18.1	
222	74	Philadelphia Electric>Peco Energy(1993)> Exelon(2000)	117.70	100.0	10.72
223	480	Cuneo Press—Private(1974)	117.69	100.0	10.72
224	484	Servel—Clevite(1967)—Gould(1969)— Nippon Mining(1988)	115.98	100.0	10.68
225	445	Smith-Douglas — Borden (1965) — Private(1995)	115.04	100.0	10.66
226	122	Virgina Electric—Dominion Resources (1983)	114.75	100.0	10.66
227	61	General Telephone & Electric > GTE (1982)—Verizon Communications(2000)	112.19	100.0	10.60
228	199	Sylvania Electric Products—General Telephone & Electric (1959)>GTE (1982) Verizon Communications (2000)	112.13	100.0	10.60
229	89	Union Oil of California>Unocal(1985)	111.62	100.0	10.59
230	21	Dow Chemical	111.51	100.0	10.59
231	144	Freeport Sulphur > Freeport Minerals (1971) — Freeport McMoran (1981) — IMC Global(1997)	110.88	100.0	10.58
		IMC Global	5.46	4.9	
		Freeport McMoran Energy Partner (1985) — Freeport McMoran (1990) —IMC Global(1997)			
		Freeport McMoran Gold (1985) — Minorco (1990)—Anglo-American(1999)	6.86	6.2	

（续）

收益排名	市场资本总额排名	原始名称—2003年名称 （—兼并；> 名称变动）	积累总额 （美元）	总百分比 （%）	年收益率 （%）
		FM Properties (1992) — Stratus Properties(1998)	1.24	1.1	
		McMoran Oil&Gas (1994) >McMoran Exploration(1998)	1.04	0.9	
		Freeport McMoran Copper & Gold (1994, 1995)	96.29	86.8	
232	78	General Dynamics	110.71	100.0	10.57
		General Dynamics	110.70	100.0	
		Houston Natural Gas Corp (1968)—Internorth(1985) >Enron(1986)	0.01	0.0	
233	138	Great Northern—Burlington Northern (1970)> Burlington Northern Santa Fe(1995)	110.39	100.0	10.57
		Burlington Northern Santa Fe	66.58	60.3	
		Burlington Resources(1989)	40.30	36.5	
		El Paso Natural Gas(1992)>El Paso(2001)	3.51	3.2	
234	237	New York, Chicago & St.Louis—Norfolow & Western Railway (1964) — Norfolk Southern(1982)	109.72	100.0	10.55
235	35	Caterpillar Tractor Inc.>Caterpillar(1986)	109.65	100.0	10.55
236	326	Grand Union—Private(1977)	108.86	100.0	10.53
237	414	United Biscuit of America>Keebler(1966)—Private(1974)—United Biscuits(1998)	107.62	100.0	10.51
238	1	American Telephone&Telegraph>AT&T (1994)	107.16	79.9	10.50
		AT&T	2.04	1.9	
		U.S.West(1984)>MediaOne Group(1998)—AT&T(2000)	1.89	1.8	
		U.S.West(New)(1998)—Qwest(2000)	1.24	1.2	
		Southwestern Bell (1984) > SBC Communications(1994)	12.72	11.9	
		American Info.Tech.(1984)>Ameritech (1991)— SBC Communications(1999)	17.33	16.2	
		Pacific Telesis (1984) — SBC Communications(1997)	6.66	6.2	

1957年3月1日对每个标准普尔500指数公司投资1美元的结果
2003年12月31日测量的收益

（续）

		1957 年 3 月 1 日对每个标准普尔 500 指数公司投资 1 美元的结果 2003 年 12 月 31 日测量的收益			
收益 排名	市场资本 总额排名	原始名称—2003 年名称 （—兼并；> 名称变动）	积累总额 （美元）	总百分比 （%）	年收益率 （%）
		AirTouch Communications (1994)　— Vodafone(1999)	8.53	8.0	
		Bell Atlantic (1984) —Verizon Communications (2000)	12.13	11.3	
		NYNEX(1984)—Bell Atlantic(1997)— Verizon (2000)	9.97	9.3	
		Bell South(1984)	19.99	18.6	
		Lucent(1996)	1.03	1.0	
		Agere Systems(2002)	0.30	0.3	
		Avaya(2000)	0.53	0.5	
		NCR(1997)	0.66	0.6	
		AT&T Wireless(2001)	2.42	2.3	
		AT&T Broadband Services(2002)—Comcast(2002)	9.75	9.1	
239	459	Wayne Pump—Wayne Symington(1966)— Dresser Industries(1968)—Halliburton(1998)	102.55	100.0	10.39
		Halliburton	97.27	94.8	
		Indresco(1992)—Global Industrial Techs (1995)—RHI(2000)	5.28	5.2	
240	190	McGraw Edison—Cooper Industries(1985)	102.43	100.0	10.39
		Cooper Industries	98.87	96.5	
		Gardner Denver Co(1994)	3.56	3.5	
241	33	Sinclair Oil—Atlantic Richfield(1969)— BP Amoco(2000)	101.57	100.0	10.37
242	219	Mississippi River—Missouri Pacific (1976)— Union Pacific(1982)	101.38	100.0	10.37
		Union Pacific	83.02	81.9	
		Anadarko Petroleum(1995)	18.37	18.1	
243	287	Brown Group	100.68	100.0	10.35
244	165	Northern Pacific—Burlington Northern (1970) >Burlington Northern Santa Fe(1995)	100.16	100.0	10.34
		Burlington Northern Santa Fe	62.05	94.5	
		Burlington Resources(1989)	34.83	53.1	

（续）

收益排名	市场资本总额排名	原始名称—2003 年名称 （—兼并；> 名称变动）	积累总额 （美元）	总百分比 （%）	年收益率 （%）
		1957 年 3 月 1 日对每个标准普尔 500 指数公司投资 1 美元的结果 2003 年 12 月 31 日测量的收益			
		El Paso Natural Gas(1992)>El Paso(2001)	3.27	5.0	
245	230	St.Joseph Lead—St.Joe Minerals(1970)—Flour (1982)>Massey(2001)	99.95	100.0	10.33
		Massey New	34.32	34.3	
		Flour(2001)	65.63	65.7	
246	121	American Natural Gas>American Natural Resources(1976)—Coastal—El Paso(2001)	98.48	100.0	10.30
		El Paso	42.30	42.4	
		Wisconsin Gas(1975)—Wicor(1980)—Wisconsin Energy(2000)	30.32	30.4	
		Michigan Consolidated Gas(1988)>MCN Entergy (1997)—DTE Energy(2001)	18.99	19.1	
		Primark(1982)—Thomson(2000)	6.87	6.9	
247	137	Middle South Utilities>Entergy(1989)	97.81	100.0	10.28
248	220	New York State Electric&Gas>Entergy East Corp(1998)	96.28	100.0	10.24
249	413	Dome Mines—Placer Dome(1987)	93.58	100.0	10.18
250	257	Magma Copper—Newmont Mining(1969)	93.34	100.0	10.17
		Newmont Mining	73.84	79.1	
		Magma Copper New(1987)—Broker Hill Properties(1996)>BHP(2000)	19.50	20.9	
251	96	Southern California Edison>SCE(1988)>Edison Int'l(1996)	92.49	100.0	10.15
252	136	Union Bag Camp Paper > Union Bag Camp(1966)— International Paper(1999)	92.36	100.0	10.15
253	297	Jewel Tea>Jewel (1966) — American Stores(1984)—Albertsons(1999)	91.05	100.0	10.11
254	444	Waukesha Motors—Bangor Punta(1968)—Lear Siegler(1984)—Private(1987)	90.16	100.0	10.09
255	27	Pacific Telephone&Telegraph—AT&T(1983)	89.18	100.0	10.06
		AT&T	1.70	1.9	
		U.S.West(1984)>MediaOne Group(1998)—AT&T(2000)	1.57	1.8	

（续）

1957 年 3 月 1 日对每个标准普尔 500 指数公司投资 1 美元的结果
2003 年 12 月 31 日测量的收益

收益排名	市场资本总额排名	原始名称—2003 年名称 （—兼并；＞名称变动）	积累总额 （美元）	总百分比 （%）	年收益率 （%）
		U.S.West(New)(1998)—Qwest(2000)	1.03	1.2	
		Southwestern Bell (1984) ＞ SBC Communications(1994)	10.58	11.9	
		American Info.Tech.(1984)＞Ameritech (1991)— SBC Communications(1999)	14.42	16.2	
		Pacific Telesis (1984) — SBC Communications(1997)	5.55	6.2	
		AirTouch Communications(1994)—Vodafone(1999)	7.10	8.0	
		Bell Atlantic (1984) — Verizon Communications(2000)	10.09	11.3	
		NYNEX(1984)—Bell Atlantic(1997)—Verizon(2000)	8.29	9.3	
		Bell South(1984)	16.63	18.6	
		Lucent(1996)	0.85	1.0	
		Agere Systems(2002)	0.25	0.3	
		Avaya(2000)	0.44	0.5	
		NCR(1997)	0.55	0.6	
		AT&T Wireless(2001)	2.01	2.3	
		AT&T Broadband Services(2002)— Comcast (2002)	8.12	9.1	
256	7	Union Carbide&Carbon＞Union Carbide (1957)— Dow Chemical(2001)	86.20	100.0	9.98
		Dow Chemical	44.46	51.6	
		Praxair(1992)	41.74	48.4	
257	381	Beaunit—El Paso Natural Gas (1967)＞ El Paso (1974)— Burlington Northern (1983)＞Burlington Northern Santa Fe(1995)	85.11	100.0	9.95
		Burlington Northern Santa Fe	39.38	46.3	
		Northwest Pipeline(1974)＞Northwest Entergy (1975)—Williams(1983)	19.82	23.3	
		Williams Communications Group(2001)		0.0	

（续）

		1957 年 3 月 1 日对每个标准普尔 500 指数公司投资 1 美元的结果 2003 年 12 月 31 日测量的收益			
收益 排名	市场资本 总额排名	原始名称—2003 年名称 （—兼并；> 名称变动）	积累总额 （美元）	总百分比 （%）	年收益率 （%）
		Burlington Resources(1989)	23.84	28.0	
		El Paso Natural Gas(1992)>El Paso(2001)	2.08	2.4	
258	427	Lerner Stores—McCrory Stores(1962)— Rapid American(1976)—Private(1981)	84.74	100.0	9.94
		Lerner Stores(1965)—McCrory Stores(1973)			
259	263	Deleware Power&Light > Delmarva Power& Light (1966)>Conectiv(1998)— Pepco Holdings (2002)	83.31	100.0	9.90
260	494	Fajardo Sugar—Private(1958)	82.29	100.0	9.87
261	140	Northern States Power Minn.>XCEL Entergy (2000)	82.23	100.0	9.87
262	394	General Signal—SPX(1998)	82.11	100.0	9.87
263	168	Sterling Drug—Eastman Chemical(1988)	81.92	100.0	9.86
264	203	Lockheed Aircraft>Lockheed(1977)> Lockheed Martin(1995)	80.67	100.0	9.83
265	40	Commonwealth Edison>Unicom(1994)> Exelon(2000)	80.60	100.0	9.83
		Exelon	77.62	96.3	
		Northern Illinois Gas(1970)>Nicor(1976)	2.99	3.7	
266	110	Panhandle Eastern>Panenergy(1996)— Duke Energy(1997)	80.44	100.0	9.82
		Duke Energy	36.97	46.0	
		Anadarko Petroleum(1986)	43.47	54.0	
267	466	Reliance Manufacturing — Puritan Fashions (1965)—Private(1983)	79.78	100.0	9.80
		Private	75.27	94.3	
		Technical Tape(1965)—Bieresdorf(1988)	4.52	6.0	
268	81	Ingersoll-Rand	79.49	100.0	9.79
269	26	Kennecott Copper>Kennecott(1980)— Standard Oil of Ohio(1981)—BP(1987)— BP Amoco(1999)	79.40	100.0	9.79
270	312	International Minerals&Chemicals > IMCERA (1990)>Mallinckrodt Group(1994)— Tyco Inter- national(2000)	76.95	100.0	9.72

（续）

收益排名	市场资本总额排名	原始名称—2003 年名称 （—兼并；> 名称变动）	积累总额 （美元）	总百分比 （%）	年收益率 （%）
271	214	Winn-Dixie Stores	76.04	100.0	9.69
272	175	Air Reduction(1970)—Airco(1977)— BOC(1978)	75.65	100.0	9.68
273	407	Endicott Johnson—McDonough(1970)—Hansen(1981)	75.11	100.0	9.66
		Hansen	14.94	19.9	
		US Industries New(1995)	1.29	1.7	
		Imperial Tobacco(1996)	41.08	54.7	
		Millennium Chemicals(1996)	2.95	3.9	
		Energy Co(1997)—Texas Utilities(1998)>TXU(2000)	14.85	19.8	
274	135	Borden—Private(1995)	75.10	100.0	9.66
275	75	Scott Paper—Kimberly-Clark(1995)	74.76	100.0	9.65
276	177	Louisville&Nashville—Seaboard Coast Line Industries(1971)—CSX Corp(1981)	74.55	100.0	9.64
277	104	Central&South West—American Electric Power(2000)	73.39	100.0	9.61
278	206	Dana	72.81	100.0	9.59
279	330	United States Lines—Kidde Walter(1969)—Hansen PLC(1987)	67.76	100.0	9.42
		Hansen	13.48	19.9	
		US Industries New(1995)	1.16	1.7	
		Imperial Tobacco(1996)	37.07	54.7	
		Millennium Chemicals(1996)	2.66	3.9	
		Entergy Co.(1997)—Texas Utilities(1998)>TXU(2000)	13.40	19.8	
		Interim Systems(1987)—H&R Block(1991)	2.52	3.7	
280	300	Industrial Rayon—Midland Ross(1961)—Private(1985)	70.00	100.0	9.50
281	415	Bond Stores>Bond Industries(1969)— Private(1981)	68.74	100.0	9.45

1957 年 3 月 1 日对每个标准普尔 500 指数公司投资 1 美元的结果

2003 年 12 月 31 日测量的收益

（续）

收益排名	市场资本总额排名	原始名称—2003 年名称 （—兼并；＞名称变动）	积累总额 （美元）	总百分比 （%）	年收益率 （%）
282	69	Detroit Edison ＞ DTE Energy Co. Holdings (1997)	68.28	100.0	9.44
283	430	CNW (Chicago&North Western) ＞ Northwest Industries (1968) — Lone Star Steel (1985)	67.54	100.0	9.41
284	213	Clark Equipment—Ingersoll Rand(1995)	67.10	100.0	9.40
285	451	Central Aguirre Sugar ＞ Aguirre(1968)—Private(1978)	66.59	100.0	9.38
286	221	Mead—Meadwestvaco(2002)	66.20	100.0	9.37
287	34	Pacific Gas&Electric＞PG&E Corp(1997)	66.08	100.0	9.36
288	86	United Gas—Pennzoil(1968)＞Pennzenergy (1998)—Devon Energy(1998)	65.31	100.0	9.33
		Devon Energy	13.02	19.9	
		United Gas Corp(1974)—Midcon Corp (1985)— Occidental Petroleum(1986)	34.02	52.1	
		IBP(1991)—Tyson Foods(2001)	0.22	0.3	
		Battlemountain Gold(1985)—Newmont Mining(2001)	2.94	4.5	
		Pennzoil Quaker State(1998)—Royal Dutch Petroleum(2002)	15.11	23.1	
289	270	Cerro De Pasco＞Cerro(1960)—Private (1976)	64.98	100.0	9.32
290	100	Columbia Gas System＞Columbia Energy Group (1998)—Nisource(2000)	64.42	100.0	9.30
291	397	McCrory Stores—Rapid American (1976)—Private(1981)	64.41	100.0	9.30
		Lerner Stores(1965)—McCrory Stores(1973)			
292	246	Atlantic Coast Line—Seaboard Coastline (1967)—CSX Corp(1980)	63.87	100.0	9.28
293	264	Becor Western—Bucyrus Erie(1988)＞ Bucyrus International(1997)—Private(1997)	63.81	100.0	9.28
294	84	United States Gypsum＞USG(1984)	63.48	100.0	9.27
		USG	0.34	0.5	

Table title (above header): 1957 年 3 月 1 日对每个标准普尔 500 指数公司投资 1 美元的结果 2003 年 12 月 31 日测量的收益

（续）

1957 年 3 月 1 日对每个标准普尔 500 指数公司投资 1 美元的结果 2003 年 12 月 31 日测量的收益					
收益 排名	市场资本 总额排名	原始名称—2003 年名称 （—兼并；＞名称变动）	积累总额 （美元）	总百分比 （%）	年收益率 （%）
		AP Green(1988)—Global Industrial Techs (1998) —RHI(2000)	63.14	99.5	
295	67	Chesapeake&Ohio Railway>Chessie System (1973) —CSX(1980)	63.45	100.0	9.27
296	128	St.Regis—Champion International(1984)—International Paper(2000)	62.93	100.0	9.25
297	30	Westinghouse Electric>CBS(1997)—Viacom(2000)	62.68	100.0	9.24
298	284	Seaboard Finance—AVCO(1969)—Textron(1985)	62.65	100.0	9.24
299	418	National Sugar Refining—Private(1969)	62.21	100.0	9.22
300	119	Halliburton	59.73	100.0	9.13
301	152	United States Rubber>Uniroyal(1967)—Private(1985)	59.52	100.0	9.12
302	49	Anaconda Copper Mining — Atlantic Richfield (1977)—BP-Amoco(2000)	58.55	100.0	9.08
303	380	Acme Cleveland—Danaher Group(1996)	57.59	100.0	9.04
304	392	Curtis Publishing—Private(1986)	57.54	100.0	9.04
305	166	Thompson Products>Thompson Ramo Woodrige (1958)>TRW(1965)—Northrup Grumman (2002)	57.32	100.0	9.03
306	97	Libbey-Owens-Ford > Trinova (1986)> Aeroquip Vickers(1997)—Eaton(1999)	56.28	100.0	8.99
		Eaton	50.96	90.5	
		Axcelis Technologies Inc(2001)	5.32	9.5	
307	242	General Cable>G.K.Technologies(1979)—Penn Central (1981)>American Financial Underwriters (1994)	55.81	100.0	8.97
		American Financial Underwriters	48.16	86.3	
		Sprague Technologies(1987)>American Annuity Group(1992)>Great American Financial Resources(2000)	6.12	11.0	
		General Cable(1992)—Private(1994)	1.53	2.7	
308	159	Westvaco Corp.>Meadwestvaco(2002)	55.44	100.0	8.95

（续）

收益排名	市场资本总额排名	原始名称—2003 年名称 （—兼并；＞名称变动）	积累总额（美元）	总百分比（%）	年收益率（%）
\multicolumn{6}{c}{1957 年 3 月 1 日对每个标准普尔 500 指数公司投资 1 美元的结果}					
309	131	Cleveland Elec.Illuminating—Centerior Energy(1986)—Firstenergy(1997)	54.87	100.0	8.93
310	105	General Public Utilities＞GPU(1996)—Firstenergy(2001)	54.70	100.0	8.92
311	45	American Gas&Electric＞American Electric Power(1958)	53.43	100.0	8.87
312	496	Divco Wayne—Boise Cascade(1968)	52.66	100.0	8.83
313	160	Pacific Enterprises—Sempra Energy(1998)	50.09	100.0	8.72
314	113	Curtiss-Wright	50.06	100.0	8.71
315	331	Lowenstein&Sons—Springs Industries (1985)—Private(2001)	49.78	100.0	8.70
316	318	McIntyre Porcupine＞Mines McIntyre Mines (1974)—Private(1989)—Falconbridge(1998)	48.11	100.0	8.62
317	377	Chicago Milwaukee St.Paul Pacific—Chicago Milwaukee(1972)—Private(1990)	46.60	100.0	8.55
		Private	45.30	97.2	
		Heartland Partners(1990)	1.30	2.8	
318	103	National Cash Register＞NCR(1974)—AT&T (1991)	46.48	100.0	8.54
		AT&T	8.71	18.7	
		Lucent(1996)	4.39	9.4	
		Agere Systems(2002)	1.26	2.7	
		Avaya(2000)	2.28	4.9	
		NCR(1997)	2.83	6.1	
		AT&T Wireless(2001)	5.36	11.5	
		AT&T Broadband Services(2002)—Comcast (2002)	21.65	46.6	
319	146	Duquesne Light＞DQE(1990)	45.91	100.0	8.51
320	145	West Penn Electric＞Allegheny Power Systems (1960)＞Allegheny Energy(1997)	45.51	100.0	8.49
321	231	Link Belt—FMC(1967)	45.15	100.0	8.48
		FMC	20.77	46.0	

（续）

1957 年 3 月 1 日对每个标准普尔 500 指数公司投资 1 美元的结果
2003 年 12 月 31 日测量的收益

收益排名	市场资本总额排名	原始名称—2003 年名称（—兼并；> 名称变动）	积累总额（美元）	总百分比（%）	年收益率（%）
		FMC Technologies(2001)	24.38	54.0	
322	490	DWG Cigars > DWG (1967) > Triarc Companies (1993)	44.41	100.0	8.44
		Triarc	15.72		
		Triarc B Shares(2003)	28.69		
323	425	Cuban American Sugar>North American Sugar Industries(1963)—Borden(1971)— Private(1995)	43.49	100.0	8.39
324	161	W.R.Grace—W.R.Grace New(1996)— Sealed Air New(1998)	43.26	100.0	8.38
		Sealed Air(New)	26.29	60.8	
		Fresenius Medical Care(1996)	14.64	33.8	
		W.R.Grace New(1998)	2.33	5.4	
325	429	American Zinc Lead&Smelting>American Zinc (1966)—Private(1978)	42.73	100.0	8.35
326	172	Dresser Industries—Halliburton(1998)	42.66	100.0	8.34
		Halliburton	40.46	94.8	
		Indresco(1992)—Global Industrial Techs (1995)—RHI(2000)	2.20	5.2	
327	258	American Machine&Foundry>AMF(1970)— Minstar (1985)—Private(1988)	42.15	100.0	8.32
328	47	J.C.Penney	42.06	100.0	8.31
329	4	E.I.DuPont de Nemours	41.82	100.0	8.30
		DuPont	23.42	56.0	
		Conoco(1999)>Conoco Phillips(2002)	6.92	16.5	
		General Motors(1962,1963,1964)	9.06	21.7	
		Delphia Automotive Systems (1999) > Delphi(1999)	1.03	2.5	
		Raytheon(1997)	0.48	1.2	
		Electronic Data Systems(1996)>EDS	0.48	1.2	
		GM H Class(1985)	0.43	1.0	
330	3	General Motors	41.47	100.0	8.28

（续）

		1957 年 3 月 1 日对每个标准普尔 500 指数公司投资 1 美元的结果 2003 年 12 月 31 日测量的收益			
收益排名	市场资本总额排名	原始名称—2003 年名称（—兼并；＞ 名称变动）	积累总额（美元）	总百分比（%）	年收益率（%）
		General Motors	33.41	80.6	
		Delphia Automotive Systems (1999) ＞ Delphi(1999)	3.79	9.1	
		Raytheon(1997)	1.54	3.7	
		Electronic Data Systems(1996)＞EDS	1.78	4.3	
		GM H Class(1985)	0.96	2.3	
331	147	Nat'l Dist.&Chem — Quantum Chem (1988)—Hansen PLC(1993)	41.26	100.0	8.27
		Hansen PLC	8.21	19.9	
		US Industries New(1995)	0.71	1.7	
		Imperial Tobacco(1996)	22.57	54.7	
		Millennium Chemicals(1996)	1.62	3.9	
		Energy(1997)—Texas Utilities(1998)＞ TXU(2000)	8.16	19.8	
332	82	Owens Illinois Glass—Private(1987)— Owens Illinois Glass(1991)	40.59	100.0	8.23
333	472	Ward Baking＞Ward Foods(1964)— Private(1981)	40.48	100.0	8.22
334	386	H.L.Green—McCrory Stores(1961)— Rapid American(1976)—Private(1981)	40.44	100.0	8.22
335	316	Bridgeport Brass—Nat'l Dist.&Chem (1961)—Quantum Chem(1988)—Hansen PLC(1993)	40.29	100.0	8.21
		Hansen PLC	8.01	19.9	
		US Industries New(1995)	0.69	1.7	
		Imperial Tobacco(1996)	22.04	54.7	
		Millennium Chemicals Co.(1996)	1.58	3.9	
		Energy Co (1997) —Texas Utilities (1998)＞ TXU(2000)	7.96	19.8	
336	88	F.W.Woolworth＞Venator Group(1998)＞ Foot Locker(2001)	39.86	100.0	8.19
337	87	Corning Glassworks＞Corning(1989)	39.19	100.0	8.15

（续）

1957 年 3 月 1 日对每个标准普尔 500 指数公司投资 1 美元的结果
2003 年 12 月 31 日测量的收益

收益排名	市场资本总额排名	原始名称—2003 年名称 （—兼并；＞名称变动）	积累总额 （美元）	总百分比 （%）	年收益率 （%）
		Corning	20.27	51.7	
		Covance(1997)	5.07	12.9	
		Quest Diagnostics(1997)	13.84	35.3	
338	112	El Paso Natural Gas>El Paso(1974)—Burlington Northern(1983)>Burlington Northern Santa Fe(1995)	39.11	100.0	8.14
		Burlington Northern Santa Fe	18.09	46.3	
		Northwest Pipeline(1974)>Northwest Energy(1975)—Williams(1983)	9.10	23.3	
		Williams Communications Group(2001)		0.0	
		Burlington Resources(1989)	10.95	28.0	
		El Paso(1992)	0.95	2.4	
339	260	Marquette Cement Manufacturing> Marquette (1975)—Gulf&Western Industries (1976)> Paramount Communications (1989)—Viacom (1994)	38.34	100.0	8.10
340	371	Sutherland Paper>Kvp Sutherland (1960)—Brown (1966)—James River (1980) > Ft.James (1997) — Georgia Pacific(2000)	37.85	100.0	8.07
		Georgia Pacific	37.85	100.0	
		Crown Vantage (1995) — Georgia Pacific(1999)			
341	17	Aluminum Company of America> Alcoa(1999)	37.74	100.0	8.06
342	62	Phelps Dodge	37.43	100.0	8.04
343	446	Bullard Co.—White Consolidated Inds(1968) — AB Electrolux (1986) > Aktiebolaget Electrolux (1989)	36.63	100.0	7.99
		Aktiebolaget Electrolux	33.13	90.4	
		SAPA AB(1997)	3.51	9.6	
344	313	Blaw Knox — White Consolidated Industries (1968)—AB Electrolux(1986)> Aktiebolaget Electrolux (1989)	36.46	100.0	7.98

（续）

		1957 年 3 月 1 日对每个标准普尔 500 指数公司投资 1 美元的结果 2003 年 12 月 31 日测量的收益			
收益 排名	市场资本 总额排名	原始名称—2003 年名称 （—兼并；＞名称变动）	积累总额 （美元）	总百分比 （%）	年收益率 （%）
		Aktiebolaget Electrolux	32.97	90.4	
		SAPA AB(1997)	3.49	9.6	
345	419	Universal Pictures—MCA(1966)— Matsushita Electric Industrial(1991)	35.95	100.0	7.95
		Matsushita Electric Industrial	35.95	100.0	
		First Columbia Financial(1982~1987)	0.00	0.0	
346	19	Eastman Kodak	35.33	100.0	7.91
		Eastman Kodak	25.23	71.4	
		Eastman Chemical(1994)	10.10	28.6	
347	71	Texas Utilities>TXU(2000)	35.09	100.0	7.89
348	324	American Bakeries—Private(1986)	34.40	100.0	7.85
349	52	Chrysler—DaimlerChrysler(1998)	34.13	100.0	7.83
350	338	Libby,McNeill&Libby—Nestlé(1976)	34.01	100.0	7.82
351	357	Commercial Solvents—International Mineral& Chemical (1975) > Imcera (1990)> Mallinckrodt (1994)—Tyco(2000)	32.63	100.0	7.73
352	208	General Portland Cement > General Portland (1972) — Private (1982) — Lafarge(1983)	32.24	100.0	7.70
353	32	National Lead>NL Industries(1971)	32.08	100.0	7.69
		NL Industries	7.72	24.1	
		Baroid (1988) > Tremont (1990) — Valhi(2003)	6.61	20.6	
		Baroid New(1990)—Dresser Industries (1994) —Haliburton(1998)	17.75	55.3	
354	24	International Paper	31.97	100.0	7.68
355	424	Jefferson Lake Sulphur—Occidental Petroleum (1964)	31.00	100.0	7.61
		Occidental Petroleum	30.81	99.4	
		IBP(1991)—Tyson Foods(2001)	0.20	0.6	
356	120	Douglas Aircraft—McDonnell Douglas (1967)— Boeing(1997)	30.93	100.0	7.60

（续）

<table>
<tr>
<td colspan="6" align="center">1957 年 3 月 1 日对每个标准普尔 500 指数公司投资 1 美元的结果
2003 年 12 月 31 日测量的收益</td>
</tr>
<tr>
<th>收益
排名</th>
<th>市场资本
总额排名</th>
<th>原始名称—2003 年名称
（—兼并；＞名称变动）</th>
<th>积累总额
（美元）</th>
<th>总百分比
（%）</th>
<th>年收益率
（%）</th>
</tr>
<tr>
<td>357</td>
<td>32</td>
<td>Allied Chemical&Dye>Allied Chemical (1958) > Allied (1981) >Allied Signal (1985)>Honeywell Int'l(1999)</td>
<td>29.88</td>
<td>100.0</td>
<td>7.52</td>
</tr>
<tr>
<td></td>
<td></td>
<td>Honeywell International</td>
<td>28.26</td>
<td>94.6</td>
<td></td>
</tr>
<tr>
<td></td>
<td></td>
<td>Henley Group(1986)—Wheelaborator Group (1989)—Waste Management(1998)</td>
<td>0.87</td>
<td>2.9</td>
<td></td>
</tr>
<tr>
<td></td>
<td></td>
<td>Fisher Scientific(1987)—Wheelaborator Group (1989)—Waste Management(1998)</td>
<td></td>
<td></td>
<td></td>
</tr>
<tr>
<td></td>
<td></td>
<td>Henley Manufacturing-Private</td>
<td>0.75</td>
<td>2.5</td>
<td></td>
</tr>
<tr>
<td>358</td>
<td>269</td>
<td>Lilly Tulip — Owens Illinois Glass (1968)—Private(1987)—Owens Illinois Glass(1991)</td>
<td>29.81</td>
<td>100.0</td>
<td>7.52</td>
</tr>
<tr>
<td>359</td>
<td>253</td>
<td>Indianapolis Power&Light>IPALCO Enterprises (1983)— AES(2001)</td>
<td>29.30</td>
<td>100.0</td>
<td>7.48</td>
</tr>
<tr>
<td>360</td>
<td>187</td>
<td>Climax Molybdenum — American Metal Climax (1957)>Amax(1974)— Cyprus Amax Minerals (1993)—Phelps Dodge(1999)</td>
<td>29.14</td>
<td>100.0</td>
<td>7.47</td>
</tr>
<tr>
<td></td>
<td></td>
<td>Phelps Dodge</td>
<td>6.90</td>
<td>23.6</td>
<td></td>
</tr>
<tr>
<td></td>
<td></td>
<td>Alumax(1993)—ALCOA(1998)</td>
<td>22.04</td>
<td>8.9</td>
<td></td>
</tr>
<tr>
<td></td>
<td></td>
<td>AMAX Gold(1993)—Kinross Gold(1998)</td>
<td>0.20</td>
<td>0.7</td>
<td></td>
</tr>
<tr>
<td>361</td>
<td>317</td>
<td>Anaconda Wire&Cable—Anaconda (1964)—Atlantic Richfield(1977)—BP Amoco(2000)>BP PLC(2001)</td>
<td>29.08</td>
<td>100.0</td>
<td>7.46</td>
</tr>
<tr>
<td>362</td>
<td>42</td>
<td>Firestone Tire & Rubber > Firestone (1988)—Bridgestone-Firestone(1988)</td>
<td>28.31</td>
<td>100.0</td>
<td>7.40</td>
</tr>
<tr>
<td>363</td>
<td>235</td>
<td>Baltimore&Ohio—Chesapeake&Ohio RR(1966)> Chessie Systems (1973) — CSX Corp.(1980)</td>
<td>26.93</td>
<td>100.0</td>
<td>7.28</td>
</tr>
<tr>
<td>364</td>
<td>248</td>
<td>Island Creek Coal — Occidental Petroleum(1968)</td>
<td>26.87</td>
<td>100.0</td>
<td>7.28</td>
</tr>
<tr>
<td></td>
<td></td>
<td>Occidental Petroleum(1991)</td>
<td>26.70</td>
<td>99.4</td>
<td></td>
</tr>
<tr>
<td></td>
<td></td>
<td>IBP(1991)—Tyson Foods(2001)</td>
<td>0.17</td>
<td>0.6</td>
<td></td>
</tr>
<tr>
<td>365</td>
<td>308</td>
<td>Newport News Shipbuilding —Tenneco (1968)—Tenneco New(1997)> Tenneco Automotive(1999)</td>
<td>26.37</td>
<td>100.0</td>
<td>7.24</td>
</tr>
</table>

（续）

收益排名	市场资本总额排名	原始名称—2003 年名称 （—兼并；＞名称变动）	积累总额 （美元）	总百分比 （%）	年收益率 （%）
		Tenneco Automotive	0.96	3.6	
		Newport News Shipbuilding New(1996)— Northrup Grumman(2002)	8.80	33.4	
		Pactiv(1999)	16.61	63.0	
366	185	American Metal Climax＞Amax(1974)— Cyprus Amax Minerals(1993)—Phelps Dodge(1999)	25.95	100.0	7.20
		Phelps Dodge	6.15	75.6	
		Alumax(1993)—ALCOA(1998)	19.62	23.7	
		AMAX Gold(1993)—Kinross Gold(1998)	0.17	0.7	
367	247	Chicago R.I.&Pacific — Chicago Pacific(1984)—Maytag(1989)	25.71	100.0	7.18
368	99	Niagara Mohawk Power ＞ Niagara Mohawk Holdings (1999) — National Grid Group(2002)	25.39	100.0	7.15
369	406	Oliver＞Cletrac(1960) — Hess Oil& Chemical (1962)＞Amerada Hess(1969)	25.22	100.0	7.13
		Amerada Hess	25.22	100.0	
		White Motors (1960) — Northeast Ohio Axle (1980) ＞ NEOAX (1986)＞ Envirosource(1989)	0.00	0.0	
370	448	Dayton Rubber ＞ Dayco(1960)＞Day International (1987)—M.A.Hanna(1987)— Polyone(2000)	24.49	100.0	7.07
371	436	General Finance—CNA Financial(1968)	24.42	100.0	7.06
372	280	National Tea—Private(1982)	23.97	100.0	7.02
373	25	Aluminum＞Alcan Aluminum(1966)＞ Alcan (2001)	23.89	100.0	7.01
374	293	Homestake Mining—Barrick Gold(2001)	23.52	100.0	6.98
375	194	Champion Paper — US Plywood Champion (1967) ＞ Champion Int'l (1972)-Int'l Paper (2000)	22.99	100.0	6.92
376	491	Hercules Motors—HUPP(1961)— White Consolidated Industries(1967)— AB Electrolux (1986)＞Aktiebolaget Electrolux(1989)	22.65	100.0	6.89

1957 年 3 月 1 日对每个标准普尔 500 指数公司投资 1 美元的结果
2003 年 12 月 31 日测量的收益

（续）

1957 年 3 月 1 日对每个标准普尔 500 指数公司投资 1 美元的结果
2003 年 12 月 31 日测量的收益

收益排名	市场资本总额排名	原始名称—2003 年名称（—兼并；> 名称变动）	积累总额（美元）	总百分比（%）	年收益率（%）
		Aktiebolaget Electrolux	20.48	90.4	
		SAPA AB(1997)	2.17	9.6	
377	440	Reed Roller Bit > G.W.Murphy Industries (1967) > Reed Tool (1972)— Baker Oil Tools(1975)> Baker Int'l (1976)—Baker Hughes (1987)	21.98	100.0	6.82
378	163	Walker Hiram Gooderham&Worts— Walker Hiram Consumers Home (1980) > Walker Resources (1981) — Gulf Canada (1986) — Gulf Canada Resources (1987)	21.67	100.0	6.79
379	191	Southern Natural Gas>Sonat(1982)— El Paso Energy(1999)	21.10	100.0	6.73
380	319	American Chain&Cable — Private (1976)— Babcock(1990)	20.71	100.0	6.68
381	273	First National Stores—Private(1974)— First National Supermarkets (1978)— Private(1985)	20.59	100.0	6.67
382	192	Lehigh Portland Cement—Private(1977)	19.38	100.0	6.53
383	265	Revere Copper&Brass—Private(1986)	19.12	100.0	6.50
384	343	J.J.Newberry—McCrory(1972)—Rapid American (1976)—Private(1981)	18.62	100.0	6.44
385	346	Erie Railroad>Erie Lackawanna RR (1960) — Norfolk&Western Railway (1968)—Norfolk Southern Corp.(1982)	18.49	100.0	6.43
386	456	General Host—Private(1998)	18.21	100.0	6.39
387	59	Reynolds Metal—Alcoa(2000)	17.31	100.0	6.28
388	115	Hercules Powder>Hercules(1966)	17.04	100.0	6.24
389	449	Cudahy Packing—General Host(1972)— Private(1998)	16.44	100.0	6.16
390	368	Chain Belt Co.>Rex Chainbelt(1964)>Rexnord (1973)—Banner Industries > (1987)— Fairchild (1990)	15.88	100.0	6.08
		Fairchild	14.80	93.2	
		Global Sources Ltd.(2000)	1.09	6.8	

（续）

收益排名	市场资本总额排名	原始名称—2003 年名称（—兼并；＞名称变动）	积累总额（美元）	总百分比（%）	年收益率（%）
		1957 年 3 月 1 日对每个标准普尔 500 指数公司投资 1 美元的结果 2003 年 12 月 31 日测量的收益			
391	341	Royal McBee—Litton Industries(1965)—Northrup Grumman(2001)	15.20	100.0	5.98
		Northrup Grumman	9.78	64.4	
		Western Atlas (1994) —Baker Hughes(1998)	4.35	28.6	
		Unova(1997)	1.06	7.0	
392	217	Fruehauf Trailer Corp.>Fruehauf Corp.(1963)—Varity(1989)—Lucasvarity(1996)—TRW (1999)—Northrup Grumman(2002)	13.89	100.0	5.78
393	396	Falstaff Brewing—Private(1989)	13.66	100.0	5.74
394	44	Amerada Petroleum—Amerada Hess (1969)	13.54	100.0	5.72
395	167	Burroughs>Unisys(1986)	13.23	100.0	5.67
396	43	Crown Zellerbach—James River(1986)— Ft. James(1999)—Georgia Pacific(2000)	11.88	100.0	5.43
397	391	American Motors—Chrysler Corp(1987)—DaimlerChrysler(1998)	11.53	100.0	5.36
398	51	Goodrich	11.11	100.0	5.28
		Goodrich	10.21	91.9	
		ENPRO Industries(2002)	0.90	8.1	
399	457	Briggs Manufacturing—Jim Walter Corp.(1972)—Private(1988)—Walter Industries	11.12	100.0	5.28
400	195	American Airlines>Amr Corp(1982)	11.04	100.0	5.26
		AMR Corp	4.98	45.1	
		Sabre Group Holdings(2000)	6.06	54.9	
401	309	Alpha Portland Industries > Slattery Group(1985)—Private(1990)	10.34	100.0	5.12
402	183	Illinois Power>Illnova Corp Holding (1994)>Dynegy(2000)	9.93	100.0	5.02
403	124	American Smelting&Refining>Asarco(1975)— Grupo Mexico(1999)	9.85	100.0	5.00
404	157	Babcock&Wilcox—J.Ray McDermott&Co.(1978)>McDermott(1980)—McDermott International(1983)	9.67	100.0	4.96

（续）

<table>
<tr><td colspan="6">1957 年 3 月 1 日对每个标准普尔 500 指数公司投资 1 美元的结果
2003 年 12 月 31 日测量的收益</td></tr>
<tr>
<th>收益
排名</th>
<th>市场资本
总额排名</th>
<th>原始名称—2003 年名称
（—兼并；＞名称变动）</th>
<th>积累总额
（美元）</th>
<th>总百分比
（%）</th>
<th>年收益率
（%）</th>
</tr>
<tr>
<td>405</td>
<td>384</td>
<td>Case(Ji)—Tenneco New—Tenneco Automotive(1996)</td>
<td>9.50</td>
<td>100.0</td>
<td>4.93</td>
</tr>
<tr>
<td></td>
<td></td>
<td>Tenneco＞Tenneco Automotive(1999)</td>
<td>0.35</td>
<td>3.6</td>
<td></td>
</tr>
<tr>
<td></td>
<td></td>
<td>Pactiv Corp.(1999)</td>
<td>5.98</td>
<td>61.9</td>
<td></td>
</tr>
<tr>
<td></td>
<td></td>
<td>Northrup Grumman</td>
<td>3.17</td>
<td>33.4</td>
<td></td>
</tr>
<tr>
<td>406</td>
<td>169</td>
<td>Enserch — Texas Utilities (1997)＞ TXU(2002)</td>
<td>9.32</td>
<td>100.0</td>
<td>4.88</td>
</tr>
<tr>
<td></td>
<td></td>
<td>TXU</td>
<td>7.06</td>
<td>75.7</td>
<td></td>
</tr>
<tr>
<td></td>
<td></td>
<td>Pool Energy Services(1990)—Nabors Industries(1999)</td>
<td>1.04</td>
<td>11.1</td>
<td></td>
</tr>
<tr>
<td></td>
<td></td>
<td>Enserch Exploration Partners(1986)—Newfield Exploration(2002)</td>
<td>1.23</td>
<td>13.2</td>
<td></td>
</tr>
<tr>
<td>407</td>
<td>22</td>
<td>International Nickel Co.CDA＞Inco(1976)</td>
<td>9.30</td>
<td>100.0</td>
<td>4.88</td>
</tr>
<tr>
<td>408</td>
<td>9</td>
<td>US Steel＞USX(1986)＞USX Marathon (1991)＞ Marathon Oil(2000)</td>
<td>8.25</td>
<td>100.0</td>
<td>4.61</td>
</tr>
<tr>
<td></td>
<td></td>
<td>Marathon Oil</td>
<td>6.87</td>
<td>83.3</td>
<td></td>
</tr>
<tr>
<td></td>
<td></td>
<td>United States Steel(1991)</td>
<td>1.38</td>
<td>16.7</td>
<td></td>
</tr>
<tr>
<td>409</td>
<td>302</td>
<td>Copper Range—Louisiana Land and Exploration (1977) — LL&E Royalty Trust(1983)</td>
<td>7.96</td>
<td>100.0</td>
<td>4.53</td>
</tr>
<tr>
<td></td>
<td></td>
<td>LL&E Royalty Trust</td>
<td>6.25</td>
<td>78.6</td>
<td></td>
</tr>
<tr>
<td></td>
<td></td>
<td>Burlington Resources(1997)</td>
<td>1.71</td>
<td>21.4</td>
<td></td>
</tr>
<tr>
<td>410</td>
<td>39</td>
<td>Goodyear Tire&Rubber</td>
<td>7.93</td>
<td>100.0</td>
<td>4.52</td>
</tr>
<tr>
<td>411</td>
<td>365</td>
<td>Republic Aviation＞RAC(1966)— Fairchild Hiller(1966)＞Fairchild Industries (1971) — Banner Industries (1989) ＞ Fairchild(1990)</td>
<td>7.93</td>
<td>100.0</td>
<td>4.52</td>
</tr>
<tr>
<td></td>
<td></td>
<td>Fairchild</td>
<td>7.38</td>
<td>93.2</td>
<td></td>
</tr>
<tr>
<td></td>
<td></td>
<td>Global Sources(2000)</td>
<td>0.54</td>
<td>6.8</td>
<td></td>
</tr>
<tr>
<td>412</td>
<td>455</td>
<td>Bigelow-Sanford—Sperry&Hutchinson (1967)—Baldwin United(1981)—PHLCORP (1986)— Leucadia National(1992)</td>
<td>7.66</td>
<td>100.0</td>
<td>4.44</td>
</tr>
<tr>
<td>413</td>
<td>57</td>
<td>Sperry Rand＞Sperry(1979)—Unisys(1986)</td>
<td>7.05</td>
<td>100.0</td>
<td>4.26</td>
</tr>
</table>

（续）

		1957 年 3 月 1 日对每个标准普尔 500 指数公司投资 1 美元的结果 2003 年 12 月 31 日测量的收益			
收益排名	市场资本总额排名	原始名称—2003 年名称（—兼并；＞名称变动）	积累总额（美元）	总百分比（％）	年收益率（％）
414	127	Distillers Corp Seagram>Seagram(1974)—Vivendi Universal(2000)	5.95	100.0	3.88
415	438	Motor Wheel — Goodyear Tire& Rubber(1964)	5.90	100.0	3.86
416	289	Cincinnati Milling Machine>Cincinnati Milacron(1970)>Milacron(1998)	5.45	100.0	3.69
417	95	Consumers Power—CMS Energy(1987)	5.34	100.0	3.64
418	373	Great Western Sugar—Great Western United (1968)—Hunt International Resources (1978) —Maxco(1979)	5.25	100.0	3.60
419	154	Commercial Credit—Control Data(1968)>Ceridian Corp(1992)	3.84	100.0	2.91
		CDSI Holdings	0.00	0.0	
420	420	Foster Wheeler	3.64	100.0	2.80
421	465	Diana Stores—Daylin(1969)—W.R. Grace (1979）—W.R.Grace New(1996)— Sealed Air New (1998)	3.55	100.0	2.74
		Sealed Air(New)	2.16	33.8	
		Fresenius Medical Care(1996)	1.20	60.8	
		W.R.Grace New(1998)	0.19	5.4	
422	321	Vanadium—Foote Minerals(1967)— Cyprus Minerals(1988)>Cyprus Amax Minerals(1993)—Phelps Dodge(1999)	3.52	100.0	2.73
423	370	Walworth Co.—International Utilities (1972)—Echo Bay Mines(1983)—Kinross Gold(2003)	3.47	100.0	2.69
		Kinross Gold Mines	3.43	98.9	
		Gotaas Larsen—Private(1988)	0.04	1.1	
424	332	Dan River—Private(1983)—Dan River GA (1997)	3.44	100.0	2.67
425	495	Pfeiffer Brewing>Associated Brewing (1962)> Armada(1973)—Private(1990)	3.01	100.0	2.38
426	80	Inland Steel—Ryerson Tull New(1999)	2.51	100.0	1.99

（续）

收益排名	市场资本总额排名	原始名称—2003 年名称（—兼并；> 名称变动）	积累总额（美元）	总百分比（%）	年收益率（%）
427	492	Munsingwear>Premiumwear(1996)— New England Business Service(2000)	2.05	100.0	1.54
428	306	Genesco	2.01	100.0	1.50
429	250	Penn-Dixie Industries—Continental Steel	2.00	100.0	1.49
430	55	Kaiser Aluminum > Kaisertech Inc. (1987)—Maxxam(1988)	1.98	100.0	1.47
431	483	Missouri-Kansas-Texas—Katy Industries(1968)	1.67	100.0	1.10
432	244	United Airlines > UAL Corp.(1969)	1.65	100.0	1.08
433	333	Allied Supermarkets>Vons Companies (1987)—RMI Titanium (1997) > RTI International Metals(1998)	1.63	100.0	1.05
434	207	Armstrong Cork > Armstrong World Industries (1980) > Armstrong Holdings (2000)	1.62	100.0	1.03
435	325	Inspiration Consolidated Copper—Hudson Bay Mining&Smelting(1978)—Inspiration Resources (1983)—Terra Industries Inc.(1993)	1.27	100.0	0.52
436	63	International Harvester > Navistar International (1986)	0.96	100.0	−0.09
437	139	Lone Star Industries	0.94	100.0	−0.12
438	70	S.H.Kress—Genesco(1964)	0.75	100.0	−0.62
439	201	Kresge>Kmart(1977)	0.74	100.0	−0.63
440	210	National Supply—Armco Steel(1958)— AK Steel(1999)	0.59	100.0	−1.11
441	48	Armco Steel > Armco Inc(1978)—AK Steel(1999)	0.56	100.0	−1.21
442	238	Allied Stores—Campeau Corp(1985)	0.51	100.0	−1.42
443	109	Owens Corning	0.50	100.0	−1.45
444	151	Federated Department Stores—Campeau (1988) —Camdev(1990)	0.47	100.0	−1.62
445	186	American Viscose—Raybestos Manhattan (1981) >Raymark(1982)>Raytech(1986)	0.44	100.0	−1.73

1957 年 3 月 1 日对每个标准普尔 500 指数公司投资 1 美元的结果
2003 年 12 月 31 日测量的收益

（续）

收益排名	市场资本总额排名	原始名称—2003 年名称 （—兼并；＞名称变动）	积累总额 （美元）	总百分比 （%）	年收益率 （%）
446	130	Penn Central ＞ American Financial Underwriters (1994)	0.40	100.0	−1.92
		American Financial Underwriters	0.32	80.4	
		Sprague Technologies(1987)＞American Annuity Group (1992) ＞ Great American Financial Resources(2000)	0.04	8.8	
		General Cable(1992)—Private(1994)	0.04	10.8	
447	111	Manville—Berkshire Hathaway(2001)	0.40	100.0	−1.95
448	359	Cone Mills—Private(1984~1992)—Cone Mills NC(1992)	0.39	100.0	−1.99
449	179	New York Central—Penn Central(1968)＞ American Financial Underwriters(1994)	0.35	100.0	−2.20
		American Financial Underwriters	0.28	80.2	
		Sprague Technologies(1987)＞American Annuity Group (1992) ＞ Great American Financial Resources(2000)	0.03	8.7	
		General Cable(1992)—Private(1994)	0.04	11.1	
450	482	Holland Furnace—Athlone Industries (1964)— Private(1993)	0.28	100.0	−2.72
		Athlone Industries(private)	0.16	57.8	
		Allegheny Ludlum(1993)—Allegheny Teledyne —Allegheny Technologies	0.08	29.7	
		Water Pik(1999)	0.01	2.3	
		Teledyne Technologies(1999)	0.03	10.1	
451	170	Northern Natural Gas＞Internorth(1980)＞ Enron(1986)	0.25	100.0	−2.89
452	222	Food Fair Stores—Pantry Pride(1983)＞ Revlon Group(1986)—Private(1987)— Revlon(1996)	0.19	100.0	−3.44
453	462	Van Raalte—Cluett Peabody(1968)— West Point Pepperell(1986)—Westpoint Stevens(1993)	0.16	100.0	−3.87
454	279	Stevens(JP)—West Point Pepperell(1988)— Westpoint Stevens(1993)	0.16	100.0	−3.89

表头：1957 年 3 月 1 日对每个标准普尔 500 指数公司投资 1 美元的结果
2003 年 12 月 31 日测量的收益

（续）

收益排名	市场资本总额排名	原始名称—2003 年名称（—兼并；> 名称变动）	积累总额（美元）	总百分比（%）	年收益率（%）
455	475	Aldens Inc.—Gamble Skogmo (1964)—Wickes Companies (1980)—Private (1989)—Collins& Aikman New(1994)	0.15	100.0	−4.01
456	379	Cluett Peabody—West Point Pepperell (1986)—Westpoint Stevens(1993)	0.13	100.0	−4.25
457	320	Trans World Airlines—Transworld(1979)—Liquidated(1987)	0.12	100.0	−4.35
		TW Services (1987) — TW Holdings (1989) > Flagstar Companies (1993) — Bankrupt(1997)		0.0	
		UAL Corp.(1987)—Bankrupt(2002)	0.12	100.0	
458	114	Jones&Laughlin Steel—LTV(1974)— Ling Temco Vought New(1993)	0.09	100.0	−5.02
		Ling Temco Vought New		0.0	
		Wilson Foods(1981)—Dockosil Companies (1989) >Foodbrands America(1995)—IBP (1997)—Tyson Foods(2001)	0.09	100.0	
459	383	American Export Lines > American Export Isbrandtsen Lines(1964)>American Export Industries(1967)>AEICOR(1978)> Doskocil Cos. (1983)>Foodbran Americas (1995)—IBP Inc (1997)—Tyson Foods(2001)	0.08	100.0	−5.18
460	410	Lees&Sons—Burlington Industries(1960)>Private(1987)—Burlington Industries Equity Inc. (1992)—Burlington Industries Inc. New(1994)	0.06	100.0	−5.71
461	108	Youngstown Sheet&Tube — Lykes Youngstown Corp.(1969)—LTV(1978)— Ling Temco Vought New(1993)	0.06	100.0	−5.98
		Ling Temco Vought New		0.0	
		Foods(2001)	0.06	100.0	
462	347	Warner Brothers—Warnaco Inc.(1967)—Private(1986)—Warnaco New(1992)	0.05	100.0	−6.04
463	395	Wilson Co — Ling Temco Vought Inc. (1967)—Ling Temco Vought New(1993)	0.05	100.0	−6.34

（续）

| \multicolumn{2}{c}{1957 年 3 月 1 日对每个标准普尔 500 指数公司投资 1 美元的结果} | | | | |
| \multicolumn{2}{c}{2003 年 12 月 31 日测量的收益} | | | | |
收益排名	市场资本总额排名	原始名称—2003 年名称（—兼并；> 名称变动）	积累总额（美元）	总百分比（%）	年收益率（%）
		Ling Temco Vought New		0.0	
		Wilson Foods(1981)—Dockosil Companies (1989) >Foodbrands America(1995)—IBP (1997)—Tyson Foods(2001)	0.05	100.0	
464	251	Burlington Industries — Private (1987)—Burlington Industries Equity (1992) > Burlington Industries New(1994)	0.04	100.0	−6.46
465	129	Allis Chalmers	0.03	100.0	−6.97
466	361	Reading Co. > Reading Entertainment Co.(1996)	0.02	100.0	−7.95
467	408	Publicker Industries—Publicard Inc.(1998)	0.02	100.0	−8.07
468	350	Family Finance>Aristar(1973)—Gamble Skogmo (1979)—Wickes Companies(1980)—Private (1989)—Collins&Aikman Corp New(1994)	0.02	100.0	−8.55
469	243	Wheeling Steel Corp.—Wheeling-Pittsburgh Steel Corp.(1968)>WHX Corp.(1994)	0.01	100.0	−8.72
470	468	Republic Pictures—Triton Group(1985)—Intermark(1990)—Triton Group(1993)> Alarmguard Holdings (1997) —Tyco International(1999)	0.00	100.0	−11.50
471	18	Bethlehem Steel	0.00	100.0	−13.54
472	224	Addressograph Multigraph>AM International (1979)	0.00	100.0	−100
473	476	American Shipbuilding	0.00	100.0	−100
474	254	Colorado Fuel&Iron>CF&I Steel(1966)	0.00	100.0	−100
475	470	Cornell-Dubilier—Federal Pacific Electric Co.(1960)—UV Industries(1972)—Sharon Steel Co.(1980)	0.00	100.0	−100
476	366	Eagle Picher>Eagle Picher Industries(1966)	0.00	100.0	−100
477	228	Eastern Airlines — Texas Air (1986) > Continental Airlines Holdings(1990)	0.00	100.0	−100
478	489	Goebel Brewing	0.00	100.0	−100
479	268	W.T.Grant	0.00	100.0	−100

（续）

<table>
<tr><th colspan="6">1957 年 3 月 1 日对每个标准普尔 500 指数公司投资 1 美元的结果
2003 年 12 月 31 日测量的收益</th></tr>
<tr>
<th>收益
排名</th>
<th>市场资本
总额排名</th>
<th>原始名称—2003 年名称
（—兼并；＞名称变动）</th>
<th>积累总额
（美元）</th>
<th>总百分比
（%）</th>
<th>年收益率
（%）</th>
</tr>
<tr><td>480</td><td>497</td><td>Guantanamo Sugar</td><td>0.00</td><td>100.0</td><td>−100</td></tr>
<tr><td>481</td><td>463</td><td>Holly Sugar—Imperial Sugar Co.(1988)—Bankrupt(2001)</td><td>0.00</td><td>100.0</td><td>−100</td></tr>
<tr><td>482</td><td>204</td><td>International Shoe>Interco(1966)</td><td>0.00</td><td>100.0</td><td>−100</td></tr>
<tr><td>483</td><td>431</td><td>Jaeger Machine</td><td>0.00</td><td>100.0</td><td>−100</td></tr>
<tr><td>484</td><td>229</td><td>Joy Manufacturing Private (1987)— Joy Technologies (1991)—Harnischfeger Industries (1993)</td><td>0.00</td><td>100.0</td><td>−100</td></tr>
<tr><td>485</td><td>499</td><td>Manati Sugar</td><td>0.00</td><td>100.0</td><td>−100</td></tr>
<tr><td>486</td><td>486</td><td>Manhattan Shirt > Manhattan Industries (1968) —Salant(1988)</td><td>0.00</td><td>100.0</td><td>−100</td></tr>
<tr><td>487</td><td>479</td><td>Monarch Machine Tool > Genesis Worldwide(1999)</td><td>0.00</td><td>100.0</td><td>−100</td></tr>
<tr><td>488</td><td>450</td><td>Minneapolis Moline>Motec Industries(1961)</td><td>0.00</td><td>100.0</td><td>−100</td></tr>
<tr><td>489</td><td>276</td><td>G.C.Murphy—Ames Department Stores (1985)</td><td>0.00</td><td>100.0</td><td>−100</td></tr>
<tr><td>490</td><td>68</td><td>National Steel>National Intergroup(1983)>Foxmeyer Health(1994)>Avatex(1997)</td><td>0.00</td><td>100.0</td><td>−100</td></tr>
<tr><td>491</td><td>454</td><td>New York,New Haven&Hartford</td><td>0.00</td><td>100.0</td><td>−100</td></tr>
<tr><td>492</td><td>249</td><td>Pan American World Airways>Pan Am(1984)</td><td>0.00</td><td>100.0</td><td>−100</td></tr>
<tr><td>493</td><td>37</td><td>Republic Steel—LTV(1984)</td><td>0.00</td><td>100.0</td><td>−100</td></tr>
<tr><td>494</td><td>193</td><td>Sunbeam—Allegheny International Inc.(1982)</td><td>0.00</td><td>100.0</td><td>−100</td></tr>
<tr><td>495</td><td>500</td><td>Artloom Carpet>Artloom Industries(1958)>Trans United Industries(1959)</td><td>0.00</td><td>100.0</td><td>−100</td></tr>
<tr><td>496</td><td>417</td><td>U.S.Hoffman Machinery</td><td>0.00</td><td>100.0</td><td>−100</td></tr>
<tr><td></td><td></td><td>Lionel</td><td>0.00</td><td></td><td></td></tr>
<tr><td>497</td><td>393</td><td>United States Smelting and Refining> UV Industries(1972)—Sharon Steel(1980)</td><td>0.00</td><td>100.0</td><td>−100</td></tr>
<tr><td>498</td><td>434</td><td>Vertientes-Camaguey Sugar</td><td>0.00</td><td>100.0</td><td>−100</td></tr>
<tr><td>499</td><td>355</td><td>White Motors—Northeast Ohio Axle Co. (1980)>NEOAX (1986) >Envirosource Inc. (1989)</td><td>0.00</td><td>100.0</td><td>−100</td></tr>
<tr><td>500</td><td>360</td><td>Zenith Radio>Zenith Electronics(1984)</td><td>0.00</td><td>100.0</td><td>−100</td></tr>
</table>

注　　释

第 2 章　创造性的毁灭还是创造被毁灭

1. Richard Foster and Sarah Kaplan, *Creative Destruction: Why Companies That Are Built to Last Underperform the Market, and How to Successfully Transform Them* (New York: Random House, 2001), 8.

2. 该项目的完成离不开我的研究助手杰里米·施瓦茨（Jeremy Schwartz）的出色工作。

3. 讽刺的是，为了避免某一家公司在指数中占据统治地位，标准普尔综合指数排除了当时世界上拥有最高股票市场价值的美国电话电报公司。

4. 当时，标准普尔 500 指数中的公司占据了整个纽约股票交易所大约 85% 的市场价值。

5. 摘自标准普尔的网站，http://www2.standardandpoors.com/spf/pdf/index/500 factsheet. pdf.

6. 从 1993 年算起，每年新增股票在指数总体市场价值中所占的比重平均略高于 5%。

7. 当一家公司退市，我假设退市所得资金被投放到一个指数基金中，该指数基金的收益率与即时更新的标准普尔 500 指数相吻合。如果一家先前退市的公司又重新公开上市，我假设投资者用先前投放到指数基金中的资金再次购买该公司的股票。退市公司在这些投资组合中只占 3% 的价值。

8. 这里假设没有足够的卖家，包括卖空者，来抵消需求的自动增加。

9. 2004 年 3 月，标准普尔公司宣布，从 2005 年开始公司将根据外部投资者所能获得的股份数量来为指数中的股票赋予权重，而不再根据发行总量来决定各只股票在指数中所占比重。这意味着当一家公司的股份大量被内部人士持有时（沃尔玛就是这样的情形），该公司的股票在指数中的比重将降低，这样可以减弱指数中股票成分变动对价格的影响。

10. 参阅《指数效应减弱》，标准普尔公司，2004 年 9 月 8 日。近年来新增加到标准普尔指数的股票对股票价格的影响已经有所减弱，不过这在一定程度上是由于投机者往往在消息公布之前就将股票价格抬高。参阅罗杰 J. 博斯《案例分析：量化登上标准普尔指数的效应》，标准普尔公司，2000 年 9 月。

11. 小贝尔公司分别是西南贝尔公司（Southwestern Bell）、南方贝尔集团（Bell South）、太平洋贝尔公司（Bell Atlantic）、NYNEX、Pacific Telesis、Ameritech 以及美国西部通信公司（US West Communications）。在 2004 年"幸存"的公司包括 SBC Communications（Southwestern、Ameritech 和 Pacific Telesis）以及奎斯特通信公司（前身是美国西部通信）。

12. 如果完全派生投资组合的股利收益明显超过其他组合，那么这在税负方面是一个劣势，不过就我们这里分析的投资组合而言，这一效果并不明显。

13. 股票派发有时会被国家税务局（IRS）计为纳税项目。

第 3 章　历久弥坚：寻找旗舰企业

1. Richard Foster and Sarah Kaplan, *Creative Destruction*, 9.

2. 公司保留了标志性的 MO，交易者亲切地称之为"Big Mo"。

3. 在指数刚刚创建 5 个月之后，标准普尔公司就将这家公司从指数中剔除。尽管该公司是指数中规模最小的公司之一（市场价值为 600 万美元），但仍然有人质询标准普尔公司为何将其删除。

4. 查询亨氏的网页，http://heinz.com/jsp/about.jsp；联合出版社（Associated Press），《亨氏公司启动收购欧洲企业的谈判》，2000 年 12 月 20 日；Nikhil Deogun 和 Jonathan Eig，"Heinz Is Close to a Deal to Buy CSM's Grocery Products Unit,"*Wall Street Journal Europe*, December 20, 2000.

5. 当我们增加克罗格公司——一家日常消费品公司时，该公司 18% 或 90% 的业务属于日常消费品部门或卫生保健部门。第 4 章将会记述这些产业的演变历程。

6. 没有利润或者处于亏损状态的公司被认为拥有高市盈率。

7. 如果公司用回购股票的方式取代发放现金股利，那么股票回购对收益率产生与现金股利同样的正面效应。关于股票回购的讨论参见本书第 9 章。

8. Peter Lynch with John Rothchild, *One Up on Wall Street* (New York: Simon & Schuster, 1989), 198-199.

9. Charles Munger, "A Lesson on Elementary, Worldly Wisdom as It Relates to Investment Management and Business"，1994 年在南加州大学商学院的演讲。

10. Jeremy Siegel, "The Nifty Fifty Revisited: Do Growth Stocks Ultimately Justify Their

Price?" *Journal of Portfolio Management* 21, 4 (1995), 8-20.

11. Peter Lynch with John Rothchild, *Beating the Street* (New York: Simon & Schuster, 1994), 139.

12. Warren Buffett, "Mr. Buffett on the Stock Market", *Fortune*, November 22, 1999.

第4章　增长并不意味着收益：投资快速增长部门的误区

1. Qi Zeng, "How Global Is Your Industry," U.S. and the Americas Investment Perspectives, Morgan Stanley, New York, June 30, 2004.

2. 请参考周刊《部门投资策略：现在应该投资何处》，高盛权益资本研究团队，纽约。

3. 在这之前股票分类的依据是"标准产业分类"（SIC），这个分类体系出自美国政府之手。1997年该体系拓宽了范围，以囊括加拿大和墨西哥的公司，并被重新命名为北美产业分类体系（NAICS）。

4. "Oil-Gas Drilling and Services Current Analysis", Standard and Poor's Industry Surveys, August 14, 1980, O103.

5. 在2004年3月，只有三角洲航空公司和西南航空公司位列标准普尔500指数。TWA、东方航空、泛美航空和全美航空公司都已宣告破产。

6. 调整通货膨胀因素之后，1977~1997年能源的真实价格下跌了大约30%。

第5章　泡沫陷阱：如何发现并规避市场狂热

1. 艾伦·格林斯潘在讨论会"Rethinking Stabilization Policy"上的公开讲话，该讨论会由堪萨斯市联邦银行举办，Jackson Hole, Wyoming, August 29-31, 2002.

2. 罗伯特·希勒，《非理性繁荣》，第2版，（普林斯顿：普林斯顿大学出版社，2005），87。

3. Ralph C. Merkle, "Nanotechnology: What Will It Mean?" *IEEE Spectrum*, January 2001.

4. Gregory Zuckerman, "Nanotech Firms Turn Tiny Fundamentals into Big Stock Gains," *Wall Street Journal*, January 20, 2004.

5. 我的所有文章都可以在 http://www.jeremysiegel.com 上找到。

6. 彭博资讯（Bloomberg News）提到，摩根士丹利的互联网权威人士玛丽·米克尔（Mary Meeker）曾在《纽约人》杂志的一篇文章中对网络股票提出警告。

7. 卖空是这样一种策略：从别人那里"借入"本来不属于你的股票，然后在市场上出售。卖空者希望将来能够以更低的价格将卖出的股票如数补进，从中赚取差额收益。显然，如果这些股票价格上升，卖空者将受损。

第 6 章　投资新中之新：首次公开发行股票

1. 截至 2003 年 12 月 31 日，这些公司中大约有 1/3 保留了现存的公司形式。对于那些未能"幸存"的公司，它们的收益率由易博森（Ibbotson）小型股票指数替代（参见本章注释 2）。

2. 这个小型股票指数由纽约和纳斯达克交易所按五分位数排序市场价值最低的那组股票组成，该指数由易博森公司报告。

3. Jay Ritter, "The 'Hot Issue' Market of 1980," *Journal of Business* 57, 2 (1984), 215-40.

4. Jay Ritter, "Big IPO Runups of 1975-September 2002," available at http://bear.cba.ufl.edu/ritter/RUNUP750.pdf.

5. 随后 TheGlobe.com 和 VA Linux 每股价格分别跌至每股 2 美分和 54 美分。

6. 伯顿 G. 马尔基尔（Burton G.Malkiel）《漫步华尔街》第 8 版（纽约：W.W.Norton，2003），77。

7. 克里斯托弗·帕尔梅里（Christopher Palmeri）和斯蒂文 V. 布鲁尔（Steven V.Brull），《花掉你所拥有的：加里·韦尼克正兴致勃勃地大肆挥霍》，《商业周刊》，2000 年 10 月 16 日。

8. 丹尼斯·伯曼（Denis K.Berman）"Dialing for Dollars"《华尔街日报》，2002 年 8 月 12 日，A1。

9. 同上。

10. Randall E.Stross, *eBoys: The First Inside Account of Venture Capitalists at Work* (New York Crown Business, 2000)。

11. Ariana Eunjung Cha, "'Johnny Appleseed'for a Risky Field,"《华盛顿邮报》，2002 年 11 月 13 日。

12. 参见杰伊·里特，《关于 2003 年首次公开发行市场的一些公认事实》，2004 年 8 月 9 日。这篇文章可以在他的网页 http://bear.cba.ufl.edu/ritter/IPOs2003.pdf 上找到。

13. 本杰明·格雷厄姆，《聪明的投资者》(New York：Harper Collins,1984)。

14. 查尔斯·麦凯，《非同寻常的大众幻想与群众性癫狂》，Martin Fridson, editor (New York：John Wiley&Sons, 1996)。

15. 同上。

16. 这笔钱相当于 1 万美元，放在今天则大约价值 15 万美元。

17. *Devil Take the Hindmost* 的作者 Edward Chancellor 宣称，麦凯关于神秘企业的记

述是杜撰的。不过我十分同意贾森·茨威格（Jason Zweig）的观点，他在发给我的电子邮件中表示，尽管这件事的真实性无从考证，但"这让人感到羞耻，这是一个很好的例子……提醒人们警惕'大众盲从'的危险性"。20 世纪 20 年代仍然有人向公众发售资金用途不明的投资工具，不过这种行为现在已经被视为违法。

18. 感谢麦克尔·刘易斯（Michael Lewis），正是他通过彭博资讯让我注意到了这家公司。

19. Malkiel, *A Random Walk Down Wall Street*, 56.

第 7 章 资本贪婪者：作为生产力创造者和价值毁灭者的科技

1. Scott Thurm, "Costly Memories, Behind TiVo, iPod, and Xbox: An Industry Struggles for Profits," *Wall Street Journal*, October 14, 2004, A1.

2. Yochi J. Dreazen, "Telecom Carriers Were Driven by Wildly Optimistic Data on Internet's Growth Rate," *Wall Street Journal*, September 26, 2002, B1.

3. *Wall Street Journal*, 同上。

4. "The Great Telecom Crash," *The Economist*, July 18, 2002.

5. 数据引自丹尼斯·伯曼，"Behind the Fiber Glut-Innovation Outpaced the Marketplace," *Wall Street Journal*, September 26, 2002, B1.

6. Dennis K. Berman, "Telecom Investors Envision Potential in Failed Networks," *Wall Street Journal*, August 14, 2003, 1.

7. "Too Many Debts; Too Few Calls," *The Economist*, July 20, 2002, 59.

8. 准确的数据难以统计，不过下面的估计得到广泛认同：互联网流量在 2001 年增长了 107%，2002 年流量增长了 87%，2003 年流量增长了 76%。参见 Andrew Odlyzko, "Internet Traffic Growth：Sources and Implications," 这篇文章可以在下面的网页上找到：http://www. dtc.umn. edu/~odlyzko/doc/itcom. internet.growth.pdf.

9. "The Great Telecom Crash," *The Economist*, July 18, 2002, 59.

10. Dennis K. Berman, "Technology Races Far Ahead of Demand and the Workplace," *Wall Street Journal*, September 26, 2002.

11. http://www.bankruptcydata.com 。

12. Berman, "Telecom Investors Envision Potential in Failed Networks."

13. Dreazen，"Telecom Carriers Were Driven by Wildly Optimistic Data"；"Too Many Debts; Too Few Calls"；Odlyzko，"Internet Traffic Growth."

14. 主席的信，伯克希尔 – 哈撒韦公司年度报告，1985。

15. 同上。

16. 摩根士丹利也曾就较短的投资期间做过类似研究，参见 “Watch Their Feet，Not Their Mouths”美国及美洲投资观察，纽约，2002 年 10 月 7 日。

17. Mark Odell，“Carriers Relish Some Big Net Savings，”*Financial Times*，July 24，2000.

18. Scott McCartney，“Web Effect Is Greater on Airline Revenue Than Costs，”*Wall Street Journal*，October 17, 2002, B2.

19. 吉姆·柯林斯，《从优秀到卓越》（纽约：HarperBusiness，2001), 163 。

第 8 章　生产效率与利润：在失败的行业中取胜

1. PBS 家庭录像，“Warren Buffett Talks Business”,1994 年拍摄于北卡罗来纳大学 Keenan Flagler 商学院。

2. 伯克希尔 – 哈撒韦公司年度报告，1996。

3. 吉姆·克利多尔 (Jim Corridore)，《产业调查报告：航运业》，标准普尔公司，纽约，2004 年 5 月 20 日。

4. 伯克希尔 – 哈撒韦公司年度报告，1999，关于为什么避开科技类股票的回答。

5. 山姆·沃尔顿，《山姆·沃尔顿：美国制造》(纽约：Bantam，1993)，91。

6. 布兰福德·约翰逊（Branford Johnson），《细节：沃尔玛效应》，《麦肯锡季刊》，2002 年第 1 期。

7. 山姆·沃尔顿，《山姆·沃尔顿：美国制造》，262。

8. 吉姆·柯林斯，《从优秀到卓越》，155 – 56。

9. 同上，156。

10. 同上。

11. Ken Iverson, *Plain Talk* (New York: Wiley, 1997), 54-59 。

12. Pankaj Ghemawat 和 Henricus Stander，《纽柯站在十字路口》，案例分析 9-793-039，哈佛商学院，1992（1998 年修订），7。

13.《财富》杂志，1988 年 12 月 13 日，58，被 Ghemawat 和 Stander 引用于《纽柯站在十字路口》，9。

14. 吉姆·柯林斯，《从优秀到卓越》，138。

第 9 章　把钱给我：股利、股票收益和公司治理

1. 分析 1871~2003 年这段时期，是因为这些数据非常可信，相关股利数据可以从《考利基础研究》中获得。Jeremy Siegel, *Stocks for the Long Run*, 3rd ed. (New York: McGraw-

Hill, 2002)。

2. Andy Kessler, "I Hate Dividends," *Wall Street Journal*, December 30, 2002.

3. Sara B. Moller, Frederik Schlingemann, and Rene Stulz, "Wealth Destruction on a Massive Scale? A Study of Acquiring-Firm Returns in the Recent Merger Wave," NBER working paper no. 10200, December 2003.

4. Jarrad Harford, "Corporate Cash Reserves and Acquisitions," School of Business Administration, University of Washington , November 1998, 本文节选于它的摘录。

5. As related by Roger Lowenstein in his book *Buffett: The Making of An American Capitalist* (New York: Random House, 1996), 133n.

6. *Nightline*, ABC News, May 21, 2003.

7. Berkshire Hathaway annual report, 1999, 17.

8. Jeremy Siegel, "The Dividend Deficit," *Wall Street Journal*, February 19, 2001.

9. Raj Chetty and Emmanuel Saez, *Dividend Taxes and Corporate Behavior: Evidence from the 2003 Dividend Tax Cut*, NBER Working Paper, 10841.

10. Blaine Harden, "For Years, Many Microsoft Millionaires Hit the Options Key," *Washington Post*, August 5, 2003.

11. 金融经济学家圆桌会议每年讨论金融机构和经济面临的问题，我是该组织的成员。2003 年的主题是"主管人员报酬"。我们得出了这样的结论，股票期权过多地发放扭曲了管理层激励和公司的利润报表，而要解决这个问题，就迫切需要恢复内部收益法的第 162 条。

第 10 章　股利再投资：熊市保护伞和收益加速器

1. 通过绘制 1871~1929 年的每股实际利润趋势线，几乎可以准确地预测 1954 年的利润水平。

2. Hubert B. Herring, "Marlboro Man Rides a Bit Lower in the Saddle," *New York Times*, April 4, 1993.

3. 最近的一次就是 1988 年 Rose Cippoline 对菲利普·莫里斯公司的诉讼，这也是烟草公司第一次败诉的案例。Cippoline 从 17 岁开始抽烟，法院判给她的丈夫 400 000 美元的赔偿，但是，复审推翻了原判。

4. 总惩罚金额是 1450 亿美元，其中菲利普·莫里斯公司占了一半，因为它在美国销量约占一半。

5. 据金融作家 James Glassman 表示，是一个名叫 John Slatter 的克利夫兰市投资顾问兼作家在 20 世纪 80 年代发明了道 10 系统。Harvey Knowles 和 Damon Petty 在他们的书

The Dividend Investor: A Safe, Sure Way to Beat the Market (Chicago: Probus, 1992) 中的描述使这种战略得以流行。这同 Michael O'Higgins 和 John Downes 在书 *Beating the Dow: A High-Return, Low-Risk Method for Investing in the Dow Jones Industrial Stocks with as Little as $5,000* (New York: HarperCollins, 1991) 中的描述一样。John R. Dorfman, " Study of Industrial Averages Finds Stocks with High Dividends Are Big Winners," *Wall Street Journal*, August 11, 1988,C2.

6. Alon Braz, John R. Graham, Campbell R. Harvey, and Roni Michaely, "Payout Policy in the 21st Century," NBER working paper no. 9657, April 2003, and Franklin Allen and Roni Michaely, " Payout Policy," Wharton Financial Institutions Center, April 2002.

7. Byron Wien and Frances Lim, " Lessons from Buyback and Dividend Announcements," October 4, 2004.

8. 由于这项豁免，他们支付的股利不需要交纳 15% 的股利联邦所得税。

第 11 章　利润：股东收益的基本来源

1.《福布斯》杂志在 2004 年 4 月 19 日发表了和罗伯特·阿诺特的争论。Ira Carnahan, "Should You Still Be a Bull?", *Forbes*, April 19, 2004。

2. 由 IRS 提出的利润概念可能跟这里的不一样。

3. 有可能是投资者本身的反应令管理层增加了差额。在 1990~1991 年的衰退中，投资者愿意购买差额大公司的股票，投资者认为公司即将放弃亏损的分支机构，所以会变得更加有利可图。

4. 伯克希尔 – 哈撒韦公司年度报告，1992。

5. 贝尔斯登研究（Bear Sterns Research）, " Stock Option Valuation: Evolving to Better Valuation Models," June 2004 。

6. David Stires, " The Breaking Point", *Fortune*, February 18, 2003.

7. Tim Carvell, " The Year in Ideas: Core Earnings," *New York Times* Magazine, December 15, 2002, 76.

8. 来自巴菲特写给戴维·布利策的公开信，2002 年 5 月 15 日，戴维·布利策是标准普尔公司的常务董事。

9. " Do Stock Prices Reflect Information in Accruals and Cash Flows About Future Earnings?" Richard Sloan, *The Accounting Review*, 71, 1996.

10. " Do Analysts and Auditors Use Information in Accruals," Richard Sloan, Mark T. Bradshaw, and Scott A. Richardson, *Journal of Accounting Research*, 39, 2001.

11. Leonard Nakamura, " What Is the U.S. Gross Investment in Intangibles: (At least) One Trillion Dollars a Year," Working Paper no. 01-15, Federal Reserve Bank of Philadelphia, October 2001.

第 12 章　过去仅仅是个序幕吗：股票的过去和将来

1. Jeremy Siegel, *Stocks for the Long Run*, 3rd ed. (New York: McGraw-Hill, 2002), 13.

2. S.J. Brown, W.N. Goetzmann, and S.A. Ross, " Survival," *Journal of Finance* 50, 1995, 853-73.

3. Elroy Dimson, Paul Marsh, and Mike Staunton, *Triumph of the Optimists: 101 Years of Global Investment Returns* (Princeton:Princeton University Press, 2002).

4. Elroy Dimson, Paul Marsh, and Mike Staunton, " Global Investment Returns Yearbook 2004," ABN-AMRO, February 2004.

5. Elroy Dimson, Paul Marsh, and Mike Staunton,《乐观者的胜利：101 年全球投资收益》*Triumph of the Optimists*, 175。事实上，《乐观者的胜利：101 年全球投资收益》实际上低估了长期国际股票的收益。从我们掌握的数据来看，美国股票市场和其他国家的市场在 1900 年之前的 30 年里运行得很好，他们的研究也是始于当时。从 1871 年衡量的美国收益要比从 1900 年衡量的高出 32 个基点，英国的数据也类似。

6. 同上。

7. Robert Arnott in Ira Carnahan, " Should You Still be a Bull?" *Forbes*, April 19, 2004.

第 13 章　不能被改变的未来：即将到来的老龄化浪潮

1. Peter Peterson, *Gray Dawn: How the Coming Age Wave Will Transform America and the World* (New York: Three Rivers Press, 2000)，书的封面。

2. 同上，18。

3. 这些数据选自彼得·德鲁克（Peter Drucker）于 2001 年 11 月 3 日发表在《经济学家》上的评论《下一个社会》的第 5 页。

4. 假设人们在 20 岁开始工作，在 65 岁退休，该比率就是 20~64 岁的人口数和 65 岁及以上人口数的比例。

5. Paul Wallace, *Agequake: Riding the Demographic Rollercoaster Shaking Business, Finance, and Our World* (London: Nicholas Brealey Publishing, 1999), 31.

6. Peterson, *Gray Dawn*, 20.

7. Gary Becker, in Wallace, *Agequake*, 135-144.

8. 同上 Wallace, 21 。

9. James Vaupel, " Setting the Stage: A Generation of Centenarians? " *Washington Quarterly* 23, 3(2000):197-200.

10. Gina Kolata, " Could We Live Forever?" *New York Times*, November 11, 2003.

11. 老龄化特别委员会听证会，" The Future of Human Longevity: How Important Are Markets and Innovation?" June 3, 2003.

12. "Forever Young," *The Economist*, March 27, 2004, 6.

13. *National Vital Statistics Reports* 51, 3 (2002), Centers for Disease Control and Prevention, National Center for Health Statistics.

14. Peterson, *Gray Dawn*, 34.

15. 尽管社会保障体系正在逐渐提高完全得到退休金的年龄（从 65 ～ 67 岁）从 2002~2027 年，但是可以得到退休金的最小年龄还是 62 岁，没有增加。

16. " Forever Young,"前面引用过此文章，15。

17. Nicholas Vanston, " Maintaining Prosperity," *Washington Quarterly* 23, 3（2000）: 225-38.

18. Pauline Givord, " The Decline in Participation Rates Among the Older Age Groups in France," paper presented at the conference " Ageing, Skills and Labour," sponsored by the European Network of Economic Policy Research Institutes, Nantes, France, September 7-8, 2001.

19. 用于社会保障资金的税率由雇主和雇员同等承担，税率根据收入水平而定，这约为国家平均水平的两倍。2004 年，对收入在 87 900 美元以上员工征收的总额社会保障税率是 12.4%。

20. Paul Samuelson, " Social Security," *Newsweek*, February 13, 1967.

21. 如果联邦政府试图通过减少货币供给制止这次通货膨胀，那么将导致工资水平大幅度下降，从而再次扩大两代之间的差距。

第 14 章　克服老龄化浪潮：哪些政策有效，哪些政策无效

1. Peter Peterson, *Running on Empty* (New York: Farrar, Straus and Giroux, 2004), 195.

2. 全文的生产率指的都是劳动生产率，但是，实际上还存在其他生产率表示方法，这些方法增加了劳动和资本的质量和数量等因素。

3. 一个重要的例外就是英国的公共养老金体系，这个体系在 1995 年改变了它的政策，它仅仅根据通货膨胀指数化养老金收益，而不通过一般工资水平。结果，英国的养老金体

系成为拥有长期偿付能力的发达国家中极为少数的一种形式。但是，这种偿付能力将导致那些从现在起开始退休的人的养老金要远远低于他们退休前的工资。

4. Robert M. Solow, " A Contribution to the Theory of Economic Growth," *Quarterly Journal of Economics* 70 (1956) : 65-94.

5. Albert Ando, Dimitrios Christelis, and Tsutomu Miyagawa, " Inefficiency of Corporate Investment and Distortion of Savings Behavior in Japan," NBER working paper no.9444.

6. Paul S. Hewitt, " The Gray Roots of Japan's Crisis, " Asia Program Special Report, Woodrow Wilson International Center for Scholars, January 2003.

7. " A Shrinking Giant," *The Economist*, January 8, 2004.

8. Pierre Sicsic and Charles Wyplosz, " French Post-War Growth from (Indicative) Planning to (Administered) Market," Centre for Economic Policy Research, discussion paper no.1023, 1994.

9. 社会保障体系的受托人已经测量了收益和成本方程对生产增长率的敏感度。在下一个 75 年平衡社会保障需要的生产率提高要大得多，但是，这个测量低估了需要到世纪中叶平衡社会保障体系的生产率，因为它包括了在接下来的 20 年里体系将产生的剩余。

10. 这是美联储主席艾伦·格林斯潘 2003 年 11 月 6 日在佛罗里达州博卡拉顿召开的证券业年度联合会议上的发言。

11. Edward Prescott, " Why Do Americans Work So Much More Than Europeans, " *Federal Reserve Bank of Minneapolis Quarterly Review* 28, 1 (2004) : 2-13.

12. Jeremy Rifkin, *The European Dream: How Europe's Vision of the Future Is Quietly Eclipsing the American Dream* (New York: Penguin Books, 2004), 14.

13. Steven J. Davis and Magnus Henrekson, " Tax Effects on Work Activity, Industry Mix and Shadow Economy Size: Evidence from Rich-Country Comparisons," NBER working paper series no. 10509. ; National Bureau of Economic Research, 2004.

14. *Helvering vs. Davis* (1937) and *Fleming vs. Nestor* (1960).

第 15 章　全球化解决方案：真正的新经济

1. Joel Mokyr, *The Lever of Riches: Technological Creativity and Economic Progress* (New York: Oxford University Press, 1990) , 20.

2. 同上，29。

3. Michael Kremer, " Population Growth and Technological Change: 1 000 000 B.C. to 1990." *Quarterly Journal of Economics*, 108 (August 1993) : 681-716.

4. William D. Nordhaus, " Do Real Output and Real Wage Measures Capture Reality? The History of Lighting Suggests Not," in Timothy F. Bresnahan and Robert J. Gordon, eds., *The Economics of New Goods* (Chicago: University of Chicago Press, 1997) , 29-66.

5. Roy Porter, " The Eighteenth Century," in Lawrence Konrad et al., eds., *The Western Medical Tradition, 800 BC to AD 1800* (Cambridge: Cambridge University Press, 1995) .

6. Michael Hart, *The 100: A Ranking of the Most Influential Persons in History* (New York: Citadel Press, 1994), 38.

7. Julian Simon, *The Ultimate Resource 2: People, Materials, and Environment* (Princeton: Princeton University Press, 1996) , 第 26 章。

8. 见卡尔加里大学（University of Calgary）应用历史研究组织的文章，" The Ming Dynasty's Maritime History," 可以在下面网页中找到：http://www. ucalgary.ca/applied_history/tutor/eurvoya/ming.html.

9. 多亏日语重印本，这项成果才保留了下来。

10. Charles Jones, *Introduction to Economic Growth*, 2nd ed. (New York: W. W. Norton & Company, 2002) , 16.

11. E. Einstein, *The Printing Press as Agent of Change: A Communications and Cultural Transformation in Early Modern Europe* (Cambridge: Cambridge University Press, 1979) , 11.

12. Michael Rotschild, *Bionomics* (New York: Henry Holt, 1990), 8-9.

13. Hume, quoted in Simon, *Ultimate Resource* 2, 第 26 章中引用。

14. Jared Diamond, *Guns, Germs, and Steel: The Fates of Human Societies* (New York: W. W. Norton, 1997), 412.

15. Jones, *Introduction to Economic Growth*, 88.

16. 1676 年 2 月 5 日给 Robert Hooke 的信。

17. Lee Gomes, " A Beautiful Mind from India Puts Internet on Alert," *Wall Street Journal*, November 4, 2002.

18. Thomas Friedman, " Is Google God?" *New York Times*, June 29, 2003.

19. 信息产业部《十五计划》（2001~2005 年），在下面网页中可以找到其英文版：http://www.trp.hku.hk/infofile/china/2002/10-5-yr-plan.pdf.

20. Mary Meeker, Lina Choi, Yoshiko Motoyama, " The China Internet Report," April 14, 2004, Morgan Stanley Research, 6.

21. Vogelstein, Fred, " How Intel Got Inside," *Fortune*, October 4, 2004, 134.

22. Thomas Friedman, " Origin of Species," *New York Times*, March 14, 2004.

23. 这些相对收入是根据购买力平价得出的。

24. Yasheng Huang, " China Is Just Catching Up," *Financial Times*, June 7, 2004.

25. Dominic Wilson and Roopa Purushothaman, " Dreaming with BRICs: The Path to 2050," Global Economics Research Paper no. 99, Goldman Sachs, October 1, 2003.

26. Michael Shari, " Indonesia: Consumer Heaven?" *Business Week* , March 24, 2003.

27. Thomas Hout and Jim Hemerling, " China's Next Great Thing," *Fast Company*, March 2004; Dennis Eng, " Levi's, Pillowtex Deals Worth Billions to Li & Fung," *The Standard: Great China's Business Newspaper*, January 9, 2004.

28. 见 Gabriel Kahn, " Chinese Firms Buy Rights to Famous Trademarks," *Wall Street Journal*, December 26, 2003.

29. 见 George Wehrfritz, " China: Going Global," *Newsweek International*, March 1, 2004, and Clay Chandler, " Inside the New China," *Fortune*, October 4, 2004, 98.

30. 见 Constance Sorrentino and Joyanna Moy, " U.S. Labor Market Performance: International Perspective," *Monthly Labor Review* (Bureau of Labor Statistics), June 2002, and Bureau of Labor Statistics, " Comparative Civilian Labor Force Statistics: Ten Countries, 1959-2003," June 2004.

31. 见 Bureau of Labor Statistics, " Occupational Employment and Wages, 2002."

32. Matthew Spiegelman and Robert H. McGuckin Ⅲ , " China's Experience with Productivity and Jobs," report R-1352-04-RR, The Conference Board, New York, June 2004.

33. Allan Blinder, " Free Trade," *The Concise Encyclopedia of Economics*, 见 http://www.econlib.org/library/Enc/FreeTrade.html.

34. Thomas Friedman, " What Goes Around..." *New York Times*, February 26, 2004.

第 16 章　全球市场与世界投资组合

1. 这些公司当中有 18 家拥有面向外国投资者的 B 股。

2. Marc Levinson, " China's Now the Straw That Stirs the Asian Drink," *Newsweek*, December 13, 1993.

3. 我在《股市长线法宝》(纽约：McGraw-Hill 出版社，1998) 中首次阐述了发达国家和新兴国家经济增长之间的这种负相关关系，图 9-2，130。

4. Elroy Dimson, Paul Marsh, and Michael Staunton, *Triumph of the Optimists*. 他们没有现成的对这种现象的解释，不过他们建议一些早期的 GDP 数据质量很差，高速发展的国家没有强有力的机构来保证股东的权利。

5. Alison Rogers, "China's Stock Market Crush," *Fortune*, September 7, 1992, 8.

6. Charles P. Thomas, Francis E. Warnock, and Jon Wongswan, "The Performance of International Portfolios," Federal Reserve Working Paper 2004817, September 2004.

7. Qi Zeng, "How Global Is Your Industry," U.S. and the Americas Investment Perspectives, Morgan Stanley, New York, June 30, 2004.

8. 全球部门和相应代码是能源（IXC）、金融（IXG）、卫生保健（IXJ）、技术（IXN）和电信（IXP）。这些部门基于标准普尔全球 1200 指数，指数包含了世界市场大约 1200 只最大的股票。

9. John Maynard Keynes, *The General Theory of Employment, Interest and Money* (London: Macmillan, 1936), 158.

10. 此外，如果每个人都失败的话，政府就可能施以援手。美国股票的熊市可能导致经济严重衰退，因此政府可能减轻税负，而外国股票市场发生熊市对国内投资者影响较小，政府就不大可能影响税收。2000~2002 年严重的熊市后紧随而来的就是股利与资本利得税的减少，而日本 1989 年在经历经济泡沫后又遭遇熊市却没有在美国引起任何有利投资者的立法。

11. John Bogle, *Common Sense of Mutual Funds* (New York: John Wiley and Sons, 1999); John Bogle, *John Bogle on Investing* (New York: McGraw-Hill, 2001); Jeremy Siegel, *Stocks for the Long Run*, 3rd ed. (New York: McGraw-Hill, 2002).

12. 欧洲发达国家包括奥地利、比利时、丹麦、芬兰、法国、德国、爱尔兰、意大利、荷兰、挪威、葡萄牙、西班牙、瑞典、瑞士和英国。这些国家是 2004 年 4 月 30 日提出来的，而且还会持续很长一段时间。

13. 日本和亚洲发达国家及地区包括了澳大利亚、新西兰、新加坡以及中国香港特别行政区。

14. 因为摩根士丹利指数以每个国家市场价值的 80% 为目标，所以它们在每个国家都持有最多股票。这意味着这些指数与标准普尔 500 指数和拉塞尔 2000 指数受到同样的扭曲。2002 年摩根士丹利开始减少其指数里股票的份额，以使这种扭曲最小化。

15. 下列的基金可以分别购买：欧洲基金每年花费 0.32%，太平洋基金每年 0.29%，新兴市场基金每年 0.53%。

16. 先锋实际上并没有持有威尔逊指数里所有的股票，但使用精密的统计技术复制了威尔逊指数的收益率。所以，这个基金收益里有一些小的跟踪误差，但这种跟踪误差在近年来已经大大降低了。

17. 虽然在某些方面它比标准普尔指数更有限制性，如它把百慕大群岛的泰科集团和法国斯伦贝谢公司排除在外。

18. 近年来拉塞尔 2000 指数也与标准普尔 500 指数遭遇到同样的"赌博"问题，因为投机者在指数股本变化之前就买入卖出股票。

第 17 章　未来策略：D-I-V 指标

1. 收益－风险率是夏普比率，由威廉·夏普（William Sharpe）发明，它代表了这种策略的预期收益率（算术方法）减去无风险利率，即这个策略的标准差。见威廉·夏普，《夏普比率》，《投资组合管理》杂志，1994 年秋。

2. E. Dimson, P. March, and M. Staunton, *Global Investment Returns Yearbook* 2004, ABN-AMRO, February, 2004, p. 34.

3. Quoted in David Eisner, " It Works: Buying \$1 for 40 cents, " *Chicago Tribune*, December 8, 1985, section 7, 1.

附录 A　标准普尔 500 指数原始公司的完整历史和收益

1. 撒切尔玻璃制造公司实际看到了牛奶瓶末日即将到来，转而生产药品塑料瓶和玻璃瓶，而这就是 Rexall Drug 公司在 1966 年购买它的主要原因。

2. 纳贝斯克—国际饼干公司—成立于 1898 年。

3. 在计算完全派生投资组合收益的过程中，投资者从私人企业那里取走现金，投入到标准普尔 500 指数基金里。如果私企公开上市，投入到指数的资金累积就用来购买这些新发行股票。

4. 2004 年 7 月，KKR 最终卖出 Borden 化学公司——它对 RJR 纳贝斯克的最后一份投资。据报道，由于这次出售投资者在其 1987 基金里损失了 7.3 亿美元，但由于还有其他成功的投资，该基金的综合收益率约为 10%，与当时的标准普尔指数收益相当。见 " A Long Chapter Ends for Kohlberg Kravis: Fund Books Loss on RJR after 15 Years, " *International Herald Tribune*, July 9, 2004.

致　　谢

　　毫无疑问，完成这样一本书的写作离不开许多人的帮助。不过诚实地讲，我最应该感谢的是杰里米·施瓦茨（Jeremy Schwartz），他比其他任何人都更重要。杰里米是沃顿商学院2003级研究生，他不仅拥有出色的科研和数据处理能力，而且能够很好地组织语言、表达观点，使得专业和非专业的读者都能够理解我的理念。

　　杰里米和我一样工作十分勤奋。他说服了我，让我相信计算标准普尔500指数所有原始股票的收益率并不是一项不可能完成的任务。不仅如此，杰里米还收集了所有要用到的数据，并且创建了一种能够完成全部计算的程序。在许多漫长的夜晚、周末，甚至在我繁忙的行程期间，我们一直通过手提电脑保持联络。杰里米出色的判断力帮助我过滤各种观点，从粗糙的草稿中提炼出精华。我可以毫不犹豫地说，过去三年中如果没有他的参与，这本书也许永远不会诞生。

　　我的编辑约翰·马哈尼（John Mahaney）也扮演了重要的角色。他鼓励我向读者强调我的基本论点。对于一位从未受过金融和经济学专业训练的编辑来说，为这个领域最畅销书籍的作者提供指导并不是一件容易的事情，然而约翰凭借他出色的技巧和策略完成了这一工作，毋庸置疑，这本书在他的指导下得到了进一步的完善。我还要感谢我的代理人韦斯·内夫（Wes Neff），他不仅帮助我找到了正确的出版商，而且当合成研究结果、完成初稿写作的工作遇到看起来难以逾越的困难时，他的鼓励帮助我振作起精神。

我的感谢还要送给那些阅读了本书初稿的人，他们的回馈极为重要。佛罗里达大学的教授杰伊·里特（Jay Ritter）——他是IPO领域的专家，向我提出了无比宝贵的建议，并在本书初稿上留下了详细的点评。兰迪·凯斯勒（Randy Kessler）的反馈意见促成了本书主要观点的形成和提出。丹·罗滕伯格（Dan Rottenberg）和戴维·康蒂（David Conti）对初稿提出的建议也十分宝贵。

耶鲁大学的罗伯特·希勒（Robert Shiller）是本书所述理论的热情支持者，他是我的密友和同事，也是畅销书《非理性繁荣》的作者。鲍勃和我经常争论，我在股票市场上持有多头，而他则持有空头。不过在阅读了本书草稿之后，他宣称我们对投资者应该如何在市场上操作这一问题的看法其实很相似，特别是在避开价格昂贵的股票方面。

本书涉及大量烦琐的研究工作，幸运的是，沃顿商学院天资聪颖的学生给予了我莫大的帮助。2002级研究生伦纳德·李（Leonard Lee）完成了长期收益率计算的部分早期工作。特别要感谢2003级的本科生瑞安·欣克尔（Ryan Hinkle），他在构建世界消费的人口因素模型方面完成了杰出的工作，帮助我对老龄化危机的解决办法做出了评估。这里还要感谢贾森·斯平德尔（Jason Spindel）和斯蒂芬妮·韦斯（Stephanie Weiss），他们帮助我收集和评估了标准普尔500指数的原始公司，肖恩·史密斯（Shaun Smith）、安娜·涅哈姆金（Ana Nekhamkin）、安德鲁·罗斯纳（Andrew Rosner）和邦尼·沙因（Bonnie Schein）则参与了初稿的写作，并分别就不同章节做了点评。

让我心存感激的还有标准普尔公司的霍华德·西尔弗布拉特（Howard Silverblatt）、霍华德·伯恩海姆（Howard Bernheim）和安迪·哈卢拉（Andy

Halula），他们提供的数据帮助我完成了长期收益率的计算。戴维·布利策（David Blitzer）和罗伯特·弗里德曼（Robert Friedman）向我提供了相关的细节和背景，帮助我完成了"核心利润"的构建——这是一个突破性的理论进展，使得公司利润的概念变得一致且清晰。

一个人的家庭永远是他书籍写作过程中的一部分，研究和编纂工作的完成需要大量的时间，在这期间家人的鼓励和包容一直陪伴着我。就像开车长途旅行的一家人时常会问："我们到达目的地了吗？"我经常被问到的问题是："你完成写作了吗？"我的妻子埃伦（Ellen），还有我的两个儿子安德鲁（Andrew）和杰弗里（Jeffrey），他们让我时刻提醒自己，我还可以再工作久一点，再把初稿做进一步的完善，然而放下笔（在 21 世纪，也可以说关掉电脑）宣布工作完成的那个时刻总会到来。我希望我的成果不枉他们付出的爱和忍耐。

译 者 后 记

本书作者杰里米 J. 西格尔（Jeremy J. Siegel）是宾夕法尼亚大学沃顿商学院的金融学教授。西格尔教授拥有丰富的投资实践经验，曾在美国 CNN 等电视台发表投资方面的意见，并在《华尔街日报》等著名金融刊物上多次发表文章。本书是西格尔教授之前所著《股市长线法宝》一书的进一步完善。

本书是一本与众不同的投资指南，它视角独特、结论有力，值得我国广大投资者阅读参考。常规投资指南一般会从投资学的基本原理出发，利用定价理论告诉投资者如何投资，而本书则不然，作者摒弃了比较流行的"价值"投资策略和"增长"投资策略，从价值的来源考察投资策略，在强调"估值"重要性的同时，分析了投资者对高速成长产业预期过高的心理，认为快速成长产业并不适合长期投资，最后预测"婴儿潮""人口老龄化"等社会问题将如何影响金融市场，为投资者调整其投资组合配置提供了意见。

本书语言简练，深入浅出，投资者可以轻松阅读。本书结构不同于教科书那样具有安排系统的理论框架，但却清晰地向投资者展示了最为有效的投资策略。作者根据投资收益率历史数据，从历史的角度纵向比较美国数十年来各个产业的投资收益率，从全球化的角度横向比较同一时期不同国家和不同投资工具的投资收益率，使得本书结论更加具有说服力。

全书共 17 章，分成 5 个部分。第一部分揭示了增长率陷阱，这一部分指出投资者长期以来对"新兴"市场和快速成长产业投资偏爱的误区，实际上这些产业的公司股票在长期内没有给投资者带来较高回报；第二部分阐述投资者步入误区的原因，投资者往往对诸如"网络科技泡沫"、IPO 和新兴市场预期过高，过于乐观的预期导致支付过高的价格，最后得出结论：生产力的创造者并不是价值的创造者，一些看似失败的传统产业却能给投资者创造价值；第三部分分析股票持有者价值的来源，强调了股利和收入的重要性，长期以来"股利"被投资者所忽略，西格尔教授提出股利再投资具有重要的实践指导意义；第四部分指出发达国家所面临的"老龄化"将影响投资者的资产配置方案，并提出全球方案作为解决对策；本书最后一部分即第五部分是一个策略总结，作者将投资策略总结为 D-I-V（股利 – 国际化 – 估价）策略和部门投资策略，指出长期投资的方向。

我国金融市场正处在开放过程中，这本书具有全球投资的视角，可以为投资者提供更有效的全球化长期策略。最近正值我国股市形势转好，金融市场投资工具和投资机会将越来越多，投资者对股市的信心增强，而我国短线投资者居多，本书可以告诉投资者进行股票长期投资和股利再投资也会带来相当不错的收益。希望本书能够在选择投资策略方面对投资者有所帮助。

本书由李月平负责翻译，由杨祥华审校，参加本书翻译工作的其他人员还有南开大学的谌龙、王永伟和沈琪。其他参与录入和查找资料等辅助工作的人员包括邓珊珊、刘一君、何志宏、张巍、汪静月、黄东升、杨杰、李克刚、王超、王灏等人。在此我谨向上述所有参与本书出版的工作人员表示衷心的感谢。

在本书翻译过程中，本人和所有工作人员倾注了大量的时间和精力，力争做到准确合理，但译稿中不妥或者错误之处在所难免，欢迎读者批评指正。

李月平

于天津南开大学

推荐阅读

  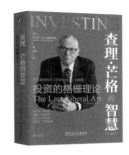

序号	中文书名	定价
1	股市趋势技术分析（原书第11版）	198
2	沃伦·巴菲特：终极金钱心智	79
3	超越巴菲特的伯克希尔：股神企业帝国的过去与未来	119
4	不为人知的金融怪杰	108
5	比尔·米勒投资之道	80
6	巴菲特的嘉年华：伯克希尔股东大会的故事	79
7	巴菲特之道（原书第3版）（典藏版）	79
8	短线交易秘诀（典藏版）	80
9	巴菲特的伯克希尔崛起：从1亿到10亿美金的历程	79
10	巴菲特的投资组合（典藏版）	59
11	短线狙击手：高胜率短线交易秘诀	79
12	格雷厄姆成长股投资策略	69
13	行为投资原则	69
14	趋势跟踪（原书第5版）	159
15	格雷厄姆精选集：演说、文章及纽约金融学院讲义实录	69
16	与天为敌：一部人类风险探索史（典藏版）	89
17	漫步华尔街（原书第13版）	99
18	大钱细思：优秀投资者如何思考和决断	89
19	投资策略实战分析（原书第4版·典藏版）	159
20	巴菲特的第一桶金	79
21	成长股获利之道	89
22	交易心理分析2.0：从交易训练到流程设计	99
23	金融交易圣经II：交易心智修炼	49
24	经典技术分析（原书第3版）（下）	89
25	经典技术分析（原书第3版）（上）	89
26	大熊市启示录：百年金融史中的超级恐慌与机会（原书第4版）	80
27	敢于梦想：Tiger21创始人写给创业者的40堂必修课	79
28	行为金融与投资心理学（原书第7版）	79
29	蜡烛图方法：从入门到精通（原书第2版）	60
30	期货狙击手：交易赢家的21周操盘手记	80
31	投资交易心理分析（典藏版）	69
32	有效资产管理（典藏版）	59
33	客户的游艇在哪里：华尔街奇谈（典藏版）	39
34	跨市场交易策略（典藏版）	69
35	对冲基金怪杰（典藏版）	80
36	专业投机原理（典藏版）	99
37	价值投资的秘密：小投资者战胜基金经理的长线方法	49
38	投资思想史（典藏版）	99
39	金融交易圣经：发现你的赚钱天才	69
40	证券混沌操作法：股票、期货及外汇交易的低风险获利指南（典藏版）	59
41	通向成功的交易心理学	79

推荐阅读

序号	中文书名	定价
42	击败庄家：21点的有利策略	59
43	查理·芒格的智慧：投资的格栅理论（原书第2版·纪念版）	79
44	彼得·林奇的成功投资（典藏版）	80
45	彼得·林奇教你理财（典藏版）	79
46	战胜华尔街(典藏版)	80
47	投资的原则	69
48	股票投资的24堂必修课（典藏版）	45
49	蜡烛图精解:股票和期货交易的永恒技术（典藏版）	88
50	在股市大崩溃前抛出的人：巴鲁克自传（典藏版）	69
51	约翰·聂夫的成功投资（典藏版）	69
52	投资者的未来（典藏版）	80
53	沃伦·巴菲特如是说	59
54	笑傲股市（原书第4版.典藏版）	99
55	金钱传奇：科斯托拉尼的投资哲学	69
56	证券投资课	59
57	巴菲特致股东的信：投资者和公司高管教程（原书第4版）	128
58	金融怪杰：华尔街的顶级交易员（典藏版）	80
59	日本蜡烛图技术新解（典藏版）	60
60	市场真相：看不见的手与脱缰的马	69
61	积极型资产配置指南：经济周期分析与六阶段投资时钟	69
62	麦克米伦谈期权（原书第2版）	120
63	短线大师：斯坦哈特回忆录	79
64	日本蜡烛图交易技术分析	129
65	赌神数学家：战胜拉斯维加斯和金融市场的财富公式	59
66	华尔街之舞：图解金融市场的周期与趋势	69
67	哈利·布朗的永久投资组合：无惧市场波动的不败投资法	69
68	憨夺型投资者	59
69	高胜算操盘：成功交易员完全教程	69
70	以交易为生（原书第2版）	99
71	证券投资心理学	59
72	技术分析与股市盈利预测：技术分析科学之父沙巴克经典教程	80
73	机械式交易系统：原理、构建与实战	80
74	交易择时技术分析：RSI、波浪理论、斐波纳契预测及复合指标的综合运用（原书第2版）	59
75	交易圣经	89
76	证券投机的艺术	59
77	择时与选股	45
78	技术分析（原书第5版）	100
79	缺口技术分析：让缺口变为股票的盈利	59
80	预期投资：未来投资机会分析与估值方法	79
81	超级强势股：如何投资小盘价值成长股（重译典藏版）	79
82	实证技术分析	75
83	期权投资策略（原书第5版）	169
84	赢得输家的游戏：精英投资者如何击败市场（原书第6版）	45
85	走进我的交易室	55
86	黄金屋：宏观对冲基金顶尖交易者的掘金之道(增订版)	69
87	马丁·惠特曼的价值投资方法：回归基本面	49
88	期权入门与精通：投机获利与风险管理（原书第3版）	89
89	以交易为生II：卖出的艺术（珍藏版）	129
90	逆向投资策略	59
91	向格雷厄姆学思考，向巴菲特学投资	38
92	向最伟大的股票作手学习	36
93	超级金钱（珍藏版）	79
94	股市心理博弈（珍藏版）	78
95	通向财务自由之路（珍藏版）	89